रामदरश मिश्र की सृजन-यात्रा

रामदरश मिश्र की सृजन-यात्रा

डॉ. महावीर सिंह चौहान

वाणी प्रकाशन

वाणी प्रकाशन
ज्ञान के विविध आयामों के प्रकाशक

वाणी प्रकाशन का 'लोगो' विख्यात चित्रकार मक़बूल फ़िदा हुसेन की कूची से

वाणी प्रकाशन, 4695, 21-ए, दरियागंज, नयी दिल्ली-110002
वाणी प्रकाशन, अशोक राजपथ (पटना कॉलेज के सामने), पटना (बिहार)

RAM DARASH MISHRA KI SRIJAN YATRA
Ed. by Dr. Mahavir Singh Chauhan
Linguistics

ISBN : 978-93-5000-120-2

अपनी उपस्थिति में गुजरात के साहित्यिक वातावरण को उत्तेजना और ऊष्मा प्रदान करने वाले डॉ. शिवकुमार मिश्र को

प्रथम संस्करण : 1991
द्वितीय संस्करण : 2009
मूल्य : 225/-
वाणी प्रकाशन
फोन : 0091#11#23273167, 23275710
फैक्स : 0091#11#23275710
वेबसाइट : www.vaniprakashan.in
ई-मेल : vaniprakashan@gmail.com
vani_prakashan@yahoo.com

जयभारत प्रिंटिंग प्रेस द्वारा दिल्ली-110032 में मुद्रित

निवेदन

डॉ०-रामदरश मिश्र मूलतः एक कवि हैं। उनका उपन्यास 'पानी के प्राचीर' और कहानी संग्रह 'खाली घर' प्रकाशित होने के पूर्व वे हिंदी जगत में एक कवि के रूप में अपनी पहचान बना चुके थे।

जहां तक कालक्रम का सवाल है, मिश्रजी प्रयोगवादी दौर के कवि हैं। कम-से-कम उन दिनों हिंदी में प्रयोगवाद पर जोर-शोर से चर्चा शुरू हो चुकी थी। लेकिन मिश्रजी के प्रथम काव्य-संग्रह 'पथ के गीत' की कविताएं उनके प्रयोगधर्मी मानस को प्रकट नहीं करतीं। इसे दौर की उनकी कविताओं में सामाजिक असंगतियों और आर्थिक विषमताओं से जन्म लेने वाली अमानवीय स्थितियों की पहचान और उनको दूर करने की सहज मानवीय आकांक्षा एक विशेष आवेगात्मक रूप में प्रकट हुई है। वस्तुतः मिश्रजी ने प्रयोगवादी दौर में अपनी काव्य-यात्रा प्रगतिवादी जीवन-बोध से शुरू की थी। 'पथ के गीत' के बाद के काव्य संग्रह 'बैरंग बेनाम चिट्ठियां' में मिश्रजी में कुछ शिल्प-सजगता के दर्शन होते हैं। लेकिन उनकी यह शिल्प-सजगता उनके संवेदन और बोध को आच्छादित नहीं करती, उल्टे उसे निखारती है। कहिए कि उनकी रचनाशीलता प्रयोगधर्मी न होकर जीवनधर्मी है। अपने संश्लिष्ट अनुभवों को अधिक मूर्त और इन्द्रिय ग्राह्य बिंबों में प्रकट करने की अपनी सहज और अनिवार्य विकलता से प्रेरित होकर ही मिश्रजी ने कहानी और उपन्यास के क्षेत्रों में प्रवेश किया। उनकी आत्मकथा भी अंततः आपबीती को जगबीती बनाकर प्रस्तुत करती है। अपने में रहकर अपने से परे जाने की, अनुभूति के साथ ही अनुभूति को जन्म देने वाली वस्तुगत स्थितियों को रचना में समेटने की उनकी सहज प्रवृत्ति ने मिश्रजी को कविता के साथ अन्य साहित्य-विधाओं की ओर बढ़ने को प्रेरित किया है।

सर्जनात्मक साहित्य में साहित्य-विधाओं का अपना एक अलग और विशिष्ट महत्त्व होता है। प्रायः देखा गया है कि साहित्य-रूप के बदल जाने से अनुभव का स्वरूप भी बदल जाता है। कविता का अमूर्तन या उसकी रूमानी रुझाव, कहानी, उपन्यास या इसी प्रकार की किसी अन्य विधा में मानव-संबंधों की जटिलता या यथार्थ की पहचान का रूप ग्रहण कर लेती है। लेकिन मिश्रजी के साहित्य की एक विशेषता यह है कि उनके यहां विधागत बदलाव से अनुभव का रूप नहीं बदलता। उनके पास जैसे जीवन के ठोस और वैविध्यपूर्ण अनुभवों का एक पूरा का पूरा संसार है। उसमें एक ओर भाव संवेदनों के शीतल और पारदर्शी निर्झर हैं तो

दूसरी ओर विचार और विवेक के ऊंचे शिखर, एक ओर कल्पना की उड़ान के लिए खुला आकाश है, तो दूसरी ओर यथार्थ के तपते पठारों का दुलंघ्य विस्तार। जीवन के इसी संश्लिष्ट अनुभव की व्यंजना के लिए वे विविध साहित्य-रूपों को आविष्कृत करते हैं। उनके अनुभव की यह आधारशिला उनकी युग संपृक्ति और उनकी कला चेतना को एक निजी वैशिष्ट्य प्रदान करती है।

प्रस्तुत अध्ययन में मैंने विविध साहित्य-रूपों में व्याप्त मिश्रजी की जीवन-चेतना को रेखांकित करने का प्रयत्न किया है। मुझे आशा है कि मेरा यह अध्ययन मिश्रजी की रचना और उन समस्याओं को समझने में सहायक होगा जिनसे अपनी सृजन-प्रक्रिया के दौरान मिश्रजी एक सर्जक के रूप में रू-ब-रू होते और उलझते रहे हैं।

इस ग्रंथ के लेखन में प्रो० किरण नारायण माथुर, डॉ० विनीता गोस्वामी, डॉ० प्रभुलाल वैश्य, डॉ० जसवंत तलाटी, श्री मथुरभाई पटेल और श्री वरसाजी परमार अपने-अपने ढंग से सहायक हुए हैं। मैं इन सबके प्रति अपनी कृतज्ञता प्रकट करता हूं।

—महावीर सिंह चौहान

1-1-89
हिन्दी विभाग
गुजरात विश्वविद्यालय,
अहमदाबाद

विषय-सूची

रामदरश मिश्र : साधारणता ऐसी कि असाधारण बना दे

सन् 1957 में रामदरश मिश्र का बड़ौदा से अहमदाबाद आना हमारे लिए एक घटना थी। हम लोग बहुत ही जल्दी उनके चाहक और प्रशंसक बन गये। स्थिति यह कि मिश्रजी के बिना कवि-गोष्ठियां नीरस और उबाऊ, साहित्यिक आयोजन बेरंग और बेजान लगते थे। जिस कार्यक्रम में मिश्रजी पहुंच जाते उसमें जान आ जाती और शायद ही ऐसा कोई कार्यक्रम हो जिसमें मिश्रजी पहुंचते न हों। यहां यह जोड़ देना भी जरूरी है कि प्रायः कार्यक्रम के आयोजन उनकी प्रेरणा से और इस शर्त पर होते थे कि वे उनमें उपस्थित रहेंगे। देखते-ही-देखते अहमदाबाद के हिंदीभाषी जगत में जैसे साहित्यिक चेतना की एक नयी लहर दौड़ गयी। कार्यक्रमों पर कार्यक्रम, गोष्ठियों पर गोष्ठियां। बात की बात में सौ-दो सौ लोग इकट्ठे हो जाते। कार्यक्रमों का आयोजन करुणेश शुक्ल करते। सिर्फ दो दिन की नोटिस में सैकड़ों लोगों के पास कार्यक्रम की सूचना पहुंच जाती। हिसाब-किताब का ब्यौरा देते हुए करुणेशजी बड़े अभिमान से कहते कि मैंने डाक टिकट पर एक पैसे का भी खर्च नहीं किया।

उन दिनों की बहुत सारी गोष्ठियां अनौपचारिक हुआ करती थीं। सब लोग प्रायः मिश्रजी के घर पर ही इकट्ठा हो जाते। चार-पांच लोग आ गये कि कविता-पाठ शुरू। गोष्ठी में भाग लेने वाला हर एक कुछ न कुछ लिखकर लाता। हम लोग जो उन दिनों बी० ए०, एम० ए० के छात्र थे, पढ़ते कम थे, लिखते अधिक थे। हमारी रचनाओं पर मिश्रजी ऐसे बातचीत करते जैसे हम रचना के क्षेत्र में किसी नये काव्यांदोलन का सूत्रपात करने जा रहे हों। उन दिनों हम सबकी बातचीत का धरातल दूसरे प्रकार का था। हम समकालीन साहित्यिक गतिविधियों के साथ जुड़े हुए हैं, यह साबित करने के आशय से मिश्रजी से आग्रह करते, "सर, वह कविता सुनाइए जो कल्पना के पिछले अंक में छपी है या वह जो इस बार के 'धर्मयुग' में आयी है।" 'कल्पना' या 'धर्मयुग' का संदर्भ देकर हम उन्हें कविताविषयक अपनी समझदारी के बारे में आश्वस्त करना चाहते थे। यानी भले ही हम आपकी कविता

के शब्द संयोजन या शिल्प के नयेपन को पहचानने जैसी समझदारी से लैस न हों और भले ही हम आपकी संवेदन और बोध की नवीनता पर पुराने ढंग की वाह-वाही करते हों लेकिन फिर भी इस तथ्य से हम अपरिचित नहीं हैं कि आपकी रचनाशीलता को बाहरी दुनिया में स्वीकृति मिल चुकी है। मिश्रजी नाराज होते। यह क्या? बार-बार 'कल्पना' और 'धर्मयुग' को बीच में ले आने की क्या जरूरत? अरे भाई सीधे कविता की बात करो। फिर थोड़ा-सा मूड बदलते, कविताविषयक हमारी समझदारी के भोथरेपन पर अपनी समीक्षा की सान चढ़ाते हुए कहते, "कविता का महत्व इस बात में नहीं है कि वह किसी पत्रिका में छप गई है। अरे भाई, कविता अच्छी लगी—उसने हमारे मर्म को छू लिया कि समझ लो कविता अच्छी है।" उनकी इस प्रकार की बातों के दो अभिप्राय होते। एक तो यह कि मैं तुमसे अभिन्न हूं। दूसरा यह कि तुम लोगों को इस बात से निराश नहीं होना चाहिए कि तुम्हारी रचनाएं छप नहीं रही हैं। रचना के स्तर पर अगर वे अपनी पहचान बनाने में सक्षम हैं तो देर-सवेर उन्हें स्वीकृति भी मिलेगी।

उन दिनों हम लोगों के लिए पढ़ाई-लिखाई तो गौण चीज थी। असल में हममें से अधिकांश छोटी-छोटी नौकरियां करते थे। अधिकतर लोग प्रायमरी में, हाई स्कूलों में टीचरी में लगे हुए थे। नौकरी करते-करते बी०ए० की डिग्री हासिल कर ली थी। स्नातक बन गये थे। उन दिनों गुजरात-विश्वविद्यालय में हिंदी में एम० ए० करने की व्यवस्था नहीं थी। डॉ० विश्वनाथ शुक्ल ने अपने प्राचार्य रेवरेंड फादर डीसोजा के कान में न जाने कौन-सा मंत्र फूंका कि वे सेंट जेवियर्स कॉलेज में हिंदी अनुस्नातक शिक्षण की व्यवस्था करने को तैयार हो गये। लेकिन शायद यह उतनी बड़ी बात नहीं थी जितनी बड़ी बात यह कि वे मिश्रजी को आग्रहपूर्वक बड़ोदा से अहमदाबाद ले आये। अब अगर अनुस्नातक शिक्षण व्यवस्था हुई है तो हमें एक दिशा मिल गयी। सोचा एम० ए० कर लिया जाये। यानी नौकरियों के जिस बाजार में हम थे, उसमें अपनी चार पैसे कीमत और बढ़ा लें। उन दिनों यही हमारा लक्ष्य था, यही उद्देश्य। यह तो मिश्रजी थे, जिन्होंने हमारी इस मानसिकता पर झाड़ू फेर दिया। उन्होंने बताया था कि साहित्य को पढ़ना-पढ़ाना अपने आपमें एक बड़ी चीज़ है। यह बात अलग है कि उनकी इस बात पर न हम तब अमल कर पाये थे और न आज अमल कर पा रहे हैं। उनका समझाने का तरीका बड़ा अच्छा होता। न तो वे हमें उपदेशों का गंगाजल पिलाते और न डांट-फटकार कर रास्ते पर लाने की कोशिश करते। उनका तत्त्व दर्शन उनके शब्दों में नहीं, आचरण में होता था। वे एकदम अपनी मस्ती में जीने वाले जीव थे। बाहर से भीतर तक एकदम आडंबरहीन और अकृत्रिम। चलते-चलते किसी फुटपाथिया चाय की दुकान पर रोक लीजिए, रुक जायेंगे। 'सर, चाय।' और 'सर' हैं कि कभी मना नहीं कर सकते। यह नहीं कि संकोच के कारण मना न करते हों बल्कि कविता

और काव्य चर्चा के मूड में इस बात की ओर मिश्रजी का ध्यान ही नहीं होता कि चाय पीने के लिए उन्हें जहां रोक लिया गया है, वहां ठीक से बैठने और खड़े होने तक के लिए जगह नहीं है। वे अपने विद्यार्थियों के बीच बिलकुल विद्यार्थी बन जाते। उन दिनों चाल-ढाल से वे प्रोफेसर कम रिसर्च स्कॉलर अधिक लगते थे।

मिश्रजी के विद्यार्थियों में एक हुआ करते थे रघुवीर चौधरी और एक थे भोलाभाई पटेल। दोनों कुछ भिन्न प्रकार के थे। यानी हिंदीभाषी विद्यार्थियों जैसी प्रदर्शनकारी गुरु-भक्ति उनमें नहीं थी। इसलिए हम सबके बीच वे अपने आपको पूरी तरह खपा नहीं पाते थे। भोलाभाई तो शायद कहीं पढ़ाते-लिखाते थे, इसलिए उन्होंने अपने ऊपर अध्यापकी किस्म का अनुशासन लाद रखा था। रघुवीर चौधरी कहीं पढ़ाने की नौकरी नहीं करते थे, इसलिए बी० ए० के छात्र रघुवीर एम० ए० के विद्यार्थियों और अपने प्रोफेसरों को ही पढ़ाने लगे थे। बात-बात में लड़ते-झगड़ते, बात-बात पर अकड़ते-झड़कते। वे उन दिनों खादी पहनते और इस भ्रम में रहते कि गांधीजी का अधूरा काम उन्हीं को पूरा करना है। यूं शिकायत उनको गांधीजी से भी थी। उनका मानना था कि गांधीजी के हाथ में जो लकड़ी थी उसका वे सही उपयोग नहीं कर सके। रघुवीर इस जुगाड़ में थे कि गांधीजी की वह छड़ी कहीं उनके हाथ लग जाये तो वे देख लें सबको। गांधी जी की छड़ी तो खैर उनको मिलती क्या, बस कुछ दिनों तक यह सोचकर वे सबसे हाथापाई करते रहे कि आज नहीं तो कल जब वह मिल जायेगी तो देखना कैसे लोगों के सिर तोड़े जाते हैं। रघुवीर उन दिनों उमाशंकर जोशी को जानते थे तो समझते थे कि उन्होंने सारी दुनिया को जान लिया। रघुवीर अपने प्रोफेसरों में मिश्रजी का बहुत आदर करते थे और मिश्रजी ऐसे शिष्य वत्सल कि रघुवीर न हों तो हर जगह रघुवीर को देखें और रघुवीर हों तो रवुवीर के अलावा और किसी को देखें ही नहीं। इस बात को लेकर लोग मिश्रजी पर बहुत नाराज रहते। कहते मिश्रजी बहुत सीधे आदमी हैं। हम इतनी दुआ-सलाम और दण्डवत प्रणाम करते हैं और यह कुछ नहीं, एक रघुवीर है कि ठीक से नमस्ते भी नहीं करता और उसकी तारीफ के पुल बांधे रहते हैं। आज हमें आश्चर्य होता है कि उन दिनों मिश्रजी ने रघुवीर में क्या देख लिया था? रचना और रचनाकार को तो पहचाना जा सकता है लेकिन किसी संभावित रचनाकार को पहचानना बहुत बड़ी बात है और यह पहचानना कि उसकी उद्दण्डता में उसकी असाधारण रचनात्मक ऊर्जा का संकेत समाहित है अपने आप में एक अचरज है।

जिस शहर को हम अहमदाबाद के नाम से जानते हैं वह कोई एक अहमदाबाद नहीं है, उसमें अनेक अहमदाबाद समाहित हैं। कम से कम उसके दो रूप तो बहुत ही साफ हैं। एक सेठों वाला अहमदाबाद और दूसरा मेठों वाला अहमदाबाद। एक खुशहालियों वाला अहमदाबाद और दूसरा चालियों वाला अहमदाबाद।

यहां मजदूर बस्ती को चाल या चाली कहते हैं। 'चाली' की व्युत्पत्ति कैसे हुई, हम नहीं जानते। हो सकता है कि गाली के वजन पर किसी समझदार आदमी ने यह शब्द गढ़ लिया हो। चूंकि हममें से अधिकांश चालियों में ही रहते थे, इसलिए उन दिनों मिश्रजी चाली देखने को बड़े उत्सुक और बेचैन रहते। कई विद्यार्थियों से चाली देखने की इच्छा प्रकट की। लेकिन संकोचवश उन्हें कोई चाली दिखाने को आमंत्रित नहीं करता। उनका एक विद्यार्थी सुल्तान (अब एक प्रसिद्ध कवि और गज़लकार) उन दिनों कसाई की चाल में रहता था। शायद मिश्रजी को यह नाम बड़ा उत्तेजनापूर्ण लगा। इसलिए पहुंच गये कसाई की चाल में। सुल्तान परेशान कि अब 'सर आ ही गये हैं तो इन्हें बिठाया कहां जाये, खड़ा कहां रहने दिया जाये।' अगर कोई दूसरा होता तो लगता यह चोंचलेबाजी की जा रही है। लेकिन मिश्रजी को लेकर कभी इस प्रकार की बात सोची ही नहीं जा सकती। उन्हें मालूम था कि अपने गांव के अभावों वाली जिस जिंदगी को छोड़ आये हैं वह एक नया छद्म ओढ़कर शहर में आ गयी है। वे सचमुच चाली को नहीं उस छद्म को देखना चाहते थे। अपने नवीनतम उपन्यास 'दूसरा घर' में मिश्रजी ने अहमदाबाद की मजदूर बस्ती की यातना को वाणी दी है। 'दूसरा घर' में कसाई की चाल आती है। मिश्रजी का कहना है कि गरीबी ही कसाई है। यूं मिश्रजी यह अर्थ न भी बताते तो भी हम यह जानते थे लेकिन उनकी इस खोज के द्वारा हम उन्हें और अधिक अंतरंग रूप से जान सके।

मिश्रजी की सरलता एकदम बेजोड़, बेमिसाल है। कितने भी नाराज हों, कैसा भी खराब मूड हो, आप उन्हें कविता पर ले आइए, अप्रासंगिक रूप से ही किसी कविता की दो पंक्तियां सुना दीजिए, ऐसी पंक्तियां कि जिनमें कहीं जिंदगी का थोड़ा-सा संस्पर्श हो, बात कहने का थोड़ा अपने ढंग का अंदाजेबयां हो, बस समझ लीजिए कि नूरजहां की सल्तनतवाली बात हो जायेगी।

कविता पढ़ी जा रही है, कोई आंख बचाकर आपस में कानाफूंसी करने लगा। मिश्रजी बेचैन हो उठे, नाराजगी के साथ बोले, "यह क्या बकबक लगायी है, बड़े अहमक हैं आप लोग !" और फिर ठहाका लगाकर हंस दिये। एक ही वाक्य में नाराज़गी और उस नाराज़गी को दूर करने का उपक्रम मिश्रजी की एक बड़ी सहज भावस्थिति है। लेकिन जब मिश्रजी अहमदाबाद में साहित्यिक वातावरण बनाने में अपने आपको खपा रहे थे, उसी समय वे वहां से उखाड़ दिये गये। 'उखाड़ दिये गये' यह कहना शायद गलत होगा, वे तो उखड़े हुए ही थे। समझदार लोग जानते थे कि मिश्रजी की जड़ें कविता में—साहित्य में कितनी ही गहरी गयी हों, वहां कतई नहीं थीं जहां होनी चाहिए। हर जगह कुछ ऐसे लोग होते हैं जिनके आने पर विश्वविद्यालय के बुर्ज आदाब में झुक जाते हैं, टॉवर की घड़ियां सहमकर चिहुंकने लगती हैं, साहित्य की विधाएं अपना स्वरूप बदलने लगती हैं,

पांडित्य अपनी नाक रगड़ने लगता है। यूं देखा जाये तो ऐसे लोग अधिक खतरनाक नहीं होते। इन लोगों में एक प्रकार की सरलता और सहज विश्वसनीयता होती है। ये चप्पल उतारें और आप उसे हाथ में लेकर थोड़ा उलटें-पलटें, कहें वाह, इसका सोल कितना मुलायम है या उनके गंजेपन पर मलने के लिए थोड़ा-सा मरहम ले आयें। दूसरा भी फार्मूला है, कह दें, गुजरात में आज तक दो ही आदमी जन्मे हैं एक (खाली जगह) और दूसरे आप। खाली जगह पर समयानुकूल किसी का भी नाम रख दें—गांधीजी, सरदार पटेल वगैरह। आज तक ऐसा कोई माई का लाल जन्मा है जो कह दे "लो ये पांच रुपये और कन्हैयालाल मुंशी की 'गुजरात की अस्मिता' किताब खरीदकर पढ़ लेना। आप हमारे बारे में कुछ न जानें तो हम चला लेंगे, लेकिन गुजरात की ऐतिहासिक-सांस्कृतिक परंपरा से इस कदर बेखबर हों यह मेरे अपने अहं के लिए असह्य है।" लेकिन मिश्रजी इस प्रकार की महान् विभूतियों से कोई फायदा नहीं उठा सके। उल्टे उनको नाराज़ ही करते रहे। परिणाम वही हुआ जो होना था। कांकरिया झील (अहमदाबाद का प्रसिद्ध सौंदर्य धाम और प्राणी संग्रहालय) के पास के उद्यान में इंटरव्यू हुआ। तमाम पक्षियों में से एक हंस खोज निकालना था। बगुले को हंस मानकर चुना गया। जनता चिल्लाती रही, यह अन्याय है, सरासर अन्याय है। लेकिन इससे क्या फर्क पड़ता। बगुले का चुनाव थोड़े ही रद्द हो सकता था। मिश्रजी गुजरात विश्वविद्यालय नहीं पहुंचे, यह तो हुआ ही, उन्हें गुजरात भी छोड़ना पड़ा।

उन दिनों मिश्रजी बड़े दुःखी हुए। जो कुछ घटित हुआ था उससे उनको गहरा सदमा पहुंचा था। उस मनःस्थिति में लिखी गयी उनकी कहानी—'एक इंटरव्यू उर्फ कहानी' तीन शुतुमुर्गों की बड़ी जानदार है। यहां वैयक्तिक पीड़ा को व्याप्ति प्रदान कर दी गयी है। सारी स्थिति के चित्रण में एक निर्मम तटस्थता और जीवन के एक नितांत कटु यथार्थ का बेबाक चित्रण है। उनकी यह कहानी 'धर्मयुग' में छपी थी। कहानी के साथ दिये गये चित्र में चयन समिति के सदस्यों का रेखांकन भी था। मिश्रजी ने वह चित्र देखा तो जैसे हंसी का एक निर्झर ही फूट पड़ा। काफी देर तक उनका ठहाका चलता रहा। वे चित्रकार की कलम की दाद देते नहीं थकते। मैं उनकी इस मुद्रा को देखकर दंग रह गया। एक छोटे से चित्र को देखते हुए वे अपने साथ हुए इतने गंभीर किस्म के अन्याय को एकदम भूल गये। हंसी के इस असाधारण ठहाके में जैसे यातना का इतना बड़ा हिमालय गलकर अदृश्य हो गया।

बाद में यह हुआ कि मिश्रजी ने इस प्रकार की घटनाओं को बड़ी सहज स्थिति के रूप में ग्रहण करना सीख लिया। एक बार मूड में थे तो अपने एक इंटरव्यू की बात करने लगे। एक आचार्य महोदय ने पूछा "...आप आंचलिक उपन्यास क्यों लिखते हैं?" मिश्रजी एकदम निरुत्तर। वे कुछ देर तक प्रश्नकर्ता

अध्यक्ष और आचार्य का मुंह देखते रहे। एक उत्तर जबान पर आया कि "आप जैसे आचार्य इस प्रकार का प्रश्न पूछ सकें, इसलिए लिखता हूं।" लेकिन फिर वे बात टाल गये। आचार्यजी ने प्रश्न का फलक थोड़ा मर्यादित किया। "…आप स्थानीय भाषा का क्यों उपयोग करते हैं।" मिश्रजी उनका आशय नहीं समझ सके, तो आचार्यजी ने अपना सही स्वरूप प्रकट किया, कहा—"आप हिंदी का रूप बिगाड़ रहे हैं।" मिश्रजी ने कहना चाहा कि जब तक आप जैसे आचार्य इस क्षेत्र में सक्रिय हैं तब तक यह काम करने की जुर्रत मैं या दूसरा कोई कैसे कर सकता है? लेकिन वे बोले कुछ नहीं। आचार्यजी थोड़ा विचलित हुए, पूछा, "इस बारे में आपको क्या कहना है?" "मेरे कहने के लिए आपने गुंजाइश ही कहां छोड़ी है?" मिश्रजी ने कहा—"प्रश्न आपका था, उत्तर आपने दे दिया, अब केवल मूल्यांकन बाकी है, वह तो आपको करना ही है। इस सारी प्रक्रिया में मैं आता ही कहां हूं।"…इस घटना में अंतर्निहित विडंबना को उजागर करने के साथ मिश्रजी फिर से एक ठहाका लगाते हैं और अचानक विषयांतर कर देते हैं 'छोड़ो यह बात…अब यह बताओ, आजकल क्या लिख रहे हो?' मेरे पास अपना अपराध स्वीकार कर लेने के अतिरिक्त कोई चारा नहीं रहता। "एक दो छिटपुट लेखों के अलावा लेखन का तो कोई काम नहीं हो पाता, हां, थोड़ा-बहुत पढ़-पढ़ा जरूर लेता हूं।" मिश्रजी मेरे उत्तर से निराश नहीं होते, उनके चेहरे पर कुछ इस प्रकार का भाव उभरता है कि चलो यही क्या कम है? फिर वे अचानक प्राध्यापक की मुद्रा करके कहने लगते हैं, 'बोलो क्या पढ़ा है इन दिनों?' मिश्रजी ने सवाल किया और मैंने कहा—"कविता के नये प्रतिमान।" उन दिनों नामवरसिंह की इस पुस्तक पर जोर-शोर की चर्चा छिड़ी हुई थी। सचमुच मैं इस पुस्तक के बारे में मिश्रजी की राय जानना चाहता था लेकिन मिश्रजी ने कोई उत्साह नहीं दिखाया। वे चुप्पी साध गये। मैंने सीधा-सीधा सवाल किया—"आपकी राय क्या है नामवर सिंह की पुस्तक के बारे में?"

"मेरी राय क्यों पूछते हो भाई? अपनी ही राय बताओ!" मिश्रजी के स्वर में कुछ उदासीनता थी।

"आपकी राय इसलिए पूछता हूं कि इस पुस्तक से लोगों को अजीब तरह की शिकायत है। पहले कहेंगे कि नामवर की कविताविषयक धारणाएं एकदम बाहियात हैं और फिर कहेंगे कि इसमें मेरा नाम? या अपना नाम न देकर कहेंगे कि फलां नाम क्यों नहीं शामिल किया?"

मिश्रजी को मेरी बात छू गयी। एकदम बोल उठे, "इस बात को मैं दूसरे ढंग से कहूंगा।" नामवरसिंह को जहां कविता मिलती है वहां प्रगतिशीलता नहीं दिखायी देती और जहां प्रगतिशीलता होती है वहां उन्हें कविता नहीं मिलती। जैसे प्रगतिशीलता और कविता के बीच कोई रिश्ता ही न हो। ऐसे में होता यह

है कि घूम-फिरकर चर्चा उन्हीं कवियों की होती रहती है जो प्रगतिशील आंदोलन के विरोध में रहे हैं, उनकी उपेक्षा हो जाती है जिन्होंने कविता और जीवन के लिए समान रूप से संघर्ष किया है।···और फिर नामवरसिंह अपने अभिप्राय भी बड़ी जल्दी बदल देते हैं।"

मिश्रजी की इस बात के साथ साहित्यिक और गैरसाहित्यिक समझौतों की बात चल पड़ी। किसी ने नामवरसिंह पर छींटाकशी की। मिश्रजी का रुख बदल गया। कुछ नाराज़ हो गये। बोले "···मैंने नामवर को नजदीक से देखा है। बनारस विश्वविद्यालय से हटाये जाने के बाद वह आदमी कैसे रहता था जानते हो? रहने के लिए एक छोटा-सा कमरा। किताबें रखो तो खुद को सोने-बैठने की जगह नहीं और उसमें बैठिए, सोइए तो किताबें निकालकर बाहर रख देनी पड़ें। बेकारी की स्थिति में भी वे पुस्तकें खरीदते थे। ऐसी विषम स्थिति में रहकर कुंठा और निराशा को चुनौती देकर एक अवधूत की-सी मस्ती में जिसने नामवर को जीते देखा है, वह उस आदमी के बारे में किसी प्रकार की टुच्ची बातें नहीं सुन सकता।"

"लेकिन धर्मवीर भारती?" सवाल किया तो मिश्रजी ने यूं देखा जैसे सवाल का सिर-पैर कुछ भी उनकी समझ में नहीं आया। बोले—"धर्मवीर भारती··· यानी?"

"यही कि साहित्य में प्रगतिशीलता के आग्रहों और 'अंधायुग' की संवेदना के बीच आप तालमेल कैसे बिठा लेते हैं।"

"इस संबंध में एक बात बहुत स्पष्ट रूप से समझने की ज़रूरत है, वह यह कि रचना अंततः रचना है, वह कोई राजनीतिक दस्तावेज़ जैसी चीज नहीं है कि आप उसमें अपने विचारों, मान्यताओं, कार्यक्रमों और रणनीतियों को जबरन ठूंस ठांस दें। ये चीज़ें भी ज़रूरी हैं और मैं तो यहां तक कहता हूं कि ये रचना में लायी जानी चाहिएं लेकिन शर्त यही है कि ये उसके रंगरेशे में पूरी तरह से घुलमिल जायें। अगर ऐसा नहीं होता तो उनके वहां होने का कोई औचित्य नहीं। हिंदी में प्रगतिशीलता के नाम पर ऐसी अनेक रचनाएं आयीं और लुप्त हो गयीं। उन्होंने न तो राजनीतिक क्षेत्र में राहबरी की और न साहित्य के क्षेत्र में। रचना को राजनीतिक दस्तावेज़ के रूप में पढ़ने से एक लंबे समय तक प्रगतिवादी समीक्षकों ने प्राचीन साहित्य के मूल्यांकन में भी गंभीर किस्म की ग़लतियां कीं। हालांकि अब प्राचीन और मध्यकालीन साहित्य के मूल्यांकन में सावधानी बरती जा रही है। समकालीन साहित्यिक प्रवृत्तियों के मूल्यांकन में भी इसी प्रकार की सावधानी बरतने और संतुलन रखने की आवश्यकता है। यहां मैं एक सवाल करता हूं कि प्रगतिशील आंदोलन ने हमें 'अंधायुग' के वज़न की कितनी रचनाए दी हैं और अगर हम इस सच्चाई को स्वीकार कर लें कि हमारी उपलब्धियां उन्नीस हैं तो

यह ज़रूरी हो जाता है कि हम 'अंधायुग' को एक रचनात्मक चुनौती के रूप में देखें। उसकी उपेक्षा कर देने या उसके अभिप्रायों का विरोध करने से काम नहीं चलेगा, उसकी रचनाशीलता के आंतरिक स्वरूप को समझने और इस समझदारी का अपने सृजन में उपयोग करने की ज़रूरत है।"

मैं जानता हूं कि इस उत्तर से समस्या सुलझती नहीं और फिर कुछ समस्याएं होती हैं ऐसी पेचीदा कि उनको सुलझा पाना किसी के लिए भी आसान नहीं होता। उनका कोई अंतिम निराकरण नहीं दिया जा सकता।···बस यह है कि इस सवाल पर मिश्र की मान्यता यही है। आप उनकी मान्यताओं से सहमत हों, असहमत हों, यह बात अलग है। उनका यह आग्रह कतई नहीं रहता कि आप उनकी बात को 'बाबा वाक्य' की भांति स्वीकार कर लें। "साहित्य में अगर वैयक्तिकता की छूट नहीं होगी तो वह अपनी पहचान ही न खो देगा? सांचे में ढली हुई चीज़ों का साहित्य में कोई ख़ास महत्त्व नहीं होता।"

मिश्रजी को गुजरात के साथ बड़ा गहरा लगाव है। उनके कथा साहित्य का एक बड़ा हिस्सा गुजरात की पृष्ठभूमि पर रचा गया है। गुजरात की अपेक्षाकृत अधिक गतिशील सामाजिक परंपरा, वैचारिक उदारता, मैत्री और सहिष्णुता की बातें उनके उपन्यासों और कहानियों में बार-बार आती हैं। उनकी कई कहानियों का नायक दूर-दराज़ स्थलों से अपने गांव वापस लौटता है तो सामाजिक रूढ़ियों और दकियानूसी मान्यताओं से त्रस्त गांव की कोई औरत आकर उसके सामने खड़ी हो जाती है। उसका सवाल होता है कि वहां के लोग कैसे रहते हैं? कथा-नायक जवाब देता है—"उधर के लोग इतने दकियानूस नहीं हैं इसलिए सुखी भी हैं। उधर लड़कियों की बहुत इज्ज़त है।" (एक औरत : एक जिंदगी)

मिश्रजी जब उधर की बात करते हैं तो वह गुजरात होता है। वे अच्छी तरह गुजराती नहीं जानते, लेकिन हम लोगों के लिए उनकी एक आम सलाह होती थी "तुम लोग थोड़ी बहुत गुजराती जानते हो तो गुजराती साहित्य पढ़ो। इसलिए नहीं कि तुम्हारा ऐसा करने से राष्ट्रीय एकता को बल मिलेगा बल्कि इस-लिए कि इससे तुम्हारे अंतर्जगत का थोड़ा विस्तार होगा, परिष्कार होगा। तुम सब हिंदी जगत से बहुत दूर हो, हिंदी की रचनाशीलता के मूल उत्स से कटे हुए हो। यहां तुम्हारे लिए कोई रचनात्मक चुनौती नहीं है। कहिए कि कोई वाता-वरण ही नहीं है, इस प्रकार का। वातावरण की जड़ता आदमी को खा जाती है। इस जड़ता को तोड़ने का तुम्हारे पास एक रास्ता है, अपने आपको गुजराती साहित्य की सामयिक गतिविधियों से जोड़ने की कोशिश करो। संभव है कि यह जुड़ना तुम्हें कुछ करने, सोचने-समझने के लिए प्रेरित करता रहे।" मिश्रजी यह नेक सलाह देकर गुजरात से दिल्ली चले गये। डॉ० शिवकुमार मिश्र से क्षमा-याचना के साथ एक सामान्यीकरण करने की छूट लेना चाहता हूं, हिंदी का जो

आदमी हिंदी जगत में स्वीकृति प्राप्त कर लेता है, वह देर-सवेर गुजरात को छोड़-छाड़कर दिल्ली वगैरह किसी हिंदीभाषी क्षेत्र में चला जाता है। लेकिन किसी का यहां से जाना हमें उतना नहीं खला जितना कि डॉ० रामदरश मिश्र का। वे एक सर्जक और समीक्षक के रूप में जो हैं सो तो हैं ही, लेकिन एक व्यक्ति के रूप में वे निर्विवाद रूप से असाधारण हैं—विरोधाभास यह है कि वे अपनी साधारणता में असाधारण हैं। हमने उन्हें गंभीर यातनापूर्ण क्षणों में वातावरण की जड़ता को तोड़ देने वाला ठहाका लगाते देखा है और तब ऐसा लगा है जैसे चैत की कड़ी धूप और लू-लपट को चुनौती देता हुआ गुलमुहर का कोई पेड़ पोर-पोर खिल गया हो।

आत्म-विस्तार और आत्म-साक्षात्कार के लिए

मैं रामदरश मिश्र की सन् 53 में लिखी गयी उनकी एक प्रारंभिक कविता 'बोझ बहुत भारी है' से ही उनकी रचनात्मक चेतना के मूलभूत सरोकारों को समझने का प्रयत्न करूंगा।

कविता में एक प्रकृति-चित्र है। सड़क के दोनों किनारे लंबे-लंबे यूकिलिप्टस के पेड़ स्वप्निल चांदनी के मधुर आलोक में आत्म-विस्मृत से खड़े हैं। काव्य-नायक भी प्रकृति के इस अनिर्वचनीय सौंदर्य में क्षण-भर के लिए खो जाता है। वह अपने इस अद्वितीय अनुभव-क्षण के आंतरिक उल्लास से प्रेरित अपने साथ चलने वाले नौकर से, जिसके सिर पर बहुत सारा बोझ लदा है—पूछ बैठता है—'कैसा लगता है तुझे?' नौकर का यह कथन कि 'बोझ बहुत भारी है', काव्य-नायक की चेतना को एक झटका देता है। वह खीझता है। किस पर? अपने आप पर? नौकर की अप्रत्याशित प्रतिक्रिया पर? सौंदर्य को पहचानने की नौकर के असामर्थ्य पर? या इस समग्र स्थिति की विसंगति और विडंबना पर? यह नहीं कहा जा सकता। लेकिन प्रकृति के सौंदर्य के साथ व॒ दुबारा तादात्म्य नहीं साध पाता।

उग रहा है चांद
पूरब की घाटियों में जंगलों के पार

\+ \+

सड़क के दोनों बाजुओं पर
लंबी छरहरी बांहों की तरह,
चिकने पेड़ सो रहे हैं
चूड़ी की खनक के समान कोई पंछी
कुनमुना उठता है
यूकिलिप्टस की चंवरदार पत्तियों के
झरोखे से
किरणों की झलमल निगाहें
एक क्षण झांकती हैं

लो उतर गयीं भू पर

\+ +

हवा का जारजेट-सा
एक हलका-फुलका झोंका आया
तन सिहरा, मन सिहरा
पूछा घुरहू से—
'कुछ देख रहा है तू ?'
घुरहू कंहार है
मेरे पीछे मेरा बोझा ढोता आ रहा है—
दबा-दबा
बोला—'हां बाबू देख रहा हूं—
आगे कुछ चिराग जल रहे हैं
शायद हम आ गये
बोझ बड़ा भारी है।'
बोला मैं—धत्तेरी की

मानव-जीवन और परिवेश की विसंगति और विडबना की पहचान नयी कविता में अत्यधिक संवेदनशील और रोज-ब-रोज के जीवन के अनुभव-बिंबों के रूप में प्रकट हुई है। लेकिन इसे देखने और उद्घाटित करने के विविध कवियों के संवेदनात्मक उद्देश्य एक जैसे नहीं हैं। कुछ कवियों में दो विरोधी वस्तु-स्थितियों का सहअस्तित्व चमत्कार जगाता है। कुछ इसे मानव-नियति की अपरिहार्य अनिवार्यता के रूप में देखते हैं। जीवन और परिवेश की विसंगति और विडंबना को कुछ कवियों ने चुभन और चुनौती के रूप में ग्रहण किया है। रामदरश मिश्र की उक्त कविता में यथार्थ की यह विसंगति कवि-कर्म की विसंगति का भी बोध कराती है। इसमें यथार्थ को उसकी समग्रता में ग्रहण कर सकने की कवि की मर्यादा और उस मर्यादा के अतिक्रमण की बेचैनी भी शामिल है।

लेकिन यह कविता, नयी कविता के अपेक्षाकृत अधिक गहरे आत्म-संघर्ष की ओर संकेत करती है। यहां शायद यह कह देना भी जरूरी है कि उक्त कविता मिश्रजी की प्रतिनिधि कविता नहीं है लेकिन यह उनकी संवेदना के मूलभूत वैशिष्ट्य और उनकी रचनात्मक चेतना के तनाव के उस बिंदु को उजागर करती है जो नयी कविता बनाम प्रगतिशीलता के द्वंद्व के रूप में आधुनिक हिंदी कविता का एक स्थायी संदर्भ बन गया है। 'तार सप्तक' में कविता की संवेदना और शिल्प संबंधी कुछ नये आग्रहों के बावजूद इसके अधिकांश कवियों ने मार्क्सवाद से अपने प्रभावित होने की बात कही है। लेकिन आगे चलकर नयी कविता ने मार्क्सवादी-प्रगतिवादी चेतना के विरोध के द्वारा ही अपने आपको प्रतिष्ठित किया। काव्य

के अनुभव और शिल्प के प्रयोगवादी आग्रहों के बीच मार्क्सवादी कवियों के लिए भी मार्क्सवाद और कविता के बीच समीकरण बिठा पाना उत्तरोत्तर कठिन होता गया। बकौल नामवरसिंह के "प्रयोगवाद के दौरान जिन्हें मार्क्सवाद और नयी कविता में विरोध दिखायी पड़ा, उन्होंने दो में से एक को छोड़ दिया—अधिकांश ने प्रयोग के लिए मार्क्स को छोड़ दिया।" जो दोनों को साथ लेकर चले उनका रास्ता अधिक दुष्कर और दुःसाध्य बनता गया। मिश्रजी की उक्त कविता नयी कविता और मार्क्सवाद के इसी द्वंद्व को बिंब रूप में उजागर करती है। यहां एक छोर पर रचनाकार का अपना अनुभव सत्य है, सौंदर्यानुभूति के मधुर स्पंदन से मुखर तन्मयता का एक आत्मीय क्षण है और दूसरे छोर पर उस अनुभव को काट-कर निकलने वाले युग के क्रूर और अमानवीय यथार्थ का वह संदर्भ है जिसकी उपस्थिति का अहसास मात्र कवि के सौंदर्य-बोध और उसकी सांस्कृतिक सुरुचि को एक धक्का देता है। लेकिन नयी कविता में अपनी अनुभूति के प्रति उक्त प्रकार की आत्म-सजगता को विशेष महत्त्व नहीं दिया गया। कभी-कभी तो इसे कविता की कलात्मक संरचना में व्यवधान उपस्थित करने वाला तत्त्व मान लिया गया। सामाजिक यथार्थ एक तथ्य मात्र है, और कोई भी तथ्य अपने आपमें कितना ही महत्त्वपूर्ण क्यों न हो, कविता के लिए निरुपयोगी है। अज्ञेय ने कहा था, "सत्य वह तथ्य है जिसके साथ हमारा रागात्मक संबंध हो।" लेकिन यह मान्यता अपने आपमें अत्यधिक अर्थपूर्ण होने पर भी यथार्थ के सामाजिक संदर्भों को छूने वाले रचनाकार के मन को संतोष नहीं देती। रामदरश मिश्र के लिए समय का वह अंश भी जिसे उन्होंने अपनी शिराओं की गति में नहीं पाया, अपने आपमें महत्त्वपूर्ण है :

कहते हैं—

समय अनुभूति है
सूर्य का उगना दिन नहीं
उस उगे हुए को शिराओं की गति में पाना दिन है
सूर्य का बुझना रात नहीं
उस बुझे हुए को
मन के अनकहे सन्नाटे के बीच पहचान लेना रात है

लेकिन कवि ने अनुभव किया है कि—

संवेदना और ज्ञान कांपते रहते हैं प्रकाश में
निरंतर कुछ रेखाएं खींचने को
अंधी चट्टानों पर।

यह अंधी चट्टान इन सभी नये कवियों की समस्या थी जिनको नयी कविता के आत्मबद्ध रूप से असंतोष था। मुक्तिबोध ने इसे रचनाकार की मूलभूत समस्या माना था। यह समस्या अपने अनुभवजगत् को विस्तृत करने और उसके सही

स्वरूप को समझने की थी। हमारी अनुभूति वस्तुतः किसी वस्तु-तत्त्व के प्रति हमारी संवेदनात्मक प्रतिक्रिया ही है। लेकिन वस्तु-तत्त्व उतना ही नहीं होता जितना वह हमारे संवेदनात्मक अनुभव का विषय बनता है। उसका केवल एक ही अंश हमारी चेतना में उभर पाता है। ऐसी स्थिति में एक सच्चा रचनाकार बड़ी बेचैनी से अनुभव करता रहता है कि वह अनुभूति का विषय बनने वाले वस्तु-तत्त्व को उसकी समग्रता में ग्रहण नहीं कर पा रहा है। अतः रचनाकार की आत्माभिव्यक्ति का वास्तविक-संघर्ष अनुभव के इस बिंदु से प्रारंभ हो जाता है। मुक्तिबोध ने रचनाकार के इस संघर्ष को अत्यधिक महत्त्वपूर्ण माना है। इस संबंध में उन्होंने लिखा है कि वस्तु-तत्त्व की अभिव्यक्ति करते हुए रचनाकार को "अपनी अक्षमता और आत्म-सीमा का साक्षात् बोध होता रहता है। ऐसा क्यों? इसलिए कि वह अपनी अभिव्यक्ति की तुलना जी में धड़कने वाले केवल वस्तु-सत्य से ही नहीं करता, वरन् अपने स्वयं के साक्षात्कार-सामर्थ्य की तुलना उस वस्तु-सत्य की विशालता से करता है। आत्म-सत्य भी कह सकते हैं। उसे लगता है कि जितनी आवश्यक मनःस्थिति उसे चाहिए, उसमें नहीं है।"

मिश्रजी अपनी उपर्युक्त कविताओं में रचनाकार के आत्म-संघर्ष के उसी रूप को उभारते हैं जिसका उल्लेख मुक्तिबोध ने किया है। कवि का अपना अनुभव तो महत्त्वपूर्ण है ही, लेकिन अपने अनुभव की मर्यादा का बोध भी कम महत्त्वपूर्ण नहीं है क्योंकि इसमें अपने अनुभवजगत् को अपेक्षित विस्तार और दिशा प्रदान करने की बेचैनी शामिल है। मिश्रजी के प्रथम काव्य-संग्रह 'पथ के गीत' में जहां व्यक्ति-मन की पीड़ा और दर्द है वहां उस पीड़ा में व्याप्ति का अभाव है और जहां युग-जीवन की असंगतियों, आर्थिक विषमताओं, शोषण और दमन के विरुद्ध संघर्ष का आह्वान किया गया है वहां भावना के आवेग और आवेश में अनुभव का निजी संदर्भ धूमिल हो गया है। 'बैरंग-बेनाम चिट्ठियां' में व्यक्ति में समष्टि का अनुभव बोलने लगता है। कवि अपनी ज्ञानात्मक संवेदना के सहारे अपने अनुभव के वृत्त को उत्तरोत्तर विस्तार प्रदान करता जाता है, जीवन के अधिकाधिक तत्त्वों को अपनी अनुभूति में समेटने लगता है—

> गुलमुहर से इस दिन की लाल आभाओं की परिधि
> मेरी गोद में न अंटकर, फैलती गयी, फैलती गयी चारों ओर
> आज मैं केन्द्र-बिंदु हूं इस परिधि का
> यानी इकाई हूं
> ममता की व्यास रेखाएं मुझे जोड़े हैं
> क्षितिजों की ओर फैलती हुई इस परिधि से

'ममता की व्यास रेखाओं' के सहारे कवि का यह फैलना कवि की आत्मस्फीति न होकर उसका अपना सहज आत्म-विस्तार है। वस्तुतः यह अपनों के बीच अपने

आपको रखकर अपने अनुभव को परिभाषित करने का उपक्रम है। मिश्रजी में अत्याधुनिकतावादी कवियों का ओढ़ा हुआ अकेलापन या उससे उद्भूत ओढ़ी हुई पीड़ा नहीं है । बल्कि यहां कवि की कठिनाई यह है कि वह उन लोगों को भी अब तक नहीं छोड़ सका जो उसको छोड़कर चले गये हैं :

1. भूख से तड़पते चेहरे अभी ताजे हैं
सपनों में आते हैं मरे हुए मित्र अभी
2. कि मेरे आसरे की वाट बैठे
आठ-दस अपने सगे गमगीन से चेहरे
3. ये अतन धुंधले विवश चेहरे
मुझे क्यों घूरते हैं
कह रहे जैसे कि पहचानो
मुझे लगता कि
इन मासूम चेहरों को
इन असमय बुझे हंसते चिरागों को
निकट से जानता हूं ।

ये चेहरे यदि हमारी संवेदना को छूते हैं तो इसका मुख्य कारण यह है कि इनमें कवि का भी 'पीटे गये बालक-सा मार खाया चेहरा' शामिल है। मिश्रजी ने अपने मन के दर्पण में इन पथरायी हुई छायाओं को प्रतिबिंबित होते देखा है। ये समय की ठहरी और निष्कंप चेतना में प्रतिबिंबित हो उठने वाली मुरझायी हुई धूप के खण्ड हैं :

अपने ही दर्पण में अपनी छायाएं
पथरा बैठीं
जमी सतह पर कितनी धूपें गिरीं
और मुरझा बैठीं

दर्पण में प्रतिबिंबित 'पथराई छायाओं' और 'मुरझाई धूप' के साथ कवि को अपना भीतरी चेहरा भी दिखायी दे जाता है और यथार्थ का साक्षात्कार आत्म-साक्षात्कार में बदल जाता है। कवि द्वारा देखे गये तड़पते, गमगीन और विवश चेहरों की पीड़ा से उत्पन्न करुणा अंततः आत्म-प्रताड़ना का रूप ग्रहण कर लेती है। आत्म-साक्षात्कार के स्तर पर 'समाज पर चीखने' और 'कविता करने' भर से मन के उद्वेलन को शांत नहीं किया जा सकता। दायित्व-बोध का यह नया रूप है जिसके रहते रचनाकार शीशे में अपना चेहरा देखने का साहस नहीं जुटा पाता :

मैं इन सारी कुरूप छायाओं को बटोरकर
समाज पर चीखता हूं

और कविता करता हूं
और न जाने क्यों
खुद आईने के सामने आने से डरता हूं।

आत्म-प्रताड़ना का यह भाव तब उत्पन्न होता है जब रचनाकार अपने आपको प्रश्नों की धार पर लाकर खड़ा कर देता है। तब वह यथार्थ को परखने की अपेक्षा यथार्थ की आंखों अपने आपको, अपने विचार और कर्म के विरोधाभासों को समझने का उपक्रम बन जाता है। साक्षात्कार का यही वह बिंदु है जहां कवि के लिए मसीहाई मुद्रा धारण कर सकना संभव नहीं रह जाता। स्फोटक बड़बोलेपन और आत्म-स्फीति से रचना को मुक्ति मिल जाती है। कवि के भावावेग पर उसके आंतरिक विवेक का अनुशासन आ जाता है, जो अंततः रचना के आंतरिक संयोजन को एक अतिरिक्त कलात्मक अर्थवत्ता प्रदान करता है :

उस मिट्टी को कोसता हुआ उससे भागता रहा
एक अस्वीकार में सोकर दूसरे अस्वीकार में जागता रहा
मैंने क्यों नहीं स्वीकार किया कि
कोई मेरे लिए कपड़ा बुनता है
कोई अन्न उपजाता है
कोई कागज और कलम गढ़ता है
कोई समुद्र में उतरता है
कोई पहाड़ पर चढ़ता है
और मैं ?
सिर्फ कागज गोंजता हूं और अस्वीकार करता हूं।
और जब-जब मैं अपने से प्रश्न करता हूं
तब लौट आता हूं तुम्हारे पास, मेरे देश।

नयी कविता में समूह मानव को भीड़ के रूप में देखने का आग्रह इतना प्रबल हो गया था कि अपने व्यक्तिगत जीवन से हटकर अन्य किसी सत्य की ओर दृष्टिपात करना किसी कवि को कवि के रूप में अस्वीकार करने का पर्याप्त और वाजिब कारण मान लिया गया था। स्वयं मिश्रजी ने भी क्षण के अनुभव को महत्त्व दिया है। 'बेरंग-बेनाम चिट्ठियां' की अनेक छोटी कविताएं कवि की विविध मनःस्थितियों के स्वानुभूतिमूलक और संवेदनशील चित्र प्रस्तुत करती हैं। कवि की अनुभूति की आंच में तपकर ही कोई अनुभव-खण्ड आंतरिक निखार ग्रहण करता है। लेकिन काल का एक रूप ऐसा भी होता है जिसके साथ हम जुड़ नहीं पाते, लेकिन जो अपनी सत्ता और महत्ता से हमें अभिभूत किये रहता है। 'अस्पताल की दोपहर' में डाक्टर की संवेदनशून्य, निर्मम और निरपेक्ष क्रियाशीलता काल के

उस निर्मम विवेक का पर्याय है जो हमारी भावनाओं की चिन्ता किये बिना सदैव सक्रिय बना रहता है :

अलग-अलग चेहरे
अलग-अलग शोर
अलग-अलग पीड़ाएं
मगर सभी कहीं-न-कहीं मिलते हैं
कभी एक-दूसरे को काटते हुए
कभी समानांतर बहते हुए
मगर यह डाक्टर है
जो न किसी से मिलता है
न अलग होता है
इन सारे छटपटाते संवेदनों के बीच
वह है
और उसका यन्त्र

डाक्टर अपने यंत्र से किस सड़े-गले अंश की चीर-फाड़ करना चाहता है ? दर्द किस अंग में, कहां पर है ? इस बात की जानकारी की अपेक्षा कवि से की जानी चाहिए या नहीं, इस विवाद में पड़े बिना मिश्रजी अपराध के असली मुकाम पर उंगली रख देते हैं। यूं दर्द कई हो सकते हैं लेकिन मिश्रजी मुख्यतः उस दर्द की बात करते हैं जो गांव से शहर तक उनके साथ चला आया, और जो ज्योतिर्पटों के भीतर से अपने होने का अहसास कराता रहा :

और तुम्हारे ज्योतिर्पटों के भीतर से
ये रोने-चीखने की आवाजें
कैसी आ रही हैं ?
लगता है मैं इन्हें पहचानता हूं
लेकिन ये मेरी पहचानी आवाजों से
अधिक दर्दनाक हैं।

लेकिन शहर के लोगों का एक वर्ग ऐसा भी है जिसकी पीड़ा 'रोने-चीखने' में प्रकट नहीं होती। 'मेज पर माथा झुकाये, थकी-सी मुस्कान बेचने वाले' इस वर्ग में इतनी शक्ति नहीं है कि वह 'कांपती हुई चिमनियों के पैरों को बाहों में जकड़ ले', या 'लपटों को छाती पर सह ले।' महानगरों की आफिसों में काम करने वाले इस वर्ग के लोगों की नीरस दिनचर्या के यांत्रिक पुनरावर्तन में जीवन-संघर्ष का कोई संभावनापूर्ण अनुभव-बिंब नहीं उभरता। एक थका-हारा विवशता और वैफल्य का भाव ही इस वर्ग के जीवन का स्थायी संदर्भ बन चुका है। नयी कविता में मध्यवर्गीय जीवन की निराशा को बहुत बढ़ा-चढ़ाकर कुछ-कुछ रूमानी

अतिरंजना के साथ प्रस्तुत किया गया है, लेकिन मिश्रजी का इस वर्ग के लोगों के दुख-दर्द को देखने का अपना एक विशिष्ट दृष्टिकोण है। वे स्वयं भी दृष्यचित्रण में दृष्टि को विशेष महत्त्वपूर्ण मानते हैं :

दूसरे दरजे के डिब्बे में
अलग-अलग बैठे हुए
तीन यात्री
तीनों के हाथों में
पुस्तकें खुली हैं
जिनके शब्द तो एक हैं
मगर अर्थ अलग-अलग

मिश्रजी मध्यवर्गीय जीवन के दर्द को छूते हैं तो उसको जन्म देने वाले सामाजिक और आर्थिक संदर्भों को भी उजागर कर देते हैं। कहना चाहिए कि उनकी रचनात्मक भाषा में ही वह विशिष्ट संदर्भ समाहित रहता है, उन्हें अलग से उसकी व्याख्या करने की आवश्यकता नहीं रहती :

यह वही जंगला
जहां से बार-बार वसंत झरकर
उधर कोने में पड़े
खाली कनस्तर में गया है डूब
यह वही छत
जहां रातों में पुतलियों ने लिखे
कितने रंगीले नाम, गीले नाम
जो लिप-पुत गये हैं
बठे चूल्हे के धुएं से।

वसंत का कोने में रखे खाली कनस्तर में डूबना या रंगीले और गीले नामों का चूल्हे के धुएं में लिप-पुत जाना, जिन संदर्भ-संकेतों को उजागर करता है उनका सीधा संबंध आर्थिक विषमता से है। ये विशेषताएं यदि कुंठा में पर्यवसित नहीं होतीं तो इसका कारण कवि का यह बोध है कि 'अंधेरे बंद कमरे' से बाहर भी एक ज़िंदगी है। कवि का यह अहसास कि ज़िंदगी की सारी संभावनाएं, इस कमरे के एकांत में निःशेष नहीं हो गयी उसे जीवन की व्यापक लय में अपनी लय खोजने के लिए प्रेरित करता है। यही कारण है कि मिश्रजी का प्रकृत स्वरूप उनकी कविता के ग्राम्य-जीवन के प्रेरणापूर्ण चित्रों में आकार ग्रहण करता है। और यहीं एक 'नये कवि' की दृष्टि और संवेदना का, उसकी भाषा और शिल्प का एक विरोधाभास हमारे सामने उभरता है। यानि मिश्रजी की कविता में व्यक्त ग्राम्य-चेतना, गांव और परिवार के साथ बनते-बिगड़ते संबंधों की संवेदनशील पहचान सबको

अपने में समेटने, सबके साथ जुड़ने और सबमें समाहित होने की ललक और कामना की गंवई मानसिकता को आधुनिकता बोध के, जो जाने-अनजाने कुंठा, संत्रास, अकेलेपन की पीड़ा का पर्याय मान लिया गया है, के अनुकूल नहीं माना जा सकता। स्वयं मिश्रजी भी आधुनिकतावादियों के आग्रहों के प्रति आशंकित दिखायी देते हैं। अपनी यह आशंका उन्होंने 'बेरंग-बेनाम चिट्ठियां' और 'पक गयी है धूप' की भूमिका में व्यक्त की है :

1. आधुनिकता का समर्थक हूं मैं—उसे जीकर आकार देने का विश्वासी। किंतु एक प्रकार के अतिवादी फैशन को आधुनिकता मान लेने में मेरी आस्था नहीं है।···स्वाभाविक है कि अति आधुनिकता का पोज देने वाले इन गीतों या गीतात्मक संवेगों वाली अन्य कविताओं को 'अप-टु-डेट न माने' अप-टु-डेट नहीं, यानी कविता नहीं'। ('बेरंग-बेनाम चिट्ठियां')।

2. रूमानी-सी दीखने वाली कविताओं में भी संवेदना की ताजगी, रंग की विशिष्टता और अपना माहौल उन्हें भीड़ से अलग करने के लिए प्रयत्नशील है। इसीलिए मेरी दृष्टि में ये कविताएं पारस्परिक या रूमानी न होकर प्रासंगिक और आधुनिक हैं। वैसे आज की दुनिया में (जबकि कविता की परिभाषा और समझ वर्ष के हिसाब से बदलती जा रही है या बदलने का शोर किया जा रहा है तथा हर यथार्थवादी कविता आने वाली पीढ़ियों द्वारा रूमानी करार दी जा रही है तब) मेरी यह आत्म-स्वीकृति एक खतरा ही उठा रही है। ('पक गयी है धूप')

वास्तविकता यह है, और जैसा कि नामवरसिंह ने निर्देश किया है, रामदरश मिश्र ऐसे कवियों में से हैं जिन्हें प्रगतिशील आंदोलन ने ही कवि बनाया। 'आधुनिक साहित्य की प्रवृत्तियां' में संघर्षशील ग्राम्य-जीवन से कवि की रचनात्मक संपृक्ति को प्रगतिशील चेतना का एक महत्त्वपूर्ण तत्त्व माना है। इस संदर्भ में उन्होंने मिश्रजी को उन कवियों के साथ याद किया था जिन्होने लोक-गीतों को अनेक धुनों को कविता में पुनर्जीवित किया। लोक-जीवन की लय में अपने व्यक्ति-जीवन की लय के अन्वेषण की यह नये किस्म की जीवनान्वेषी प्रयोगशीलता मिश्रजी की कविता की अपनी निजी विशेषता है। इस विशेषता की ओर आगे चलकर यदि नामवरसिंह ध्यान नहीं दे सके तो इसका कारण शायद यह है कि नयी कविता के प्रतिमानों पर विचार करते हुए उन्होंने अपनी इस मान्यता का बड़े आग्रह के साथ प्रतिपादन किया है कि आवेशमूलक रूमानी दृष्टि और संवेदना अनिवार्य रूप से यथार्थ-विरोधी होती है। आलोचना के क्षेत्र में उक्त मान्यता मार्क्सवादी और गैर-मार्क्सवादी समीक्षकों में समान रूप से समादृत बनी रही। अत्याधुनिकतावादियों के लिए तो मिश्रजी पहले से ही गैर-जरूरी थे, रूमानी विरोधी अपनी उक्त मान्यता के रहते प्रगतिवादी समीक्षक भी मिश्रजी की कविता के संबंध में चुप्पी साधे रहे। लेकिन प्रगतिशील जीवन चेतना के संदर्भ में रूमानी दृष्टि और संवेदना

की सार्थकता को लेकर मुक्तिबोध की मान्यताएं नामवरसिंह की मान्यताओं से मेल नहीं खातीं। मुक्तिबोध का भी आग्रह है कि रचनाकार की भावना का ज्ञानात्मक आधार सुस्पष्ट और अविकृत होना चाहिए। लेकिन वे यह भी मानते हैं कि रोमान्टिक होने मात्र से भावना का ज्ञानात्मक आधार कमजोर नहीं होता। ज्ञानात्मक आधार कमजोर तब होता है जब कवि समाज को प्राप्त अद्यतन ज्ञान की उपेक्षा कर, अद्यतन ज्ञान द्वारा संप्रेरित भावनाओं से दूर हटकर केवल अपने एकांतिक निविड़ लोक में ही विचरण करता है। 'ज्ञान का अर्थ केवल वैज्ञानिक उपलब्धियों का बोध ही नहीं होता, वरन् समाज की उत्थानशील तथा ह्रासोन्मुखी शक्तियों का बोध भी है।' मुक्तिबोध की उक्त मान्यता के आलोक में हम यहां मिश्रजी के कुछ-कुछ रूमानी किस्म के बिंबों और प्रतीकों में आकार लेने वाली दृष्टि और संवेदना के आंतरिक स्वरूप या कविता के संवेदनात्मक उद्देश्यों को समझने का प्रयत्न करेंगे।

सामान्यत: मिश्रजी ने प्रकृति के विविध रूपों और रंगों में अपनी आत्म-स्थितियों को खोजने का प्रयत्न किया है। बंद कमरे में भी प्रकृति उन्हें घेरे रहती है, कभी धूप के एक छोटे टुकड़े के रूप में और कभी खिड़की पर दस्तक देने वाली हवा के रूप में। जब वह उनके आसपास नहीं होती तब उसकी उपस्थिति उनकी चेतना को 'हान्ट' करती रहती है। वस्तुत: उनकी सर्जनात्मक चेतना को प्रकृति से ही बल प्राप्त होता है। उन्हें जैसे हर मौसम की बड़ी आंतरिक और संवेदनशील पहचान है। उनका उल्लास, उनकी बेचैनी और उनकी कामना का रूप बदलते हुए मौसम के साथ बदलता रहता है। यह बात अलग है कि हर बदलता हुआ मौसम उनके हृदय में उल्लास नहीं, अवसाद ही पैदा करता है। शरद आता है तो उन्हें 'सर्द निस्तब्धता में भय से कांपते फूल दिखाई दे जाते हैं।' उधर 'अधसूखी तलैया के किनारे' 'पतझर की शाम बड़ी भारी' बन जाती है। एक विडंबनापूर्ण स्थिति में 'हेमंत की सूनी दोपहर' हाथ से सरक जाती है। पूस आता है तो 'उसकी बर्फ से जमकर' वह गीत ठंडा हो जाता है जिसे कवि अक्सर गुनगुनाया करता है। वसंत आता है तो 'जंगले से झरकर खाली कनस्तर में डूब जाता है।' और वर्षा का मधुर संस्पर्श जो कंपन जगाता है उसमें 'खेतों का यौवन डूबने की' आशंका भी शामिल रहती है। इस प्रकार कवि 'खुले आसमान के नीचे नंगे मौसमों की टकराहटों' का साक्षी बनता है।

मौसम के प्रति गहरे अनुराग से उद्भूत रचनाकार के भीतरी मन के ये कतिपय अनुभव-बिंब हैं। क्या ये बिंब कवि की रूमानी मानसिकता को प्रकट करते हैं? क्या इन गीतों और गीतधर्मी कविताओं के बिंब और प्रतीकों द्वारा रचनाकार की संवेदना युग के मूलभूत तनाव की एक गहरी पहचान नहीं जगाती? 'बेरंग-बेनाम चिट्ठियां' की 'दूर ही दूर से बुलाता है' गीत की कुछ पंक्तियां

देखिए :

राह पावों में पिन्हाकर कोई
दीठियों पार मुस्कराता है
रूप उसका सदा अदेखा पर
जैसे कोई फूल महमहाता है
बंद तनहाइयों के कमरे में
जैसे कोई झांक-झांक जाता है।

यह वस्तुतः वसंत की प्रतीक्षा का गीत है। पावों को राह पिन्हाकर दीठियों पार मुस्कराने वाला, फूल की तरह महककर भी अदेखा रह जाने वाला, बंद तनहाइयों के कमरे में झांक जाने वाला वसंत है। लेकिन कविता पढ़ते ही हमारे सामने स्पष्ट हो जाता है कि किसी सुवास की खोज का आह्वान करने वाला यह वसंत केवल एक मौसम न रहकर जीवन की किसी महती संभावना का प्रतीक भी बन जाता है। और यह संभावना क्या आज के भारत के आम आदमी का वह सुख-स्वप्न नहीं है जिसकी पहचान उत्तरोत्तर धुंधली बनती गई है :

न जाने तुम कौन हो
ओ रूप-रंग-विहीन
जिसे मैं आज याद कर रहा हूं
तुम कोई हो भी या नहीं ?

लेकिन यहीं प्रश्न उठता है कि यदि वह कुछ नहीं है, उसकी सत्ता ही संदिग्ध है तो यह सारी बेचैनी, अकुलाहट, खोज और प्रतीक्षा किसको लेकर है ? उसका औचित्य क्या है ? उसकी सार्थकता क्या है ? सार्थकता है। वह यह कि वसंत क खोज वसंत का साक्षात्कार भले न कर पाए, लेकिन वह आत्म-साक्षात्कार अवश्य बन जाती है :

एक दिन यह सब बिखरा हुआ छोड़कर
उसके पास जाने को तैयार होता हूं
तो मालूम होता है
मौसम बीत चुका है
और फिर अगले मौसम के इंतजार में
कागजों में खो जाता हूं
जानता हूं
वह फिर आएगा
और मैं फिर नहीं जा पाऊंगा कागजों के पार

मौसम—और खासतौर से वसंत—की तरह ही मिश्रजी का एक दूसरा प्रतीक है चिड़िया जिसे वे अलग-अलग संदर्भों में रखकर अलग-अलग प्रकार के

अर्थ-संकेत प्रदान कर देते हैं। इस प्रतीक से हृदय की मधुर भावना, स्वप्न की उड़ान, पारिवारिक जीवन की आंतरिक ऊष्मा का अर्थ-संकेत किया जाना सहज है किंतु कवि ने कहीं-कहीं इस कोमल प्रतीक द्वारा हृदय की अपराजेय शक्ति की भी व्यंजना की है :

यह दोपहर चीरती हुई
उस गुलमुहर से एक नन्हीं चिड़िया गा उठी

मिश्रजी ने फूल, सुगंध, चांदनी, पक्षी-स्वर, जल और अंकुर आदि कोमल दीखने वाले प्रतीकों से आज के युग की कठोर और क्रूर सच्चाइयों की व्यंजना की है। क्या यह भाषा और इसकी यह बिंब-प्रतीक योजना आधुनिक संवेदना के अनुरूप कही जा सकती है? इस प्रश्न का उत्तर भी मैं मुक्तिबोध के शब्दों में देना चाहूंगा। नयी कविता के अप्रस्तुत विधान पर विचार करते हुए उन्होंने लिखा था—'यह कभी आवश्यक नहीं कि उपमाएं और चित्र बाहरी सामाजिक यथार्थ से ही उद्भूत हुए हों, किंतु यह आवश्यक है कि प्रस्तुत उपमा या चित्र ठीक उसी मात्रा में, और ठीक उसी रूप में उपस्थित किए जायें कि जिस रूप में कवि के भाव हैं।' अर्थात् प्रकृति जगत के कोमल दीखने वाले उपकरणों के रचे गये बिंबों के सहारे भी एक प्राणवान रचनाकार सामाजिक यथार्थ का सजीव और विचलनकारी रूप हमारे समक्ष उपस्थित कर सकता है।

प्रयोगवाद और नयी कविता के युग में संप्रेषण की समस्या बार-बार उठायी गयी। नयी कविता की दुर्बोधता और उसके रूप-विघटन की जटिलता की चर्चा इतनी एकनिष्ठता से की जाती रही कि दुर्बोधता और रूप-विधान की जटिलता से रहित कविताओं की एक प्रकार से अपेक्षा-सी होती रही। 'कविता के नये प्रतिमान' की एक उपलब्धि यह भी है कि इसमें सीधी-सरल (जटिलता और दुर्बोधता से रहित) कविता भी गहरे मर्म को छूने में सक्षम हो सकती है, इस तथ्य का प्रतिपादन किया गया। मिश्रजी की कविता का रूप-विधान बिंबधर्मी है, लेकिन उसमें अनावश्यक जटिलता और दुर्बोधता नहीं है। कथन को कथ्य के रूप में निःशेष कर देने की कलावादी-रूपवादी प्रवृत्ति—जो बिंबधर्मी रचनाकारों की एक सामान्य-सी कमजोरी होती है—मिश्रजी में नहीं है। लेकिन इसके बावजूद सैद्धांतिक रूप से उन रचनाकारों के लिए बिंब-धर्मी रूपविधान अधिक उपकारक नहीं माना जाता जो सामाजिक सरोकारों को लेकर चलते हैं। क्योंकि बिंब में जहां अर्थ की प्रसरणशीलता अधिक होती है, वहीं उनके द्वारा कथ्य की दृष्टि में समाहार कर पाना हर समय संभव नहीं हो पाता। लेकिन रामदरश मिश्र की बिंबधर्मी कविताओं में बिंबों की मूर्त प्रखरता कवि की दृष्टि और संवेदना को एक अतिरिक्त दीप्ति प्रदान करती है। कुछ उदाहरणों से यह बात साफ हो जायेगी :

1. जूझ रहे हैं बीज रेत से नित नवता के दर्दी
भटक रहा तू आवारा-सा यह कैसी नामर्दी ?
धूप चीर उगते शिशुओं पर अपने पंख बिछा

2. किंतु यह क्या ?
राप्ती तो उसी तरह अपनी कुंडली में
पूरे जवार को लपेटे पड़ी है
और उस गट्ठर को सिर पर उठाये
पसीना पोंछती हुई एक विराट भीड़
शहर की ओर मुंह करके खड़ी है ।

पहली पंक्तियां बादल को संबोधित की गई हैं, इनमें बादल एक ऐसे बाप का बिंब उभारते हैं जो अपने बालकों को तपती रेत या जलती धूप में निस्सहाय छोड़ कर, अपने कर्तव्य से उदासीन यूं ही—निरुद्देश्य चारों ओर भटकता फिरता है। गांवों में प्राय: ऐसे दृश्य देखने को मिलते हैं जब घरेलू झगड़ों के कारण कोई आदमी अपना क्रोध और असंतोष प्रकट करने के लिए काम करना छोड़ देता है, आवारों की तरह इधर-उधर भटकता रहता है। उसके छोटे-छोटे बालकों का जीवन अपनी संपूर्ण जूझ और जिजीविषा के बावजूद निराशा में डूब जाता है। तब गांव के अनुभवी और बुजुर्ग लोग उस आवारा को पकड़ते हैं, उसकी मर्दानगी को ललकारते हैं—"यही है तुम्हारी मर्दानगी ? तो ब्याह किस बूते पर रचाया था ? ये बच्चे किसलिए पैदा किये थे ?" और यह फटकार अक्सर उस मर्द की सोयी हुई मर्दानगी को जगा देती है। वह फिर बाज पक्षी की तरह अपने मजबूत पंख धूप चीर उगते शिशुओं पर फैला देता है। 'भूमि के कंपित उरोजों पर विशद स्वासाहत चिरातुर इंद्र के नील वक्ष' जैसे बादलों से मिश्रजी के बादलों की 'मर्दानगी' का रूप कितना भिन्न है ? यह भिन्नता दृष्टि और संवेदना दोनों की है। मिश्रजी की संवेदना में एक नैतिक बोध भी समाहित है। और यह बोध कविता पर आरोपित नहीं किया गया बल्कि वह कवि की अनुभूति के साथ घुलमिल गया है, एक संवेदनशील दृष्टि का ही दृश्य में रूपांतर हो गया है।

दूसरे पद्य-खण्ड में गट्ठर को सिर पर रखे पसीना पोंछती, शहर की ओर मुंह करके खड़ी विराट भीड़ अपने आप में राप्ती के समग्र जवार की पीड़ा निराशा और असमर्थता को एक अनुभूत दृश्य-बिंब में बदल देती है। लेकिन 'पसीना पोंछती भीड़' मात्र निराशा और असमर्थता का बोध ही नहीं कराती, उसकी संघर्षशील चेतना को भी प्रकट करती है। पूरा जवार राप्ती नदी की कुंडली में है। सांप की कुंडली में फंसे लोगों की स्थिति का हम सहज ही अनुमान कर सकते हैं। लेकिन इस जवार का समूह मानव उस कुंडली में केवल छटपटाकर नहीं रह जाता, उससे छूट निकलने की बेचैनी और ताकत का भी अहसास कराता है। ये पंक्तियां

गांव की विषमता पर एक प्रभावशाली टिप्पणी भी हैं। कवि ने गांव के उजड़ने की बात शब्दों में नहीं कही, लेकिन शहर की ओर मुंह करके खड़ी विराट भीड़ में एक भीषण अकाल का दृश्य खड़ा हो गया है। उजड़ते हुए गांव और जीविका के लिए शहर की ओर भागते हुए लोग—आजादी के बाद हमारे देश की यही स्थिति रही है। कवि ने निरावेग ढंग से गांवों की पीड़ा के समस्त संदर्भों को अपनी उक्ति में समेटते हुए, स्थिति का एक मार्मिक चित्र खड़ा कर दिया है।

मिश्रजी की कविता की मार्मिकता इस बात में है कि उसमें आज की असंगतियों में जीने वाले एक ऐसे संवेदनशील व्यक्ति की बेचैनी है जो केवल अपने युग की असंगतियों और अभावों को ही नहीं देखता बल्कि इन स्थितियों को जन्म देने वाली ताकतों को भी पहचानता है। विशेषता यह है कि यह पहचान धारणा के रूप में नहीं, जीवनानुभव के रूप में प्रकट हुई है। कहने की आवश्यकता नहीं कि यथार्थ को देखने-पहचानने की यह दृष्टि कवि को मार्क्सवाद से प्राप्त हुई थी। यह दृष्टि उनकी कविताओं में—'पथ के गीत' से लेकर 'कंधे पर सूरज' तक समान रूप से अंतःसलिला के रूप में व्याप्त है। इसके रहते उनकी कविता में यथार्थ का द्वंद्वात्मक स्वरूप उभरकर सामने आता है। वे व्यक्ति जीवन के दुःख, अवसाद और वैफल्य के चित्रण में इन मनःस्थितियों को जन्म देने वाली ऐतिहासिक परिस्थितियों और इस मानसिकता को तोड़ने वाला संघर्ष भी समाहित कर लेते हैं।

'पथ के गीत' से 'कंधे पर सूरज' तक मिश्रजी ने एक लंबी काव्य-यात्रा तय की है। इन दिनों कविता के क्षेत्र में अनेक नये आंदोलन आये और चले गए। मिश्रजी अपने आपको इन आंदोलनों में खपाने से बचाये रहे तो महज इस कारण कि उनकी सर्जनात्मक चेतना की जड़ें देश की मिट्टी और खासतौर से गांव की मिट्टी से जीवन-रस खींचती रहीं :

खेत जुते
मिट्टी गहराई
लगा कि मैं ही बीज
धरा में फैल रहा हूं
अंकुर बन लहलहा रहा हूं।

प्रगतिशील आंदोलन के साथ सक्रिय रूप से संबद्ध मिश्रजी नयी कविता में आकर भी नई कविता के व्यक्तिवादी आग्रहों से अपने आपको बचाए रहे। हालांकि वे नये कवियों की तरह व्यक्ति-मन की पीड़ा को महत्त्व देते हैं, लेकिन वे पीड़ा के ऐतिहासिक कारणों की ओर संकेत करना भी नहीं भूलते, और यह संकेत रचना पर आरोपित नहीं किया जाता, बल्कि वह अनुभव के अर्थ के रूप में कविता की आंतरिक संरचना में समाहित रहता है। यही कारण है कि मिश्रजी की रचना

की बिंबधर्मिता उनके कथ्य या विचार-बिंदु को धुंधला नहीं बनाती। 'पक गयी है धूप' और 'कंधे पर सूरज' में वर्तमान जीवन की विषम-स्थितियों के राजनीतिक संदर्भ की ओर भी दृष्टिपात किया गया है। आज की राजनीतिक स्थिति हमारे समकालीन जीवन का एक अत्यधिक घिनौना रूप प्रस्तुत करती है जिसके प्रति हमारी प्रतिक्रिया विरोधात्मक या अस्वीकारमूलक ही हो सकती है। लेकिन मिश्र जी के अस्वीकार में एक गहरा आत्मान्वेषण का भाव समाहित है जिसके रहते राजनीतिक कविताएं भी बड़बोलेपन और अस्वीकार के चालू मुहावरे से अलग हटकर कविता के रूप में अपनी पहचान बनाये रखती हैं। मिश्रजी के रूमानी-से दीखने वाले गीत या गीतधर्मी कविताओं में भी समकालीन जीवन की विषमताओं और विचलनकारी स्थितियों के संकेत समाहित रहते हैं।

दिन एक नदी बन गया : यथार्थ का नया धरातल

……हमने
अपनी दौड़ती कार के भीतर
रोशनी की आंखें तेज कर ली थीं।
कार जैसे भागती रोशनी का एक द्वीप
जिसमें चंद विदेशी किताबें थीं।
कुछ रंगीन बोतलें थीं
कुछ ये थीं, कुछ वो थीं,
और एक-दूसरे में खोये हुए हम थे
चलते-चलते न जाने क्या हुआ
कि भीतर की रोशनी की आंखें
खुद ही चुंधियाकर बंद हो गयीं……

'दिन एक नदी बन गया' की इन काव्य पंक्तियों में डॉ० रामदरश मिश्र ने आज के जीवन की एक अत्यधिक विडंबनापूर्ण स्थिति की ओर निर्देश किया है। यह विडंबना दो स्तरीय है। आज का मनुष्य एक व्यक्ति के रूप में और यदि वह रचनाकार है तो एक रचनाकार के रूप में भी अपने आपको उसमें (विडंबना में) उलझा हुआ पाता है। स्थिति यह है कि एक कृत्रिम जीवन-बोध हमें चारों ओर से घेरे हुए है। उसमें आंखों को चुंधिया देने वाली चमक-दमक और उत्तेजनापूर्ण गतिशीलता है। लेकिन विडंबना यह है कि भीतर 'प्रकाश का यह घेरा' जिसे कवि ने कार की अंदर की रोशनी के रूप में चित्रित किया है— दृष्टि की मर्यादा बन गया है। उस रोशनी में कुछ दिखायी नहीं देता सिवाय चंद विदेशी किताबों और रंगीन बोतलों के—हां अपने आपको खो देने के लिए बाजू की सीट पर एक 'प्रेमपात्र' भी बैठा हुआ है। एक रचनाकार के लिए यह आत्म-मुग्धता की स्थिति है। जीवन के व्यापक यथार्थ से कटा हुआ वह जीवन की इस कृत्रिमता को ही नये भावबोध के रूप में प्रस्थापित करने के लिए प्रयत्नशील बन जाता है। सवाल यह है कि इस आयातित रोशनी के वृत्त को (जिसमें कुछ दिखायी नहीं देता) कैसे छोड़ा जाये, इस गतिशीलता की (जो कहीं ले नहीं जाती) निरर्थकता

को कैसे पहचाना जाये? हां, अगर किसी आकस्मिक अवरोध के साथ कार अचानक रुक जाती है, और अंदर की चकाचौंध बंद हो जाती है तो यह जरूर होता है कि बाहर का भीषण अंधकार दिखायी देने लगता है, लेकिन रचनाकार के लिए यह न तो संभव है और न इच्छनीय है कि वह इस प्रकार की आकस्मिकता की प्रतीक्षा करता रहे। उसे तो प्रयत्नपूर्वक अपने आत्ममोह का घेरा तोड़ना पड़ेगा, आयातित रोशनी के वृत्त और अंधी गतिशीलता की स्थिति से बाहर निकलना पड़ेगा। यह इसलिए और भी आवश्यक है कि वह कहीं अंधकार में फंसे दूसरे लोगों के लिए खतरा न बन जाये। जब तक हमारी अपनी रोशनी नहीं होगी —अपना आंतरिक जीवन-विवेक नहीं होगा—हम न तो उस अंधकार को दूर कर सकते हैं—और न अंधेरे में फंसे किसी व्यक्ति को रास्ता दिखा सकते हैं। यह बात उन राजनीतिक और साहित्यिक मसीहाओं के लिए खास तौर से कही गई है जो अपने ऊपर दूसरों को मार्ग दिखाने का एक अतिरिक्त दायित्व ओढ़ लेते हैं। अब उन्हें यह कौन बताये कि अंधी दौड़ तुमको खुद को दुर्घटना बना सकती है—

ओ सुनो
कहां भागे जा रहे हो,
इस अंधेरे जंगल में झुंड के झुंड
दूर कुछ घटनाएं घटी हैं
लोग चीत्कार कर रहे हैं
तुम्हें लगता है कि
तुम उनके मसीहा हो
वे तुम्हीं को बुला रहे हैं
लेकिन मेरे दोस्तो
दौड़ने के पहले एक लालटेन तो जला लो
कहीं ऐसा न हो कि
अंधेरे में दूर तक दौड़ने के जोश में
अपने आसपास के लिए
तुम स्वयं एक दुर्घटना बन जाओ!

यह अपनी लालटेन या अपने विवेक और अंतर्दृष्टि की तलाश मिश्रजी की कविता और जीवन-बोध की पहली शर्त है। जीवन संघर्षों में सक्रिय हिस्सेदारी के द्वारा ही इसे अर्जित किया जा सकता है अन्यथा तथाकथित अंतर्दृष्टि की खोज कवि को इतना अंतर्मुखी भी बना सकती है कि उसकी कविता परीलोक की कहानी बनकर रह जाए। मिश्रजी की कविता में न तो आत्मबद्धता है और न बाहरी स्थितियों का बखान ही। इसका प्रमुख कारण संभवतः यह है कि वे अपनी अंतर्दृष्टि को बाह्य यथार्थ से संशोधित करते रहते हैं और जीवन की वस्तुगत

सच्चाइयों को देखने-पहचानने के लिए अपनी लालटेन को जलाये रखना जरूरी समझते हैं। वस्तुतः मिश्रजी की इन कविताओं को हम रोशनी की तलाश की कविता कह सकते हैं। यदि आध्यात्मिक विकलता मिश्रजी की परवर्ती कविताओं में नहीं आ पायी तो इसका कारण यह है कि मिश्रजी जिस अंधकार से अपने आपको या अपने युग की चेतना को घिरा हुआ पाते हैं, वह आध्यात्मिकता के प्रकाश से दूर नहीं हो सकता। सामान्यतः कवि की प्रौढ़ता के साथ उसकी खोज का मुहावरा बदल जाता है, बाह्य यथार्थ की भीषणता उसकी चेतना को आंदोलित नहीं करती, वह अपनी संवेदना और दृष्टि के सहारे किसी रहस्य लोक में पहुंचने का उपक्रम करने लगता है। रोशनी की तलाश उसे भी रहती है, लेकिन तब वह ऐसी रोशनी की खोज करना चाहता है जो असकी अंतरात्मा के रहस्यों को खोल सके। लेकिन मिश्रजी जिस अंधकार की बात करते हैं, और जिसके विरुद्ध संघर्ष में ये जुटे होने की प्रतीति कराते हैं वह उनके व्यक्तिगत जीवन का न होकर युग जीवन की पीड़ा और निराशा का परिचायक है। इसीलिए उसके अनेक रूप और अनेकरंग हैं, अनेक स्तर और अनेक सतहें हैं। कहीं वह अकेलेपन में समानधर्मा की खोज का आह्वान बनकर आता है—

घना नीरंध्र कुहरा
धरती आकाश एक हो गये हैं
शहर के शहर
गांव के गांव
हो गये हैं गुम
कहां हो तुम ?

कहीं वह रोशनी की चाह बनकर आता है—

रात कितनी घनी होती है
उतनी ही तेज होती है,
मन में रोशनी की चाह
और रोशनी चाहे जहां भी रहे
रुकती नहीं
चलती आती है खुली आंखों के पास
रात रोशनो की चाह है।

यूं कवि के अपने जीवन का भी 'भीतर से महाभारत गुजरने' जैसा दर्द है! लेकिन लगता हैकि उसने व्यक्ति पीड़ा को समष्टि में घुला-मिला देने की कला सीख ली है। एक गहरी एकात्मकता है कवि की अपने युग की विचलनकारी स्थितियों के साथ। कवि अपने समय की जिन हकीकतों का बयान करता है, वे दहशत पैदा करती हैं। वह देखता है कि "आकाश से बहती है एक नदी और हमेशा

ऊपर ही ऊपर कोई पी लेता है।" बड़ा मकान बनाये जाने की प्रक्रिया में छोटे मकान तोड़े जा रहे हैं। मशीन की घड़घड़ाहट के साथ मकानों के अरराकर टूटने की आवाज आ रही है। कवि बाहर निकलता है तो देखता है कि 'हर चौराहे पर दुर्घटनाग्रस्त होकर तड़प रहा है एक देश !' उसने धू-धू कर जलने वाले गांवों और जिंदा औरतों को आग में सुलगते हुए देखा है। उसने देखा है बस्ती और गलियों में घूमते हुए भेड़ियों को जो चौराहों पर किसी का भी मांस नोचने लगते हैं।

'दिन एक नदी बन गया' में जीवित और हरकत करते हुए मनुष्यों का एक भरा-पूरा संसार है। लेकिन इस संसार में खुशहाली कम विषाद और विपन्नता ही अधिक है। तमाम लोग हैं यहां—चीथड़े लपेटे लोग, भूखे नंगे लोग, पांव टिकाने के लिए एक गज जमीन को तलाशते लोग; बिना दीवारों की छत के नीचे खड़े लोग। कवि देखता है वह,

एक बूढ़ी औरत
एक भारी गठरी सामने रखे हुए
भीड़-भरे शहरी रास्ते पर खड़ी है।
और देहाती टीसन पर
एक टूटा हुआ बेंच
बेंच पर बैठा हुआ एक फटेहाल दिन।

यह एक विषमताग्रस्त समाज है, और उसकी इस विषमता की जड़ें बहुत गहरी हैं—उनका संबंध हमारी आज की पूंजीवादी व्यवस्था से है। आजादी के बाद पिछले पैंतीस-चालीस वर्षों में हमारी राजनीति का जो नया रूप उभरकर सामने आया है, उसका मूल चरित्र मानव-विरोधी है। अपने समय की अमानवीय स्थितियों का बड़ा तीखा अहसास साठोत्तरी कविता में प्रकट हुआ है। लेकिन चीजों को उनके सही नाम से पहचानने के सिलसिले में युवा कवि लोकतंत्र चुनाव, समाजवाद संसद, संविधान आदि की असलियत को उद्घाटित करते हुए हमें अक्सर पूर्ण निषेध की भूमिका पर ले जाकर खड़ा कर देता है। आलोचकों ने युवा कवियों के इस निबंध को प्रायः संदेह की दृष्टि से देखा है, इसे उनके रूमानी उद्रेक के रूप में परिभाषित किया है। कविता एक दायित्वपूर्ण कर्म है और यह तभी हो सकता है जब कवि में तीव्र संवेदनात्मक अहसास जगाने के साथ मानवीय प्रतिबद्धता का भाव भी हो। यहां युवा कवियों के साथ मिश्रजी की काव्य-संवेदना की तुलना करना हमारा उद्देश्य नहीं है—वस्तुतः दोनों के रचनात्मक सरोकारों में बहुत बड़ा अंतर है। मिश्रजी में जिंदगी को देखने, परखने का एक विशिष्ट नजरिया है जो एक लंबी रचनात्मक यात्रा के दौरान अर्जित किया गया है, और जिसके रहते वे आज के युग की तमाम असंगतियों और अंतर्विरोधों को अपने

संवेदना तंत्र पर झेलते हुए भी अपनी चेतना पर उनके सतत और तीव्र आघात सहन करते हुए भी उनसे आक्रांत नहीं होते; बल्कि अपने मानवीय विवेक और संतुलन को बनाए रखते हैं। वे अपनी संवेदना के सहारे एक जीवन दृष्टि अर्जित करने का प्रयत्न करने लगते हैं। अपनी विविध भावस्थितियों के बीच अंतः संबंध खोज निकालते हैं। इसके साथ ही जब वे रात के घोर अंधकार को देखते हैं तो यह कभी नहीं भूलते कि 'रात रोशनी की चाह है।' उनके पास भी नये संकल्पों को लेकर आने वाला हर दिन शाम को रेत ही रेत छोड़ जाता है, लेकिन वह रेत उनको हताशा में गर्क नहीं कर देता बल्कि वे उसके घरौंदे बनाने लगते हैं। हम जानते हैं कि घरौंदा बनाना कोई विशेष सार्थक काम नहीं है, लेकिन उसमें कौतुक का भाव—कुछ नया रचने का संतोष तो समाहित है ही। दिन की चट्टानी संवेदनहीनता और उसकी यांत्रिक जड़ता को झेलते हुए, वे उसमें कहीं एक फूल को खिलता हुआ देखकर द्रवित हो उठते हैं और क्षण भर के लिए सारे विषाद और पीड़ा को भूलकर अनुभव करने लगते हैं कि दिन एक नदी बन गया। वे देखते हैं कि यहां आकर रास्ता खो गया है, लेकिन फिर भी उनकी प्रतीक्षा का अंत नहीं होता—

मैं पोटली गोद में लिये कुछ
उस इमारत के आतंककारी दरवाजे से कुछ दूर
थककर बैठ गया
और बैठा हूं इस इंतजार में
कि शायद सड़क फिर बाहर निकले।

वे कांटों के जंगल को देखते हैं लेकिन न जाने क्यों उन्हें यह अहसास बना रहता है कि इस जंगल के भीतर कांटों से घिरी एक डरी हुई लता भी है। वे सतत उस लता की खोज में लगे रहते हैं। इस संबोधन कविता में जैसे कहीं आत्म-संबोधन का भी भाव है—

चारों ओर कांटों का जंगल है
और भीतर कहीं एक डरी हुई लता है
जाओ, चले जाओ,
यही उसके घर का पता है।

लेकिन कांटों के जंगल में लता मिल ही जाये यह जरूरी तो नहीं है। हो सकता है कि कांटों की चुभन ही हाथ लगे। लेकिन यह आशंका भी कवि को निराश नहीं करती। 'वह गांव' कविता में इसी वस्तुस्थिति का निर्देश है—

उसने कहा था
'वह देखो दीख रहा है।'
और उसने भी यही कहा था

और आज तुमसे पूछ रहा हूं
तो तुम भी यही कह रहे हो।
मैं 'समझ गया हूं कि मैं'
तुम सबसे छला जा रहा हूं,
फिर भी वह गांव कहां है
पूछता हुआ
लगातार चला जा रहा हूं।

मिश्रजी की यह अन्वेषणशीलता उनकी रचनात्मकता की एक शर्त है। प्रस्तुत संग्रह की 'खोज' कविता में उन्होंने अपनी अन्वेषणशीलता की कैफियत दी है। वे किसे खोज रहे हैं, किसका अन्वेषण कर रहे हैं, इस बात का संकेत कविता नहीं देती। क्योंकि कविता के अंत में दिये गये अपने वक्तव्य में कवि उस वस्तु के स्वरूप और उसके ठिकाने के बारे में अपना अज्ञान प्रकट करता है—

न जाने क्या है वह
कैसा है वह
जिसके लिए सुबह-सुबह निकला था।

इस नामहीन खोज को अपनी सुविधा के लिए हम आत्मखोज की संज्ञा दे सकते हैं। क्योंकि कविता के प्रारंभ की पंक्तियों में खोज की बेचैनी की चर्चा करते हुए कवि ने इस प्रकार का संकेत दिया है कि हम उसकी खोज को आत्मखोज की संज्ञा दे सकें—

कब तक सहूंगा पीड़ा
एक बड़े सत्य से वंचित होने की।

अक्सर देखा गया है कि आत्मखोज की बात आते ही कवि पहेलियां बुझाने लगता है। लेकिन मिश्रजी की आत्मखोज—बड़े सत्य की तलाश—उन्हें किसी रहस्य लोक की ओर नहीं ले जाती। वे अपनी इस खोज में एक ओर हरसिंगार के फूलों की खुशबू में कुछ ऐसे खो जाते हैं कि रास्ता ही भूल जाते हैं तो दूसरी ओर भारी गठरी उठाने वाली एक बुढ़िया को रास्ता दिखाने, एक मजदूर की पीड़ा में डूब जाने, एक भटके हुए बच्चे को उसके घर की तलाश कर उसे वहां सुरक्षित पहुंचा देने में अपनी आत्मखोज के रास्ते से भटक जाते हैं। वे फैसला करते हैं—

अब उसे कल खोजूंगा!
यानी कल भी यह सिलसिला जारी रहेगा।

कवि प्रतीक्षा कर सकता है। मिश्रजी की प्रतीक्षा वस्तुतः मानवीय संभावना की प्रतीक्षा है—

काली रात और सूर्योदय का फासला
उनके लिए नहीं होता

जो रात को उल्लू होते हैं
और सुबह होते ही कौवे बन जाते हैं।
जो प्रतीक्षा करना जानते ही नहीं,
जो एक ही स्वर में
विहाग गाते-गाते भैरवी गाने लगते हैं
उनके लिए न रात सच होती है
न सूर्योदय
सच होता है अपने भीतर का भूखा अंधेरा
फासला उनके लिए होता है
जो दोनों को अपने खून में जीते हैं।

यह कम महत्त्व की बात नहीं है कि उनका लोकराम फुटपाथ पर सोकर भी एक बड़ा-सा सपना देखता है। यह जरूरी नहीं कि सबके स्वप्न पूरे हो ही जायें, कम-से-कम लोकराम का सपना तो नहीं ही पूरा हो पाता है। बेचारे लोकराम को तो सपना देखने के अपराध में गोली मार दी जाती है। लेकिन लोकराम के मरने पर उसके सपने नहीं मरते। अब वे अनेक लोगों की आंखों में पल रहे हैं। अब उन सपनों को जैसे स्वायत्तता प्राप्त हो गई है—

वे सपने अब सपने नहीं रहे
वे लोहे की शक्ल में अपने को ढाल रहे हैं
पहले उन्हें आंखें पालती थीं
अब वे आंखों को पाल रहे हैं।

मिश्रजी की पूर्ववर्ती कविता और खास तौर से उनकी 'गीत' कविता पर लिखते हुए मैंने अन्यत्र निर्देश किया था कि "मिश्रजी शब्द को उसके अनुभव की जड़ों से विच्छिन्न करके अपने गीतों में प्रयुक्त नहीं करते, वे उसके ऐतिहासिक-सांस्कृतिक अर्थ-संदर्भ का कुछ इस ढंग से उपयोग कर लेते हैं कि वह उनकी संवेदना की तात्कालिकता को कुछ और भी गहरा बना देता है।" लेकिन 'दिन एक नदी बन गया' की काव्य भाषा के बारे में ऐसा नहीं कहा जा सकता। समसामयिक जीवन का यथार्थ कुछ ऐसा रूप ग्रहण कर चुका है कि लगता है जैसे भाषा उसके सामने लाचार हो गई है। ऐसे में कवि को अपनी काव्य भाषा का 'ककहरा' नये सिरे से सीखना पड़ रहा है—

मैं बोलता हूं 'क'
'क' माने कविता
सामने बैठा हुआ कौवा कांव-कांव करने लगता है।
मैं बोलता हूं 'स'
'स' माने सत्य

सामने कीचड़ में लोटा सूअर
सों-सों करता हुआ मडिया मारने लगता है।

मिश्रजी ने अपनी एक अन्य कविता में भाषा के लहूलुहान होने की बात की है। हमारे पास यथार्थ की पहचान का एकमात्र माध्यम भाषा है। अगर यह माध्यम अब भरोसे का नहीं प्रतीत होता है, तो इसका मुख्य कारण यह है कि अब सत्य को असत्य से अलग करके पहचानना कठिन होता जा रहा है। 'हम कहां हैं' कविता में मिश्रजी ने किसी ऐसी लड़ाई की ओर निर्देश किया है जिसमें लड़ने वाले—

कभी गीता का श्लोक
कभी रामायण की चौपाई
कभी वैष्णवजन तो तेने रे कहिए
गाते हुए
कभी कपड़े नोचने लगते हैं एक दूसरे के
और कभी बारी-बारी से नंगे होते जा रहे हैं।

कवि ने देखा है कि 'हर एक टोपी' के नीचे एक गिद्ध छिपा है, और कि इनकी 'आस्तीनों से सांप झरते हैं।' आश्चर्य यह है कि 'ये अपनी जेबों से कबूतर छोड़ते हैं जो देखते-ही-देखते बाज बन जाते हैं।'

स्थितियों का इस प्रकार से गड्डमड्ड हो जाना यथार्थ को जटिल और पेचीदा बना देता है। ऐसे में आत्माभिव्यक्ति का कार्य बड़ा कठिन हो जाता है—

न जाने कहां चली गई है धूप
वह अब कुछ बोलती भी है या गूंगी हो गयी
कुछ नहीं मालूम!

मिश्रजी आधुनिक युग के जिस संकट की बात करते हैं वह अस्तित्ववादियों के तथाकथित अस्तित्वबोध वाले संकट से पूर्णतः भिन्न है। वे वर्तमान व्यवस्था के अंतर्विरोधों और असंगतियों को लेकर बेचैन दिखायी देते हैं। यही कारण है वे व्यवस्था का एकबारगी निषेध नहीं कर देते, केवल उसमें अंतर्निहित मानव-विरोधी तत्त्वों का विरोध करते हैं। आज की व्यापक मूल्यगत अराजकता के बावजूद जीवन में निश्चित ही कुछ ऐसा बचा हुआ है, जो संरक्षणीय है, जो मानव अस्तित्व को अर्थ प्रदान करता है। यहां अगर एक ओर 'मनुष्य के चेहरे पर सख्त उंगलियों के निशान हैं, तो दूसरी ओर उस दर्द को सहलाने वाली ममता भी है।' जहां एक ओर 'शहरी इमारत के विशाल आतंककारी दरवाजे हैं तो दूसरी ओर टूटे फूटे घर और उनमें से फूटते प्यार और मेहनत के गीत भी हैं।' एक ओर 'धू-धू जलता हुआ गांव है तो दूसरी ओर ऊष्मित गंध से लदे खेतों का विस्तार भी है। 'चीथड़े लपेटे भूखे नंगे लोग' हैं तो उठे हुए हाथों की 'भिंची हुई मुट्ठियां' भी हैं। यथार्थ की इसी अंतरंग पहचान के कारण मिश्रजी अपना संतुलन बनाये रखते

हैं। उनकी अपनी राजनीति संबंधी कविताओं में भी किसी प्रकार का रूमानी उद्रेक या बड़बोलापन नहीं है।

मिश्रजी में प्रकृति के प्रति गहरा अनुराग रहा है। लेकिन अब प्रकृति के सौंदर्य को लेकर वे उतने भावुक नहीं दिखायी देते। यह नहीं कि प्रकृति उनको आकर्षित न करती हो। उनकी कविता में खेत, चिड़ियां, फल, जंगल, पहाड़, हवाएं, सूरज, शाम, रोशनी, अंधकार, कुहरा, नदी, शरद, वसंत और हरसिंगार आदि अब भी आते हैं, लेकिन शायद अब उनकी स्वतंत्र सत्ता नहीं रह गयी, प्रकृति के ये सारे उपकरण प्रायः प्रतीक बनकर आते हैं। जैसे कवि सौंदर्य को नहीं, सौंदर्य के अर्थ को तलाशना चाहता है। आज जब हर चीज मूल्यगत संक्रमण और विघटन के कारण अपना रूप, रंग और आकार ही नहीं बल्कि अपने अर्थ तक को खोने लगी है, कवि के लिए वस्तुओं के प्रति भावुक बनने की अपेक्षा उन्हें नये सिरे से समझना जरूरी हो गया है। 'दिन एक नदी बन गया' वस्तुतः मिश्रजी की इसी समझदारी का रचनात्मक दस्तावेज है।

जुलूस कहां जा रहा है : हेतुपूर्ण काव्य चमत्कार

रोज-ब-रोज की जिंदगी की नितांत शुष्क और बदरंग सचाइयों के साक्षात्कार के बावजूद कविता कहीं न कहीं जिंदगी के विस्मय की खोज भी करती है। यह विस्मय दो स्तरों पर प्रकट होता है। प्रथम यह कि हर कविता अपनी संरचना में विशिष्ट होती है अतः उसका यह वैशिष्ट्य, शब्दों का यह नया रख-रखाव, प्रतीकों और बिंबों की नयी उद्‌भावनाएं हमारी संवेदना को एक सर्वथा नये ढंग से संबोधित करती हैं। लेकिन काव्य के संरचनागत विस्मय से भी बड़ा विस्मय है कविता की उस खोज या अन्वेषण का जिसके रहते वह जीवन के विचलनकारी यथार्थ का अतिक्रमण कर एक नितांत नये या समानांतर संसार की रचना करती है। घटनाओं और वस्तुओं के अंतर्निहित सत्य का साक्षात्कार कर दृष्टि और दृश्य की सीमा का विस्तार करती है।

अस्तित्व के लिए चलने वाले संघर्ष में अनेक स्थितियां ऐसी भी होती हैं जो मनुष्य को उसके परिवेश की जड़ता से बांध देती हैं। जीवन का दृश्य-पटल जितना सीमित हो जाता है, उतनी ही सीमित बन जाती है हमारी अपनी दृष्टि। ऐसे में तथ्यों की अंतर्निहित संभावनाओं की पहचान मिट जाती है। कविता इस घेरेबंदी को तोड़ती है। वह जीवन के विराट अमूर्तन को बिंबों में ढालती है, अपनी सर्जनात्मक कल्पना के सहारे सच्चाइयों के अनपहचाने पहलुओं से नयी पहचान कराती है, यथार्थ का जो रूप हमारी दृष्टि के बाहर था, उसे अनुभूतिगम्य बनाती है। परिचय का यह विस्तार ही कविता के विस्मय-बोध का प्रमुख आधार है। लेकिन जब यह विस्मय-बोध अधिक नियामक बन जाता है, जब इसकी खोज ही कविता की शर्त बन जाती है तो काव्य-संरचना में चमत्कार और अंतर्वस्तु में रहस्यवाद आ जाता है। कहना न होगा कि यह स्थिति कविता को स्वप्नलोक की चीज बना देती है। अतः शब्दों के नये संयोजन रचकर भाषा की व्यंजना का विस्तार करने, यथार्थ के अंतर्विरोधों में निहित युग सत्य के प्रातिनिधिक स्वरूप को पहचानने में जो विस्मय-बोध होता है, वह उक्त चमत्कार से एकदम भिन्न और ऊंचे दर्जे का होता है।

डॉ० रामदरश मिश्र के नये काव्य संग्रह 'जुलूस कहां जा रहा है' के सिलसिले

में काव्य के विस्मय-बोध पर इतनी लंबी चर्चा करना विषयांतर का संदेह पैदा कर सकता है। लेकिन इस विस्तृत भूमिका के बिना मिश्रजी के नये काव्य संग्रह में व्यक्त होने वाले उस विस्मय भाव की उस रचनात्मक ऊर्जा को समझ नहीं पायेंगे, जो उनके यथार्थबोध की गहरी समझ और संपृक्ति से पैदा हुई है। छायावादी कवि में विस्मय का भाव सर्वाधिक था। वस्तुतः वह वस्तु की वस्तुमयता का निषेध कर उसके पार झांकने की कोशिश करता था। हालांकि उसे वहां कुछ दिखायी नहीं देता था, लेकिन 'न कुछ' की दृश्यमयता उसे आत्म-विभोर बना देती। नये कवि के लिए उसका अपना अस्तित्व ही विस्मय का सबसे बड़ा कारण बन गया। मिश्रजी की कविता की एक अंतर्लय उनके रूमानी संस्कारों की उपज है, और नयी कविता के तो वे प्रमुख हस्ताक्षर हैं ही, लेकिन फिर भी उनका विस्मय-बोध एक नितांत भिन्न स्तर का है। कवि जिस स्थिति के बीच अपने-आपको घिरा पाता है, वह अपनी सामान्यता में असामान्य है। सचमुच कवि एक ऐसे पड़ाव पर आ गया है जहां पहुंचकर वह एक असमंजस में पड़ जाता है। एक अजीब प्रकार का संग्राम उसकी चेतना को आक्रांत किये रहता है। अपनी इस स्थिति और इस स्थिति के बारे में अपने अज्ञान पर अपनी स्वीकृति की मुहर लगाते हुए मिश्रजी कहते हैं—

यह कौन-सा रास्ता है?
पता नहीं
हम कहां जा रहे हैं?
पता नहीं
चलते-चलते किससे टकरा रहे हैं?
पता नहीं
रो रहे हैं कि गा रहे हैं?
पता नहीं।

यह स्थिति स्मृति भ्रंश की परिचायक नहीं है। नहीं, स्मृति भ्रंश से पीड़ित लोग इस प्रकार की प्रतिक्रिया प्रकट नहीं करते। उनकी प्रतिक्रियाएं विस्मयकारक तो होती हैं लेकिन अंततः होती हैं प्रयोजनातीत। कवियों का एक बहुत बड़ा और अपेक्षाकृत प्रभावशाली वर्ग कविता को प्रयोजनातीत बनाने के आशय से स्मृति भ्रंश की नाटकीय मुद्राएं अख्तियार करता रहा है। व्यक्ति की, और समूह की भी स्मृतियां भाषा में संचित होती हैं। अतः ऐसे कवियों ने सबसे पहले भाषा के संकट की समस्या उठायी। जब भाषा का अनुभव जगत से रिश्ता टूट जाता है, जब उसके सामान्यीकृत अनुभव का निषेध कर दिया जाता है तो भाषा की संवाद-धर्मिता नष्ट हो जाती है, वह एकालाप की चीज बन जाती है। कविता में व्यक्त होने वाले आत्म-संलाप की भी अपनी एक सार्थकता होती है, बशर्ते कवि का

आत्म ऐसा हो कि उसमें दूसरों के आत्मभाव भी समा सकें। लेकिन एकालाप में इसकी गुंजाइश नहीं रहती। क्योंकि इसमें एक अर्थ को काटने वाला दूसरा अर्थ नहीं होता। यह एकालाप अक्सर ऐसे रहस्यलोक की रचना करता है जिसका यथार्थ जीवन के साथ कोई रिश्ता नहीं होता। कविता में इस प्रकार के विस्मय-लोक की रचना करने वाले कवियों के बारे में मिश्रजी का अभिप्राय बड़ा साफ और बेबाक है, जब वे कहते हैं—

वाह
वे कितने महान कवि हैं
पंक्ति पंक्ति में रहस्यमय अर्थों का जाता है।

मिश्रजी भाषा के इस संकट को मानसिक ऐयाशी से अधिक नहीं मानते। उनका मानना है कि यह मानवीय संवेदना के अभाव को ढंकने का एक सुरक्षा-कवच है। इस सुरक्षा-कवच पर प्रहार करते हुए वे लिखते हैं—

तुम्हारा दर्द अनबोले घुस आया
मेरे दर्द की कोठरी में
कुछ भी तो नहीं रुका तुम्हारा
मुझ तक आने से
कहां था वह भाषा का संकट
जिस पर वे लोग
बरसों बहस करते रहे
और शब्द को ही आराध्य मानकर
उसके व्यूह में घेरते और घिरते रहे।

भाषा की संवाद-धर्मिता, उसकी संवेदनीयता और संप्रेषणीयता पर पूरा भरोसा होने के बावजूद जब रोने और गाने के बीच फर्क समझ में न आये तो इस दुर्बोधता की जड़ें भाषा के बाहर कहीं अन्यत्र खोजनी पड़ेंगी। ऐसे में हमें उन अप्रत्याशित परिवर्तनों और परिवर्तनों के पीछे कार्यरत शक्तियों को पहचानना होगा जो हमारी संवेदनशीलता और बोधवृत्ति को कुंठित कर देती हैं। कविता आज के जटिल और संश्लिष्ट यथार्थ की विश्वसनीय पहचान का एक कारगर माध्यम बन सकती है, बशर्ते कविता को हम उसकी शर्तों पर यह काम करने दें। अपेक्षाकृत अधिक मूर्त और ठोस वस्तुस्थितियों की भी काव्यगत व्यंजना सांकेतिक होती है। वह बिंबों और प्रतीकों के सहारे अपनी बात कहती है। इसलिए जब मिश्रजी आज की एकदम ठोस और अपारदर्शी स्थितियों को एकदम अमूर्त और पारदर्शी बनाकर प्रस्तुत करते हैं तो उनकी यह युक्ति हमें चमत्कृत किये बिना नहीं रहती। उनके विस्मय में व्यंग्य और विडंबना की चुभन होती है—

अब हमारे साथ
न धरती है, न आकाश है,
न हवा है, न आग है, न पानी है,
फिर भी हम जिंदा हैं
न जाने किसकी मेहरबानी है।

कवियों ने सामाजिक विषमता के संदर्भ में आम आदमी की यातनाओं का विस्तारपूर्वक चित्रण किया है। वस्तुतः यह आम आदमी—यह सामान्य तबके का मनुष्य ही चारों ओर से नोंचा-खसोटा जाता रहा है, पिछले दिनों यह नोंच-खसोट बढ़ी है। उसमें और भी अधिक असुरक्षा का भाव पैदा हुआ है। मिश्र जी की दृष्टि इस ओर न जाती यह एकदम असंभव था, लेकिन उनका तर्जेबयां एकदम भिन्न है। एक चिर-परिचित स्थिति को वे इस प्रकार प्रस्तुत करते हैं कि जैसे वह उनके लिए कोई एकदम नयी और अनजानी स्थिति हो। अतिपरिचित वस्तु, घटना या भावस्थिति को इस रूप में प्रस्तुत करना जैसे उसे हम पहली बार देख रहे हैं, उसके साथ पहली बार परिचित हो रहे हैं, कवियों की एक जानी-पहचानी रचनात्मक युक्ति रही है। जब किसी चीज को हम पहली बार देखते हैं तो उसके प्रति हम अधिक जिज्ञासु बन जाते हैं। उसका संरचनात्मक नयापन हमें चमत्कृत किये बिना नहीं रहता—

आगे है धुआं, धुआं, धुआं,
पीछे है कुआं, कुआं, कुआं,
बीच में गिद्धों की फड़फड़ाहट
कौओं की कांव-कांव
सियार की हुआं, हुआं, हुआं,
चलते-चलते हम कहां आ गये प्रभु !

कहना न होगा कि मिश्रजी अपनी विस्मयग्रस्त मन:स्थिति में जहां पहुंच जाने की बात करते हैं, वह जगह स्वयं कवि का अपना परिवेश है। यह परिवेश अधिकांशतः मानव निर्मित है। इसमें मनुष्य का अपना विवेक, अपना संकल्प प्रकट होना चाहिए, उसमें मनुष्य और मनुष्य के बीच के रिश्तों की ऊष्मा और आवेगशीलता होनी चाहिए। लेकिन कवि अनुभव करता है, एकदम विरोधी और अप्रत्याशित स्थितियों का—यहां आदमी और आदमी के बीच का रिश्ता पूरी तरह निषेधात्मक बन गया है। आदमी के लिए किसी दूसरे आदमी की उपस्थिति एक स्थायी चिंता और भय का कारण बन गयी है। मनुष्य के प्रति मनुष्य की सहानुभूति भय और आतंक का कारण बन जाये, ऐसी स्थिति इसके पूर्व कभी नहीं थी—

गली-गली और कूचे-कूचे
भटक रहा पर राह न पूछे
कांप गया वह किसने पूछा—
"कहिए आप किधर जायेंगे ?"

'जुलूस कहां जा रहा है' में मिश्रजी जिस परिवेश के प्रति अपनी संवेदनात्मक प्रतिक्रियाएं प्रकट करते हैं वह हमारे समसामयिक वर्तमान का एक-एक विचलनकारी अध्याय है। जिस कविता के आधार पर इस संग्रह का नामकरण किया गया है, उसमें एक जुलूस के आगे बढ़ने की बात है। जुलूस में सामान्यतः सामाजिक, राजनीतिक अन्याय के खिलाफ एक सामूहिक प्रतिकार का भाव रहता है। लेकिन जिस जुलूस को लेकर मिश्रजी प्रश्नाकुल हो उठते हैं वह तो धर्म की जय-जयकार करता, रास्तों को रौंदता, फसलों को कुचलता, घरों को तोड़-फोड़कर बड़े उन्माद के साथ आगे बढ़ने वाला जुलूस है। विरोधाभास यह है कि यह धर्म के नाम पर निहित स्वार्थों की रक्षा की एक बड़ी चालाक हिकमत है—

रथों पर बैठे हैं ऊंचे लोग,
और लाखों फटेहाल लोग
रथ खींच रहे हैं
जिन्हें नहीं मालूम कि
यह जुलूस कहां जा रहा है।

यह कम आश्चर्य की बात नहीं है कि द्वितीय विश्व-युद्ध के विनाश के ध्वंसावशेष पर बैठे, अणु बम की विनाशक शक्ति से परिचित कवि के हृदय में जब मानव नियति को लेकर दुश्चिन्ता के भाव पैदा होते हैं तो वह भावी विश्वयुद्ध की आशंका को लेकर बेचैन नहीं होता, उसकी चिंता और बेचैनी का विषय बनता है धर्म। और हमारा भारतीय समाज जिन हालातों से गुजर रहा है, उसको देखते हुए कौन कह सकता है कि मिश्रजी की यह आशंका निर्मूल है या यह उनके यथार्थ विषयक गहरे ज्ञान की परिचायक नहीं है। वस्तुतः आज समाज में धर्म सर्वाधिक विनाशक तत्त्व के रूप में कार्यरत दिखायी दे रहा है—

धर्म
तुम्हारे लिए
आदमी के खून से गाढ़ी हो गयी है हवा
जो दैवी आदेश के नाम पर छूटती रहती है
तुम्हारे धौंकनी जैसे बुजुर्ग जपाट जबड़े से
वह जिधर बहती
नगर के नगर उजाड़ देती है
धधका देती है एक छोटी-सी चिनगारी को

दावानल की तरह
आदमी का खून उसमें चिटचिटाकर जलता है।
और तुम एक क्रूर संतोष की हंसी
हंसते रहते हो।

धर्म को एक बहुत ही चालाक और धूर्त किस्म की रणनीति का हथियार बनाकर चंद लोग अपना स्वार्थ साध रहे हैं—

आगे-आगे रथ पर सजे धजे
चल रहे हैं ऊपर वाले के बेटे
जिनकी जिंदगी बीत रही है
माया की सेज पर लेटे-लेटे,
खेतों, कारखानों में व्यस्त खुरदुरे हाथ
थोड़ा रुकते हैं
और उनमें झंडे थमा दिये जाते हैं।

अपने परिवेश की जड़ता और असंगतियों से निजात पाने का एक अपेक्षाकृत आसान रास्ता है प्रकृति का सान्निध्य। प्रकृति का सान्निध्य—उसकी कोमलता और माधुर्य मनुष्य के क्षत-विक्षत हृदय को सांत्वना प्रदान करता है, उसकी अनंतता और विराटता, जीवन की अनेक विचलनकारी स्थितियों को अपेक्षाकृत अधिक तटस्थ भाव से समझने और सामना करने का साहस और धैर्य प्रदान करती है। लेकिन कवि देखता है कि अब मानव परिवेश की अमानवीय स्थितियां प्रकृति के कोमल और मधुर लोक तक पहुंच चुकी हैं—

चिड़िया उड़ती हुई कहीं से आयी
बहुत देर तक इधर-उधर से भटकती हुई
अपना घोंसला खोजती रही
फिर थककर एक जली हुई डाल पर बैठ गयी
और सोचने लगी—
आज जंगल में कोई आदमी आया था क्या ?

जंगल में आदमी का पहुंच जाना एक घटना है। घटना इसलिए कि अब आदमी की पशुता जंगल के हिंसक पशुओं से भी आगे बढ़ गयी है। उसकी अकारण क्रूरता और अकारण हिंस्र भाव बड़ा विनाशक रूप धारण करता जा रहा है। एक प्रकार से यह आत्म-संहार का मार्ग है। लेकिन आदमी है कि वह इस मार्ग को छोड़ ही नहीं रहा है। वह जहां पहुंचता है, वहीं हत्या और आत्महत्या के खतरनाक दृश्य खड़े हो जाते हैं। आदमी जिस पेड़ की छांव के नीचे बैठता है, उसी की डालियां तोड़कर एक-दूसरे की हत्या पर उतारू हो जाता है। कवि का कहना है कि पेड़ पर बैठे—

तरह-तरह के पंछी उड़ते थे, गाते थे
स्वर, स्वर का साथी था
पल पल का मीत था
समूचा पेड़ एक जीवित संगीत था।
न जाने क्या हुआ
एक दिन
उसकी छांह में सुस्ताते लोग
एक दूसरे से डरने लगे
डर कम करने के लिए
पेड़ की डालियां तोड़-तोड़कर
मारने और मरने लगे
छांह तो टूटती गयी
डर ज्यों का त्यों बना रह गया
आंधियों से लड़ने वाला वह पेड़
देखते-देखते
एक ठूंठ तना रह गया।

सवाल होता है कि तब क्या इन दिनों मनुष्य के प्रति मिश्रजी की आस्था कम हुई है। मनुष्य की मनुष्यता से विश्वास उठ जाना, संभवत: रचना की आवश्यकता का ही निषेध बन जाता है। लेकिन मिश्रजी के साथ ऐसा नहीं हुआ ? हां, यह अवश्य है कि उनके अनुभव में दो श्रेणी के लोग हैं। एक वे जो सताये जाते हैं—

आसपास बारूद के गोले फट रहे हैं
और आदमी अपनी गठरी मुटरी लिये
बदहवास-सा भाग रहा है।

और दूसरी ओर वह आदमी है, जो—

आदमी होकर भी भूल गया है
फरवरी और जून में फर्क करने की तमीज
और चंद लहूलुहान पागल
हाथ उठाये घूमते हैं

वस्तुत: मिश्रजी की यही मानवीय प्रतिबद्धता उन्हें आम आदमी की पीड़ा से जोड़ती है—खासतौर से उस आदमी की पीड़ा से जो स्वयं अपनी पीड़ा और उसके मूल स्रोतों से बेखबर है। ऐसे लोग मिलों, फैक्टरियों और खेतों-खदानों में ही काम करते हों, यह बात नहीं, वे हमारे बहुत करीब के लोग भी हो सकते हैं। लेकिन उनके संघर्ष, श्रम और आत्मत्याग से अक्सर हम बेखबर रहते हैं। उनमें

से एक है वह औरत जो अपने घर-गृहस्थी के कार्यों में अकुंठ भाव से अपने आपको खपा देती है। मिश्रजी की कविता 'औरत' इस संग्रह की एक अत्यधिक महत्त्वपूर्ण कविता है। केवल इसलिए नहीं कि इसमें नारी के आत्मोत्सर्ग का सहानुभूतिपूर्ण अंकन है, बल्कि इसलिए कि कविता अपनी रचनात्मक उपलब्धियों में भी बेजोड़ है। पूरी कविता जैसे अनेक वाद्ययंत्रों की अलग-अलग ध्वनियों को एक सामंजस्य-पूर्ण लय में विन्यस्त कर देने वाली 'सिंफनी' है। कविता में कार्यरत नारी की अविश्रांत क्रियाशीलता के बीच या उसके समानांतर एक करुण अवसाद की ध्वनि भी सतत सुनायी देती रहती है। उत्साहप्रेरक संघर्षपूर्ण दृश्य-चित्रों के बीच करुणा का यह औदास्य भाव नारी-जीवन का एक संश्लिष्ट चित्र प्रस्तुत करता है—

हर आदमी की फरमाइशों के साथ
पूरे घर में भागती फिरती हो
और फिर घूम फिरकर रसोई में
आ जाती हो,
दाल का बदकना
चावल का खदकना
बरतनों का खनखनाना
सब्जी का छनछनाना
यानी अन्नपूर्णा का एक सुगंधित साज
तुम्हारे हाथ से बजता रहता है।

कवि जिस जीवन-संगीत की बात करता है, उसमें केवल वैविध्यपूर्ण लय-ध्वनियों का सामंजस्य ही नहीं है, जीवन की क्रियाशीलता और उसके बीच औरत की जीवन्त उपस्थिति का भी संकेत है।

शमशेर की एक काव्य पंक्ति 'बात बोलगी मैं नहीं' का सहारा लेकर कहा जाये तो मिश्रजी की कविता में बात बोलती है। ऊपर से सरल और कुछ अंशों में बोल-चाल की भाषा की स्वाभाविकता लिये हुए मिश्रजी की काव्य भाषा में व्यंजना की कुछ ऐसी तलाश रहती है कि उसमें अनायास एक बांकपन आ जाता है। कुछ उदाहरणों से हमारी बात स्पष्ट हो जायेगी—

1. लगातार पीछा करती
एक खूंखार दहशत
बदहवास भागते हुए आदमी
कोई कहां छिपे
इतनी बड़ी-बड़ी पेचदार
इमारतों को पहने हुए यह शहर
पूरा-का-पूरा नंगा हो गया है

देखो-देखी हमारे शहर में
दंगा हो गया है।

2. बोया किसी ने हो
मैंने बस काटा है
हिस्सा किसी का हो
मैंने तो
बंदर की तरह बांटा है।
मैं सदा तेरे साथ हूं मेरे प्यारे देश
मेरी आवाजें हैं तेरा सन्नाटा है।

नये कवियों ने अपने मुक्त छंद में जहां अप्रत्याशित रूप से तुकबंदी का प्रयोग किया, वहां लगता है कि कविता की केंद्रीय संवेदना सिमटकर उस तुकबंदी में पुंजीभूत हो गयी है। मिश्रजी ने तुकों का यह दक्ष प्रयोग अपनी अनेक कविताओं में किया है। यहां 'नंगा' और 'दंगा' या 'काटा' 'बांटा' और 'सन्नाटा' की तुक छंद की जरूरत के रूप में उतनी नहीं, जितनी कि कथ्य को मार्मिक ढंग से प्रस्तुत करने के लिए लायी गयी है। लेकिन यदि ध्यान से देखा जाये, तो पहली काव्य पंक्तियों में सौंदर्य का आधार तुकों का दक्ष प्रयोग न होकर 'पंचदार इमारतों' शब्द-संयोजन में निहित व्यंग्य भाव है। शहर की इमारतों का बड़ा होना, पेचदार होना इस बात का संकेत देता है कि 'नग्नता' कहीं इस बड़प्पन और पेचीदापन से जन्मी है।

सामाजिक, आर्थिक मोर्चे पर लड़नेवाला कवि अक्सर व्यंग्य को एक हथियार के रूप में इस्तेमाल करता है। कभी-कभी धुआंधार वक्तृत्व की तुलना में व्यंग्य की एक सामान्य-सी, धारदार युक्ति अधिक कारगर साबित होती है। दूसरे उदाहरण में 'मेरी आवाजें हैं तेरा सन्नाटा है' में दो परस्पर विरोधी तत्त्वों को आमने-सामने रखने का कलात्मक चातुर्य ही नहीं है, सन्नाटा शब्द से देश की जिस विडंबनापूर्ण स्थिति की ओर निर्देश किया गया है वह कवि के यथार्थबोध युग जीवन के साथ उसकी गहरी और रचनात्मक संपृक्ति का भी परिचायक है।

'जुलूस कहां जा रहा है' की कविताओं में मिश्रजी की सामाजिकता का एक नया रूप दिखायी देता है। वे जैसे देश के सामान्य आदमी की नियति के साथ अपने आपको जोड़ लेते हैं। उसके अभावों और उसकी यातनाओं को रचनात्मक स्तर पर उभारने के साथ उसकी पीड़ा के मूल स्रोतों की ओर निर्देश भी करते हैं। यहां यह कह देना भी जरूरी है कि अनुभव की सामान्य भावभूमि पर पहुंचकर कविता के लिए अपेक्षित सामग्री जुटाने में प्रायः एक खतरा रहता है, वह यह कि कहीं अनुभव की यह सामान्यता कविता के निजी वैशिष्ट्य को ही समाप्त न कर दे। लेकिन यदि मिश्रजी के लिए यह स्थिति एक खतरा नहीं बन पाती तो इसलिए कि

मिश्रजी में यथार्थ के अंतर्विरोधों की बड़ी बेबाक पहचान है। उनकी दृष्टि यथार्थ की सतह पर 'सभ्यता के आवरण में छिपी' उस असलियत को पहचानने में कभी धोखा नहीं खाती जो श्रमिकों और शोषकों के बीच चलने वाली ऐतिहासिक लड़ाई की ओर निर्देश करती है। यह बड़ी चालाक किस्म की लड़ाई है क्योंकि यहां मानव विरोधी ताकतों ने धर्म की करुणा, राजनीतिक सूझबूझ और सामाजिक दायित्वबोध का लबादा ओढ़ लिया है। सामान्यतः उनके असली चेहरे को पहचान पाना एक कठिन कार्य बन गया है। मिश्रजी की कविता असलियत के उसी पहलू का उद्घाटन करती है जो सामान्यतः हमारी दृष्टि से ओझल रहता है। वस्तुतः यह हमारे इतने समीप है कि हम उसे देखकर भी नहीं देख पाते। वह हमारे अंदर कोई संवेदनात्मक प्रतिक्रिया नहीं जगाता। 'जुलूस कहां जा रहा है' की कविताओं में मिश्रजी हमारे देश और काल के इस विकटतम यथार्थ को अपनी संवेदनात्मक प्रतिक्रियाओं में कुछ इस रूप में उभारते हैं कि अतिपरिचय से पैदा होने वाली उसके प्रति हमारी उपेक्षा और उदासीनता समाप्त हो जाती है और उसकी पहचान हमें कुछ इस प्रकार से चमत्कृत करती है जैसे हम उससे पहली बार परिचित हो रहे हों। कहना न होगा कि यह हेतुपूर्ण चमत्कार मिश्रजी के नये काव्य संग्रह का बड़ा आकर्षक और उनकी रचनात्मकता को उजागर करने वाला तत्त्व है।

रामदरश मिश्र के गीत ! संवेदना का लोकधर्मी रूप

शब्दों पर शब्दों के चेहरे
अर्थों पर अर्थों के पहरे
पढ़ा नहीं जाता यह श्यामपट
अक्सर जिस पर लिखा गया हूं

डॉ० रामदरश मिश्र के गीत की ये पंक्तियां उनके रचनात्मक वैशिष्ट्य को रेखांकित करने की दृष्टि से ही नहीं, बल्कि उनकी रचना-प्रक्रिया को समझने की दृष्टि से भी महत्त्वपूर्ण हैं। उनके गीत अपनी व्यापक आवेगशीलता में जिस आत्मीयतापूर्ण और अंतरंग जगत् की रचना करते हैं, उसमें व्यापक जन-जीवन की आशा-निराशा के हल्के-गहरे रंग बड़ी सहजता और एक कलात्मक अनुशासन के साथ घुल-मिल जाते हैं। उनमें व्यक्ति की आत्म-स्थितियों का उद्घाटन तो रहता ही है, साथ ही जन-संकुलता का भाव भी समाहित रहता है। व्यक्ति-मन और व्यापक जन-जीवन के बीच खड़ी की गयी दीवार—जिसने नयी कविता के चरित्र को दूर तक प्रभावित किया था—मिश्रजी की अनुभूति की आंच में गलकर ढह जाती है, या फिर वह इतनी पारदर्शी बन जाती है कि वहां अंतर-बाह्य का द्वैत महसूस नहीं होता। मिश्रजी के गीतों में जहां एक ओर नयी कविता की व्यक्ति-संवेदना की एकनिष्ठता है, वहीं दूसरी ओर प्रगतिवाद की सामाजिक चेतना का अनुभवात्मक विस्तार भी है। यही कारण है कि वे अपने गीतों में जहां आधुनिकता की चुनौतियों का सामना करते हैं—नगर-बोध, आत्म-निर्वासन और एकाकीपन की पीड़ा के रूप में—वहीं आर्थिक, सामाजिक स्तर पर मानव-मुक्ति के लिए चलने वाले उस ऐतिहासिक संघर्ष के साथ जुड़े होने का अहसास भी जगाते हैं जिसको अनदेखा अनचीन्हा छोड़ देना अपने आपको अप्रासंगिक बना लेना है। यह सच है कि गहरी भावात्मक उत्तेजना—निजी संवेदना की गहन आवेगशीलता के बिना गीत की रचना नहीं की जा सकती और अगर की जाती है तो वह जीवन-जन्य आवेगों से शून्य हृदय की भाव-स्थितियों का बौद्धिक बखान बनकर रह जाता है। लेकिन रचनाकार के अनुभव के इकहरेपन या उसकी संवेदना के आत्मबद्ध रूप तक गीत को मर्यादित कर लेना उसे एक रचनात्मक शर्त के रूप में प्रस्तुत करना, गीत को

जीवन की व्यापकता और संकुलता से काटकर एक ऐसी अंधेरी दुनिया में ढकेल देता है, जहां के दमघोंटू वातावरण में वह अपने प्राण खोने लगे। ऐसे में हम या तो उसकी अंतिम छटपटाहट को ही उसकी पहचान मानकर चलें या फिर घोषणा कर दें कि गीत की विधा मर चुकी है, और यह कि युग की संक्रमणशील भाव स्थितियों को व्यंजित करने की क्षमता अब उसमें नहीं रह गयी। नयी कविता के दौर में इस प्रकार की घोषणाएं आमतौर पर की जाती रही हैं। लेकिन इससे गीत-रचना में परिमाण और गुणवत्ता के स्तर पर किसी प्रकार की ओट नहीं आने पायी। हां, यह अवश्य हुआ है कि गीत में एक नये किस्म की आत्म-सजगता पैदा हुई, नयी चुनौतियों के आलोक में उसने अपने-आपको संशोधित-परिष्कृत किया। यानी अपने निजी अनुभव की संवेदनात्मक तात्कालिकता को सुरक्षित रखकर अपने परिवेश के अधिकाधिक तथ्यों और तत्त्वों को अपने में समेटने का प्रयत्न किया। विशेषता यह कि गीत का यह आत्म-विस्तार आत्म-साक्षात्कार के स्तर पर घटित होता है।

जब मिश्रजी 'शब्दों पर शब्दों के चेहरे' और 'अर्थों पर अर्थों के चेहरे' की बात करते हैं तब वे गीत की इस जटिल रचनाधर्मिता की ओर संकेत करते हैं। मूल आग्रह 'मैं' को व्याख्यायित करने—अपने भीतर की लिपि को पढ़ने का है। लेकिन ये सवाल निःसंग प्रकार की दार्शनिक चिंता से जुड़े हुए सवाल नहीं हैं, ये जिंदगी के ऊबड़-खाबड़ और दुर्गम रास्तों में कांटों और पत्थरों की तरह बिछे जो कदम-कदम पर चेतना को क्षत-विक्षत और लहूलुहान किये रहते हैं। यह श्यामपट आज के मानवीय परिवेश के उसी 'काले अंधेरे स्याह' का पर्याय है जो मुक्तिबोध की कविता में बार-बार उभरता है। और सचमुच उस श्यामपट पर अंकित किये बिना अपने-आपको पढ़ने की न कोई सार्थकता है और न कोई अनिवार्यता ही। 'शब्दों पर शब्दों के चेहरे' में उन स्थितियों की ओर संकेत किया गया है जिनमें अनेक लोगों की जीवंत उपस्थिति मानवीय परिवेश को जटिल और पेचीदा बनाती है। एक अर्थ का दूसरे को काटना, उस पर पहरेदारी करना, उस द्वंद्व और संघर्ष की ओर संकेत करते हैं, जो परस्पर विरोधी हितों की टकराहट से पैदा होते हैं। ध्यान देने की बात है कि यह परिस्थिति स्वयं कवि ने निर्मित नहीं की है, उसने तो अपने चारों ओर फैली इस जटिलता और संश्लिष्टता को पहचानने का काम किया है। उसे अनेक प्रकार की इबारतों के बीच कुछ इस प्रकार से लिख दिया गया है कि वह अपने-आपको पढ़ नहीं पाता। कवि को यह स्थिति काम्य नहीं है। वह तो चाहता है कि—

खड़ी फसल के पात-पात पर
अपने को लिख जाऊं

लहर-लहर पर गिर-गिर नाचूं
दिशा दिशा उड़ आऊं।

वह चाहे यथार्थ हो या स्वप्न, मिश्रजी के गीतों में हर भाव-स्थिति अपनी आंतरिक जरूरत के अनुसार शब्द और शिल्प का संघटन कर लेती है। 'शब्दों पर शब्दों के चेहरे' में स्वरों और व्यंजनों का विन्यास रचना की अंतर्वस्तु की अनिवार्यता के अनुरूप हुआ है। इस पूरी-की-पूरी कविता में आने वाले स्वर जैसे अपने आपमें सिमटकर रह गये हैं, उनको विस्तार दीजिए तो कविता की लय टूट जायेगी। गीत की संरचना का यह स्वरूप उसमें व्यक्त होने वाली भाव-स्थितियों के अनुरूप है। लेकिन 'खड़ी फसल के पात-पात पर अपने को लिख जाऊं' में कवि की एक भिन्न मनःस्थति प्रकट हुई है। परिणामतः यहां स्वर प्रलंबित हो गये हैं, जैसे वे हृदय के भाव-संवेदन को विस्तार देते हों। शब्द और अर्थ की लय के बीच का संकलन और सामंजस्य मिश्रजी के सामान्य-से गीतों में भी मिल जायेगा। उनके गीतों की सरलता की वजह से प्रायः हम उनके इस रचनात्मक कौशल की ओर ध्यान नहीं देते। कहना न होगा कि शब्द विन्यास का उनका यह कौशल उनके गहन जीवन और कला विवेक से उद्‌भूत है।

हमने प्रारंभ में ही मिश्रजी के गीतों की जन-संकुलता की बात की थी। उनका बादल जन-जन के उर का कोलाहल पाकर गाता है। उनका बसंत 'सौ-सौ उजड़े वन-बागों की आहों का झोंका' लेकर आता है, मानव उनके अंतर में जग की नव-नव पीड़ा भर जाता है, वे विश्व की हर एक लय पर गति की अमर ध्वनि बांधते हैं, उनके 'उल्लास में जीवन की लहरों की क्रीड़ा' और रुदन में मानव की पीड़ा समाहित रहती है। उनको अपनी राह में लाखों लुटी-सी, खोयी हुई धड़कनें मिल जाती हैं। उनके एकांत क्षणों में भी दूर देशों से लौटकर अनेक परछाइयां आ जाया करती हैं। कितने ही 'अजनबी स्वर' उनकी काव्य-पंक्तियों में अपने को अंकित करते हैं। उनके साथ परछाइयों का एक घेरा लगा रहता है। जैसे मिश्रजी स्वयं अपनी प्रकृति के इस वैशिष्ट्य से पूरी तरह परिचित हैं, जैसे वे जानते हैं कि उनकी एकांतिकता में भी जन-संकुलता व्याप्त है। जब वे कहते हैं—

दूरियों-सा मैं स्वयं के बीच
जन-संकुल

तो उनकी इस आत्म-स्वीकृति में न कोई बड़बोलापन है और न कोई आत्म-स्फीति। यह सचमुच अपनी रचनात्मक प्रकृति को समझने-पहचानने का उपक्रम है।

प्रेम और प्रकृति-संबंधी गीतों में व्यक्ति-मन की कामना, प्यास और ललक की व्यंजना भी वे जिन बिंबों, प्रतीकों में करते हैं, शब्दों का जो अप्रत्याशित संयोजन और लय-ध्वनि का जो चतुर विन्यास रचते हैं, वह उनके निजत्व में एक

व्यापक सांस्कृतिक बोध की अनुगूंज पैदा कर देता है। हमारे सामने होता है उनके भावों का एक गंभीर प्रवाह एकदम स्वच्छ, निर्मल और पारदर्शी, लेकिन लगता है कि कुछ ऐसा भी है जो एक लंबी यात्रा के दौरान अनायास ही इसमें अंतर्भुक्त हो गया है। जैसे नदी की कल-कल ध्वनि में वनों, पर्वतों, घाटियों, खेतों, मैदानों और बस्तियों की स्मृतियां भी समाहित हो गयी हैं। इसका मुख्य कारण यह है कि मिश्रजी शब्द को उसके अनुभव की जड़ों से विच्छिन्न करके अपने गीतों में प्रयुक्त नहीं करते; वे ऐतिहासिक-सांस्कृतिक अर्थ-संदर्भ का कुछ इस ढंग से उपयोग कर लेते हैं कि वह उनकी संवेदना की वर्तमान तात्कालिकता को कुछ और भी गहरा बना देता है। हम यहां उनकी रूमानी संवेदना के गीतों की कुछ पंक्तियों के सहारे अपनी बात को स्पष्ट करना चाहेंगे—

1. बिखरे-बिखरे सपने चुन-चुन
   सूनी रैन सजाऊं
   भोरे-भोरे नदी तीर
   बालू के महल बनाऊं
   कौन उड़ा ले जाय सपनवां
   कौन महलिया ढाए।
2. गंधाकुल आकाश नशीला
   पीकर पत्थर भी है गीला
   भीग रहे उजले-उजले पथ
   बरबस मन का बंधन ढीला।

पहले उद्धरण में आने वाले दो शब्द 'सपना' और 'महल' गीत की अंतिम पंक्तियों तक पहुंचते-पहुंचते 'सपनवां' और 'महलिया' में रूपांतरित हो गये हैं। मोटे तौर पर शब्दों के दोनों रूपों का अर्थ एक ही है लेकिन उनकी व्यंजना में एक सूक्ष्म अंतर आ गया है। 'सपना' और 'महल' एक आभिजात्य संस्कार लिये हुए दिखायी देते हैं। भले ही सपने बिखर चुके हों, लेकिन उनको संयोजित करके सेज तो सजा ही ली जाती है। इसी प्रकार; क्यों न बालू का ही सही, आखिर महल तो बन ही जाता है। कुछ सार्थक रचने-बनाने का आत्म-सुख है इसके अंदर। लेकिन यह भाव अधिक देर तक टिका नहीं रह पाता। कामना और प्रतीक्षा का अंत घोर निराशा में होता है। सपना टूटकर जैसे हवा में उड़ जाता है और महल ढह जाता है। लेकिन 'सपने' का 'सपनवां' और 'महल' का 'महलिया' बनते ही भाव-बोध के स्तर में गुणात्मक परिवर्तन आ जाता है। वैयक्तिक निराशा और वैफल्य में जैसे लोक-पीड़ा का अर्थ घुलने-मिलने लगता है। अपने स्वर और संवेदन को लोक जीवन के अंतर्लाप और पीड़ा के साथ जोड़कर कवि अपने भाव को कुछ और भी प्रगाढ़ बना देता है। 'सपना' की अपेक्षा 'सपनवां' के साथ कुछ अधिक घरेलूपन

जुड़ जाता है, इसलिए उसका टूटना-बिखरना मर्म को कुछ अधिक गहरे स्तरों पर जाकर छूता है। 'महल' का 'महलिया' बनते ही जैसे हम किसी गरीब की झोंपड़ी के उजड़ने के साक्षी बन जाते हैं। शब्दों की मामूली तराश, उनको सही जगह और सही संदर्भ में रख देने की समझ और सावधानी न केवल रचना के कलात्मक संयोजन और सामंजस्य को निखारती है, बल्कि अनुभव के एक ही बिंदु पर जीवन के अनेक स्तरों के मर्म को खींच लाती है।

दूसरे उदाहरण में वसंत का एक भाव-चित्र है। यहां 'भीत से उजड़े-उजड़े पथ' की व्यंजना हमें विशेष रूप से आकर्षित करती है। वसंत ने जड़ और चेतन में मादकता का जो भाव भर दिया है, धरती से आकाश तक कामनाओं की जो लहर पैदा कर दी है, वह तो है ही, कल तक जहां धूल उड़ती थी, वे पथ भी भाव-संवेदन की तरलता से गीले हो उठे हैं। यानी जैसे यह वसंत ऋतु न होकर कोई पर्व-त्योहार है। सजे-धजे परदेशी लोग भाव-विभोर से अपने-अपने घरों को वापस जा रहे हैं। पथ का उजालापन या गीलापन वसंत के प्रभाव से जन्म लेने वाली कामनाओं की क्रियाशीलता को प्रकट करता है, प्रेम की निजता और एकांतिकता को सामाजिक बोध और संवेदना के साथ जोड़ देना मिश्रजी का अपना एक रचनात्मक वैशिष्ट्य है।

एक मान्यता यह भी है कि गीत की आंतरिक संरचना इस बात की छूट नहीं देती कि उसे जीवन के, जटिल प्रश्नों के दबाव के नीचे ले आया जाये। वह अपनी प्रकृति से ही संवेदनात्मक-भावात्मक होता है, विचार या बोध का उसके स्वरूप के साथ सामंजस्य नहीं बैठता। भावों के मर्म में ही उसकी सार्थकता है। यानी वह हमारे संवेदना-तंत्र में एक हलकी-सी झंकृति भर जगा दे। और ऐसा करने में वह शब्द की अंतर्निहित संगीतात्मकता से जितना काम लेता है उतना उसकी अर्थ-व्यंजना से नहीं। स्वरों का उतार-चढ़ाव, छंदों का बंध, शब्दों की लय-ध्वनि भाव-व्यंजना में कुछ नया जोड़ती है। उसमें अर्थ का वैसा उलझाव और जटिलता नहीं होती कि जीवन के परस्पर विरोधी तत्त्वों को अपने में समेट सके। गीत के बारे में स्वयं मिश्रजी की धारणा भी कुछ इसी प्रकार की है। अपनी रचना-प्रक्रिया का हवाला देते हुए उन्होंने लिखा है—

"सन् 70 के बाद गीत लिखने की गति मंद पड़ गयी। गीत लिखे किंतु बहुत कम। उसका कारण यह है कि मैं कथा-साहित्य से अधिक जुड़ गया। मुझे लगा कि कविता अपने समय के व्यापक और जटिल यथार्थ को व्यक्त करती है, किंतु वह कथा-साहित्य की तरह गली-कूचों में और रोजमर्रा की जिंदगी की आम हकीकतों तक नहीं पहुंचती, और फिर कविता में गीत तो और भी दूर रह जाता है। उसकी प्रकृति ही नहीं है वहां पहुँचने की। उसकी प्रकृति के विरुद्ध इधर उस पर सामाजिक, आर्थिक और राजनीतिक यथार्थ का बोझ लादने की कोशिश की गयी।

किंतु उसका परिणाम क्या हुआ ? न वह गीत रहा और न उसके माध्यम से बाहरी जगत की जटिलताएं ही व्यक्त हो सकीं।"

युग-जीवन की व्यापक सच्चाइयों को अपने गीत में समेट पाने की अपनी असामर्थ्य की ईमानदार स्वीकृति के बावजूद और इस तथ्य के आत्म-स्वीकार के बावजूद कि गीतों के साथ उनका रिश्ता टूट-टूटकर जुड़ता रहा है, हम मिश्रजी के साथ असहमत होने की छूट लेना चाहेंगे। एक ईमानदार रचनाकार और खासतौर से ऐसा रचनाकार जो जीवन के यथार्थ को उसकी व्यापकता और समग्रता में निरूपित करना ही अपने कवि-कर्म की सार्थकता समझता हो, प्राय: अपनी कला के अभिव्यक्त रूपों के प्रति असंतुष्ट बना रहता है। संभवत: इस प्रकार की मानसिकता रचनाकार की संवेदना और उसके बोध के विस्तार तथा उसके अपने आत्म परिष्कार के लिए निहायत जरूरी है। यदि ऐसा न होता तो मिश्रजी के गीतों में प्रारंभ से लेकर अंत तक जीवन के यथार्थ के साथ जो एक गहरी संपृक्ति और मानवीय पीड़ा के स्रोतों तक पहुंचने की रचनात्मक बेचैनी दिखायी देती है, वह सुरक्षित न रह सकी होती। हां, यह अवश्य है कि उनकी सामाजिक चेतना बौद्धिक ढंग से अर्जित की हुई चीज नहीं है, वह उनके रचनात्मक अस्तित्व की एक शर्त है। प्रगतिवादी दौर में उन्होंने कुछ ऐसे भी गीत लिखे जिनमें शब्द-बहुलता है। उनमें बिंबधर्मी रचनाशीलता न होकर आवेगशील वक्तृता है, लेकिन इस दौर में भी मिश्रजी में अपनी खोज के मुहावरे को एक निजीपन देने की बेचैनी है। उनमें संघर्षशील जीवन के मर्म को व्यक्त करने वाली भाषा और लय को पकड़ने की एक रचनात्मक पर्युत्सुकता सर्वत्र देखी जा सकती है। वे लोक भाषा के शब्दों और लोकगीतों की ध्वनियों का अपने गीतों में इस रूप में उपयोग करते हैं कि गीत के स्वरूप का निजीपन बिगड़ने नहीं पाता और उसमें जन-जीवन के संघर्ष और जूझ की सच्चाइयां उभर आती हैं। रोज-ब-रोज के जीवन की व्यावहारिक और कामकाजी भाषा में प्रयुक्त होने वाले शब्दों को भी मिश्रजी अपने गीतों में कुछ इस तरह प्रयुक्त करते हैं कि उनमें जीवन-सौंदर्य की कोई अनजानी-अनपहचानी छवि उभर आती है। उनके गीत 'गाढ़े गये हैं दिन बीत' की टेक की पंक्ति है—'गाढ़े गये हैं दिन बीत रे बैला बौंएं-से औं-औं।' अब कहने को यह 'औं-औं' कोई शब्द न होकर एक संकेत-ध्वनि है। ध्वनि भी ऐसी जो बैलों को हांकने के लिए रूढ़ बन चुकी है। भाषा की व्यापक अर्थ-व्यवस्था के साथ इसका कोई मेल नहीं बैठता। यानी इसमें अर्थ के संश्लिष्ट और सूक्ष्म आवर्तन पैदा करने की कोई संभावना ही नहीं है। उसकी सांकेतिकता रूढ़ बन चुकी है। लेकिन यहां यह 'औं-औं' स्थिर संकेत-चिन्ह भर नहीं रह गया, यह जीवन का एक गतिशील भाव-चित्र बन गया है। यूं देखा जाये तो 'गाढ़े गये हैं दिन बीत' में भी अर्थ की वैसी संश्लिष्ट व्यंजना कहां है ? एक जाने-पहचाने तथ्य का एक जानी-पहचानी शब्दावली में

सीधा-सादा बयान है। सपाटबयानी वक्तृत्व का जो एक बांकपन होता है, वह भी इसमें नहीं है। लेकिन यहां 'औं-औं', जैसे इन शब्दों को नये अर्थ-संदर्भों से जोड़ देता है। जैसे किसान के जीवन की आंतरिक करुणा और विडंबना, उसका जीवन-विवेक और जीवन के साथ उसकी गहरी संपक्ति एक दृश्य बिंब का अमूर्तन ग्रहण कर लेती है। किसान की यह हांक हल में जुते बैलों को ही संबोधित नहीं है, यह बहुत कुछ आत्मसंबोधन भी है, विषम परिस्थितियों के बीच से गुजरते हुए, अपना संतुलन बनाए रखने के लिए अपने-आपको तैयार करने का उपक्रम है। जब गाढ़े दिनों में जीवन की समतुला बिगड़ने नहीं दी तो अब क्यों कूंड़ को टेढ़ा होने देते हो ऐ मेरे भीतर के राम !

हर एक रचनाकार किसी न किसी स्तर पर अपने-आपको समाज से जुड़ा हुआ पाता है। जरूरी नहीं है कि यह संबंध सामंजस्यपूर्ण ही हो, यह विषम और निषेधात्मक भी हो सकता है। व्यक्तिवादी रचनाकार के लिए समाज एक अवरोधक तत्त्व है। वह उसकी अवांछित स्वतंत्रता को मर्यादित बनाता है। कुछ रचनाकार अपने आपको समाज के प्रति अधिक उत्तरदायी महसूस करते हैं। कभी-कभी यह दायित्वबोध उन्हें एक अलग किस्म के अतिवाद की ओर ले जाता है। उनके लेखे समाज परस्पर विरोधी तत्त्वों का एक ऐसा अराजकतावादी संश्लेष है जिसको नया रूप, नया संस्कार देने का दायित्व उन पर आ पड़ा है। जैसे उसे सुधारने के लिए ही वे जन्मे हैं, रचनाकार बने हैं। समाज के साथ मिश्रजी का रिश्ता अपेक्षाकृत अधिक विवेकपूर्ण और अधिक संतुलित है। वह उनके आत्म-परिष्कार और आत्म-संशोधन के लिए जरूरी भूमिका का निर्माण करता है—

सौ बार बिछी पथ पर मेरे, कितनों के अन्तर की काई
पर उनमें ही मैं देख सका अपने दोषों की परछाईं ॥

कितनों की उपस्थिति मिश्रजी की आत्मबद्धता के घेरे को तोड़ती है, उनके आत्म-विस्तार को संभव बनाती है।

निष्कर्षतः मिश्रजी की संवेदना लोकधर्मी है। वैयक्तिक पीड़ा और उल्लास की उत्कट आवेगशीलता उनके गीतों में न हो, यह बात नहीं है, लेकिन अभिव्यक्ति के स्तर पर वे अपने निजत्व को भी सार्वभौमिकता से जोड़ देते हैं। जैसे वे जिस भाव को अभिव्यक्ति देते हैं, वह भाव जितना उनका है, उतना ही दूसरों का भी है। जैसे उनके गीत समानधर्मा की खोज के उपकरण हैं। कोई अज्ञात सान्निध्य, कोई संवेदनशील मानवीय उपस्थिति उनके गीतों के भाव-बोध की अनिवार्यता बनकर आती है—

1. रात में डूबे पथों पर दूर
रह-रह बज रहीं हैं सीटियां

2. पल-छिन मेरा संग न छोड़ें
   यायावर बादल
3. हांक लगाते कितने बौरे क्षण
   उन्हीं घाटियों से गुजरे होंगे
   जल में खोयी रेखाओं-जैसे
   मेरे-तेरे स्वर उभरे होंगे।
4. इन अंधेरी घाटियों में
   मीत कोई गीत गाएँ
   सिर झुका चुपचाप चलने से
   डगर कटती नहीं है।

जैसे जीवन अपनी समग्रता में एक इकाई है। कवि अपने गीतों द्वारा उस समग्रता को खोजता और परिभाषित करता है। लेकिन इसके लिए उन्हें कोई अतिरिक्त प्रयत्न नहीं करना पड़ता। शब्द में रची-बसी लोक-जीवन की स्मृतियों को वे अपने गीतों में कुछ इस ढंग से नियोजित करते हैं कि उनकी भाषा जीवन के एक से अधिक स्तरों को छूने लगती है। इनका जीवन-बोझ अपनी रचनात्मकता में सांस्कृतिक बोध का पर्याय बन जाता है। उसमें लोक-संस्कृति के आदिम राग-बोध के तत्त्व अपनी पूरी ऐंद्रिक उत्तेजना के साथ घुल-मिल जाते हैं। ऋतुओं, पर्वों, उत्सवों के प्रति उत्पन्न होने वाली भावाकुलता उनके शब्दों को अनुभवात्मक व्याप्ति प्रदान करती है। लेकिन गीत को आदिम आवेगों—ऐंद्रिक अनुभूतियों की अभिव्यक्ति तक मर्यादित कर देना मिश्रजी को अभिप्रेत नहीं है। उनका शब्द संयोजन; उनका कला-विवेक वस्तुतः उनके मानवीय विवेक का ही बिंबात्मक रूपांतरण है। आज की पूंजीवादी व्यवस्था से जन्म लेने वाली असंगतियों और अंतर्विरोधों ने मनुष्य के अंतर्जीवन के सहज उन्मेष को, मनुष्य होने के उसके अहसास को किस रूप में कुंठित किया है, मनुष्य और मनुष्य के बीच कितनी दुलंघ्य खाई खोद रखी है—इन सारी स्थितियों की एक संवेदनशील जांच-पड़ताल का काम मिश्रजी अपने गीतों के द्वारा उसी सहजता से कर लेते हैं जिस सहज़ता से यह काम उन्होंने अन्य विधाओं के माध्यम से किया है। लगता है कि जब वे अपनी बात को अपेक्षाकृत अनुभूत्यात्मक धरातल पर कहना चाहते हैं तो गीत-रचना उसकी एक अनिवार्यता बन जाती है। यह सच है कि उन्होंने गीत कम लिखे हैं, लेकिन जो लिखे हैं, उनमें उनकी अनुभूति की आंच और जीवन का रस कसा है।

रामदरश मिश्र के उपन्यास : प्रतिबद्धता का सर्जनात्मक रूप

मनुष्य द्वारा मनुष्य के शोषण और दमन पर आयोजित वर्तमान व्यवस्था के अमानवीय रूप की, उसके दुष्चक्र में फंसे आदमी की करुण विवशता और असंतोष को, उसको लेकर निहित स्वार्थों और परिवर्तनकामी शक्तियों के बीच चलने वाले संघर्ष को, आज की ठोस सामाजिक, आर्थिक और राजनीतिक सच्चाइयों के बीच रखकर परिभाषित करने वाले रामदरश मिश्र के उपन्यास साक्षात्कार के एक निजी और आत्मीय संसार की पहचान कराते हैं। समकालीन कथा साहित्य में रामदरश मिश्र ने मूलतः एक आंचलिक उपन्यासकार के रूप में अपनी पहचान बनायी है। लेकिन आंचलिकता उनके अनुभव और अन्वेषण की मर्यादा नहीं दिशा है। 'बीच का समय' और 'रात का सफर' में आंचलिकता का आग्रह नहीं है। 'आकाश की छत' में शहर और गांव के जीवन अनुभव की दूरियां समाप्त हो गयी हैं। लेकिन मिश्रजी अपनी यात्रा जीवन के किसी भी बिंदु से क्यों न शुरू करें वह चाहे व्यक्ति मन की नितांत निजी संबंधों की अंतरंग दुनिया हो या मनुष्यता के न्याय के लिए चलने वाला समष्टिगत संघर्ष हो—उनके पैर हमेशा अपने अनुभव की जमीन पर ही रहते हैं और उनके अनुभव की जमीन है गांव का वह जीवन जिससे रस कण खींचकर उनका रचनाकार अपनी कलाकृतियों की अंतर्वस्तु का निर्माण करता है, अपनी अभिव्यक्ति के आवश्यक उपकरण जुटाता है।

'पानी के प्राचीर', 'जल टूटता हुआ' और 'सूखता हुआ तालाब' में तो मुख्यतः गांव के यथार्थ का चित्रण हुआ ही है, लेकिन उनके जिन उपन्यासों का सीधा संबंध शहरी जीवन से है उनके मुख्य पात्र भी अनुभव और सोच के धरातल पर हलके या गहरे रूप में गांव से जुड़े होते हैं। उनमें या तो गांव की धरती से कट जाने की पीड़ा है या फिर गांव की जड़ता और रूढ़िवादिता से मुक्त होने की छटपटाहट। ये शहर में रहकर भी शहर से नहीं जुड़ पाते। उनकी आंतरिक जरूरत के रूप में गांव उनकी स्मृतियों में बार-बार उभरता रहता है। यह नहीं कि गांव की ये स्मृतियां मधुर और आह्लादक ही हों, उनमें भावना की अंतरंगता और मार्मिक

संबंधों की ऊष्मा ही हो, वे वहां की जिंदगी की अत्यधिक क्रूर और अमानवीय स्थितियों की पीड़ा-जनक यादें भी हो सकती हैं। लेकिन हर हालत में गांव के जीवन की मिठास या कटुता उनके अनुभव का अंग बनी रहती है। वह उनके विचार और कर्म को, स्वप्न और संघर्ष को दूर तक प्रभावित करती हैं। मिश्रजी की रचनाशीलता और उनके विवेक की जड़े उनके इसी अनुभव की जमीन में हैं।

'बीच का समय' मूलतः रूमानी संवेदना का उपन्यास है। इसमें स्त्री-पुरुष के उस आदिम आकर्षण का वर्णन है, जिसमें स्वप्न और भावना के हलके गहरे रंग आपस में घुल-मिलकर एक सप्तरंगी संसार की रचना करते हैं। कथानायक जो एक स्थानीय कॉलेज में अंग्रेजी का अध्यापक है, जैसे अब तक अपने इसी मधुर स्वप्न की चरितार्थता के लिए बेचैनी में भटकता रहा था, उसके जीवन में रीता आती है। "यह अपनी असफल शादी की पीड़ा लिये बहुत दिनों से यह चाहता रहा कि रीता जैसी कोई लड़की उसके जीवन में आये। चाहे वह रीता हो या सीता हो या गीता हो और उसकी इस कसी हुई उजाड़ जिंदगी में जीने की चाह पैदा करे।"[1] लेकिन गांव से एक पत्र आता है, और कथानायक शील के सोच की दिशा बदल जाती है। यह इस रंगीन स्वप्निल दुनिया को छोड़कर गांव की उसी बदरंग दुनिया में लौट जाता है—इस संकल्प के साथ कि "वह घर जायेगा और परिवार लायेगा। चाहे जैसा भी है, अपना परिवार है।"[2] गांव की बदसूरती पर जिसमें उसकी पत्नी की बदसूरती और फूहड़पन भी शामिल है—वह कुढ़ता है, वहां से "दो दिन में ही भाग खड़ा होता है।"[3] लेकिन वहां की "एक मासूम आर्द्रता से कंपित झुकती हुई शाम"[4] उसकी चेतना में जैसे सदा सर्वदा के लिए अटकी रह जाती है। गांव के यथार्थ की यह विचलनकारी चेतना जो व्यंजना के स्तर पर कथानायक की स्मृतियों में बार-बार उभरती रहती है, उसकी भोगवादी सौंदर्य लालसा और भावुकतापूर्ण निर्णयों के लिए कोई अवकाश नहीं छोड़ती।

'रात का सफर' में नारी जीवन की विडंबनापूर्ण स्थिति का जिस संवेदनात्मक उद्देश्य को लेकर निरूपण हुआ है, उसके रहते कथाकृति में जैसे एक ही अनुभव बिंदु अपनी रचनात्मक व्याप्ति और विस्तार ग्रहण करता चलता है। उसमें ऋतु की जिंदगी से गहरे रूप में जुड़े उसकी आंतरिक पीड़ा को उजागर करने वाली वस्तुस्थितियों के सिवा अन्य बातों की ओर लेखक का ध्यान नहीं गया, लेकिन फिर भी ऋतु की जीवन यात्रा की पृष्ठभूमि के रूप में गांव आ गया है। वह कभी

---

1. बीच का समय, पृ० 97
2. वही, पृ० 117
3. वही, पृ० 48
4. वही, पृ० 49

रेलगाड़ी की खिड़की से झांककर देहाती स्टेशन के सन्नाटे के साथ अपने जीवन की अकेलेपन की पीड़ा का तादात्म्य स्थापित करती है—या फिर गांव से आने वाले लोगों को देखकर उनके साथ गहरी आत्मीयता का अनुभव करती हुई कुछ क्षणों के लिए ही सही, अपनी पीड़ा से निजात पा लेती है। "सवेरे-सवेरे सड़क से सिर पर तरह-तरह की चीजों का बोझा लादे औरतें और मर्द शहर की ओर भागते नजर आते, इसमें छोटे-छोटे बच्चे भी होते, पसीने से लथपथ हांफते हुए लोग, और उन्हें देखकर मुझे बड़ा अपनापा महसूस होता।"[1]

'अपने लोग' प्रत्यक्षतः कस्बाई जिंदगी की उन भीतरी पर्तों को खोलता है, जिनमें से उसकी टुच्ची राजनीति, अंधी स्वार्थपरता, घिनौनी अवसरवादिता, धन और प्रतिष्ठा के लिए एक-दूसरे का गला काटकर आगे बढ़ जाने की प्रतिद्वंद्विता, निहित स्वार्थों का अपने हितों की रक्षा के लिए अनैतिक और नाजायज तरीके अपनाने की पैंतरेबाजी और जिसे मुक्तिबोध ने 'मारो खाओ, हाथ न आओ' वाली उक्ति से चरितार्थ किया है—उससे जन्मी सामाजिक क्रूरता और आंतरिक रिक्तता का अत्यधिक भयावह रूप उभरकर सामने आता है। लेकिन इस उपन्यास की केंद्रीय संवेदना गांव की उस टूटी-बिखरी जिंदगी की पीड़ा से उद्‌भूत है, जिसके साथ लेखक की गहरी रचनात्मक संपृक्ति तो है ही, साथ ही, उस जिंदगी के यथार्थ को पहचानने वाली वह निर्मम तटस्थता भी है जो गहरे आत्मालोचन एवं विचार तथा संवेदन की गहरी संसक्ति से जन्म लेती है। 'अपने लोग' के कथा-नायक प्रमोद की अंतःचेतना में गांव के विविध स्तरीय जीवन की छवि अपनी समग्र ताजगी और जीवंतता के साथ अंकित है। "उसने इस गांव को इतनी गहरायी से और इतने अधिक रूपों में जिया है कि इतने दिन तक शहर में रहने में बाद भी वह गांव उसके भीतर बड़ी तड़प के साथ जिंदा है। या हो सकता है कि बाहर रहने की वजह से ही जिंदा है। पहर भर रात होते ही हलचल शुरू हो जाती है—कुएं पर पानी भरे जाने की आहट नाद में मुंह डालकर बैलों के सानी-पानी सुड़कने की आवाजें, हलवाहों के आने-जाने की आवाजें, फिर बैलों की घंटियों की आवाजें, खेतों में हलों की धड़कनें, बीया और हेंगा के लिए पुकार लगाती आवाजें और एक घंटा दिन चढ़ने के साथ किसी खेत के जुत-बो जाने की सूचना देने वाली हर-हर महादेव की आवाजें। मिट्टी की तरह-तरह की गंध उसके भीतर की पर्तों में बसी है।"[2]

'आकाश की छत' में दिल्ली की अप्रत्याशित बाढ़ में फंसे एक ऐसे व्यक्ति की पीड़ा की व्यंजना है जिसे बड़ी सहजता से अस्तित्ववादियों के संत्रास, अलगाव या

1. रात का सफर, पृ० 81
2. अपने लोग, पृ० 148

मृत्युबोध की पीड़ा से जोड़ा जा सकता था। कथानायक के पास अज्ञेय का 'अपने-अपने अजनबी' उपन्यास भी है, जिसके पात्र लगभग उसी प्रकार की परिस्थितियों में फंसे हैं, जिस प्रकार की परिस्थितियों में 'आकाश की छत' का कथानायक यश घिरा हुआ है। लेकिन यश अकेला होकर भी अकेला नहीं है। उसके पास अस्तित्व के लिए चलने वाले अंधे संघर्ष की कुछ बहुत ही जीवंत स्मृतियां हैं। ये स्मृतियां उस भाई की हैं जो अन्याय का विरोध करते हुए अपने प्राणों की आहुति दे देता है। अतः आकाश की छत के नीचे अपने प्राण बचाने की चिंता के साथ यश के सामने गांव के उन लोगों की एक पूरी-की-पूरी दुनिया उभर आती है जो उसी प्रकार की अत्यधिक भयावह परिस्थितियों में फंसे—हालांकि वे परिस्थितियां मानव निर्मित हैं—आत्मरक्षा के लिए संघर्ष कर रहे हैं। यहां दिल्ली की बाढ़ तो एक युक्ति के रूप में प्रयोजित स्थिति भर है, वह एक ऐसा बहाना है जिसके सहारे यश अपने गांव पहुंच जाता है। उपन्यास की शहरी जीवन की विडंबना के भी एक-दो कोण उभरे हैं लेकिन जैसे उनके साथ उलझना लेखकीय चिंता का विषय नहीं है। लेखक की दृष्टि और संवेदना के केंद्र में गांव ही हैं।

भ्रम यह है कि आखिर लेखक क्यों उलझता है गांव की जिंदगी से? क्यों इस प्रकार की तड़प और बेचैनी का अनुभव करता है वह उसके लिए? शहर की आवाजों के बीच घिरकर भी उसकी स्मृतियों में गांव की आवाजें क्यों गूंज-गूंज उठती हैं? क्यों ऐसा होता है कि शहर में रहकर भी गांव की ओर जाने वाली पगडंडी को देखकर वह भावुक हो उठता है? क्यों गांव के फटे हाल लोगों को शहर की सड़कों पर पसीने से लथपथ दौड़ते देखकर उसके हृदय की धड़कनें तीव्र हो जाती हैं? गांव के जीवन के प्रति रचानकार के इस असाधारण आकर्षण को आलोचकों ने आशंका की दृष्टि से देखा है। आशंका को शब्द देते हुए डा० चद्रकांत वांदिवडेकर लिखते हैं—"नगर जीवन की मानसिकता से ऊबे हुए लेखकों ने अपने बचपन के जीवन में, ग्राम्य जीवन की जो हरियाली भोगी थी उसका वास्तविक वर्णन आंचलिक साहित्य के नाम पर करना आरंभ किया है।"[1] प्रखर मार्क्सवादी समीक्षक डा० शिवकुमार की भी आंचलिक कहे जाने वाले उपन्यासों से शिकायत है कि इनके रचनाकारों के लिए प्रायः मानवीय यथार्थ की तुलना में परिवेश से जुड़ी हकीकतें अधिक महत्वपूर्ण बन जाती हैं।[2] अतः प्रश्न यह है कि गांव की जिंदगी के प्रति रामदरश मिश्र की यह ललक और यह आकर्षण, क्या उनकी वैचारिक या संवेदनात्मक पिछड़ की ओर संकेत करते हैं? या वे उनकी किसी गहरी रचनात्मक आवश्यकता को पूरा करने वाले उनके सोच और संवेदन को गति और

1. उपन्यास : स्थिति और गति, पृ० 22
2. आलोचना अंक 51-52 (प्रेमचंद और परवर्ती कथा साहित्य)।

दिशा प्रदान करने वाले जरूरी उपकरण हैं।

कहना न होगा कि रामदरश मिश्र के रचनात्मक अनुभव के लिए गांव की जिंदगी कोई सुविधा का विषय न होकर एक चुनौती है। उसमें जीवन और रचना दोनों ही स्तरों पर संघर्ष की स्वीकृति है। हर हालत में यह उस मनुष्य की पक्षधरता है जो हड्डियां जला देने वाला कठोर परिश्रम करके भी उतना नहीं पाता जितने से अपना और अपने परिवार का पेट भर सके—

नीरू ने आज सुबह ही सुबह मां के हाथों पर हफ्ते भर की तनख्वाह रख दी थी इसलिए खाने का इंतजाम हो गया था। नीरू ने खाना खाते समय कपड़ा निकाला तो मां स्तब्ध रह गयी, हड्डियां निकल आयी थीं, नसें उभर गयी थीं। मां ने एक बार हफ्ते भर की तनख्वाह का हिसाब लगाया, फिर नीरू की हड्डियों को गिना, कुछ कह नहीं पा रही थी।

'नीरू तुम्हें कितनी तनख्वाह मिलती है ?' माँ का स्वर था।

'आठ आने रोज मां।'

'तीन रुपये तो तुमने घर को दे दिये। आठ आने में एक हफ्ता कैसे काम चला होगा।' गीले स्वर में मां ने पूछा।

'चल जाता है मां, चल जाता है। तुम काहे को चिंता करती हो। मिल में सामान सस्ते में मिल जाता है।'[1]

मां ने नंगी वास्तविकता के अधिक अनावृत होने के भय से बात अधिक नहीं बढ़ायी।

मिश्रजी का कथाकार अपनी सर्जना में इसी नंगी वास्तविकता से जूझता है, बड़े निर्मम भाव से उसे अनावृत करता चलता है। 'जल टूटता हुआ' का सतीश अनुभव करता है "गरीबी सबसे बड़ा अपमान है—वह तेज, विद्या बुद्धि सब छीन लेती है।"[2] और कि "इस इलाके के बड़े बामन, हरिजन, मध्यवर्ग, निम्नवर्ग, सभी भूख और गरीबी के चक्के में बुरी तरह पिस रहे हैं।"[3]

गरीबी में पिसने वालों की यह व्यथा-कथा ही मिश्रजी की चेतना को बार-बार कुरेदती है। उन्हें बेचैन बनाती है और उन्हें उन ऊबड़-खाबड़ वीरान इलाकों में ले जाती है जहां घायल सामधारी इलाज के अभाव में दम तोड़ देता है, जहां सुग्गन मास्टर पग-पग पर समझौता करने के बावजूद सिर पीटकर रह जाते हैं; चिनैया की मजबूरी उसे वेश्या बनाकर छोड़ देती है। फुलवा का सर्वस्व चला जाता है और मंगरू को उसके खेत से बेदखल कर दिया जाता है। वस्तुतः मिश्रजी

---

1. पानी के प्राचीर, पृ० 157
2. जल टूटता हुआ, पृ० 102
3. वही, पृ० 16

का कथा साहित्य इस सामाजिक अन्याय के विरुद्ध और प्रकृति तथा व्यवस्था की दुहरी मार खाने वाले लोगों के पक्ष में की गयी जरूरी कार्यवाही है। यही वह कसौटी है जिस पर वे आज की राजनीति और दर्शन को, धर्म और संस्कृति को, अनुभव और विचार को, कला और जीवन मूल्यों को परखते हैं। इनमें से जो भी गांव की इस शोषित मनुष्यता के हित में है, वही मानवीय और मूल्यवान है, और जो इसकी पक्षधरता नहीं करता, उसके आस-पास चकाचौंध कर देने वाला कितना ही तेजस्वी प्रभामंडल क्यों न हो, वह मानव विरोधी है—त्याज्य है।

लेकिन इस संबंध में एक बात जो कभी भुलायी नहीं जानी चाहिए वह यह कि एक रचनाकार की मानवीय पक्षधरता विचार और व्यवहारगत न होकर अनुभवात्मक होती है। यह जरूरी है कि उसकी पक्षधरता आरोपित न हो। रचना में यह पात्र परिस्थिति के संघर्ष और सामंजस्य की तार्किक परिणति के रूप में आये। उसमें आने वाले विचार अनुभव प्रसूत हों, संयोग से 'अपने लोग' का कथानायक प्रमोद एक रचनाकार के रूप में मनुष्यता का पक्षधर है लेकिन वह अपनी इस पक्षधरता से पूरी तरह संतुष्ट नहीं हो पाता—"कभी-कभी तड़प होती रही है कि काश मैं इस मिट्टी में उतर कर इस मिट्टी की गरीबी के विरुद्ध सक्रिय संघर्ष कर पाता। साहित्य के माध्यम से तो यह संघर्ष उभारने की कोशिश करता रहा हूं, लेकिन साहित्य का संघर्ष काफी नहीं है।"[1] जल टूटता हुआ के अमलेशजी अपनी उच्चकोटि की साहित्यिक सांस्कृतिक अभिरुचि के बावजूद अपने आपको दीनदयाल की धूर्त्तता से नहीं बचा पाते। अमलेशजी यह कहते ही रह जाते हैं—"हिम्मत हो तो आ जाओ किसी भी मैदान में—साहित्य पर बहस कर लो···।"[2] लेकिन इससे उनकी स्थिति में कोई फर्क नहीं पड़ता। इसका अर्थ यह नहीं कि रामदरश मिश्र सामाजिक संघर्ष में साहित्य की कोई भूमिका ही स्वीकार नहीं करते। यहां उनका संकेत इस तथ्य की ओर है कि बड़ी से बड़ी क्रांतिकारी कलाकृति भी क्रांति की समानार्थ नहीं हो सकती। उसकी भूमिका बड़ी महत्त्वपूर्ण होती है। लेकिन उसका प्रभाव सीधा न होकर परोक्ष होता है। इस परोक्षता का संबंध सीधे-सीधे साहित्य की रूपगत मर्यादा से है। यही वह सीमा रेखा है जहां कभी-कभी रचनाकार के अन्वेषण की दिशा और आलोचक के आग्रहों के बीच टकराहट की स्थिति पैदा हो जाती है।

प्रत्येक रचना रूप के कुछ सामान्य लक्षण होते हैं। संवेदनात्मक दृष्टि और तदनुरूप शिल्प संधान की कुछ निश्चित दिशाएं होती हैं। एक श्रेष्ठ रचनाकार अनुभव और शिल्प की इन मर्यादाओं में बंधकर नहीं रह जाता। एक स्तर पर

1. अपने लोग, पृ० 360
2. जल टूटता हुआ, पृ० 101

जहां वह इनसे जुड़ा होता है, वहीं दूसरे स्तर पर यह इनके अतिक्रमण के द्वारा अपनी विशिष्ट पहचान बनाता है। हम यहां रामदरश मिश्र के उपन्यासों के इन रचनात्मक बिंदुओं को तलाश करेंगे जो उन्हें यथार्थ बोध और मानवीय अर्थवत्ता की पहचान के स्तर पर वैशिष्ट्य प्रदान करते हैं। आंचलिकता के चालू मुहावरे से हटकर एक रचनात्मक के रूप में उनकी अलग पहचान बनाते हैं।

मिश्रजी के उपन्यासों में आने वाला गांव सामान्य न होकर विशिष्ट है। वह पूर्वी उत्तर प्रदेश के ऐसे भू-भाग से संबंधित है जो अपनी भौगोलिक स्थिति के कारण नदियों से घिरा हुआ है। इन नदियों का पानी इस भू भाग के लिए जीवनदायी तत्व बन सकता था, लेकिन हुआ यह है कि वह बाढ़ बनकर आता है और खेतों में खड़ी फसलों को अपने साथ बहा ले जाता है। वहां के लोगों को बेघर और बेसहारा बना जाता है। जो समस्या 'पानी के प्राचीर' की है, लगभग वही समस्या 'जल टूटता हुआ' की है। इन दोनों उपन्यासों की समस्या और उसके समाधान की खोज की दिशा में जो अंतर दिखायी देता है वह समय के साथ बनते-बिगड़ते नये सामाजिक, राजनीतिक, समीकरणों ने उपस्थित किया है। दोनों ही उपन्यासों के केंद्र में कछार के अभावग्रस्त जीवन की करुण स्थितियों के बीच से उभरकर लेखक की चेतना पर बार-बार एक ही सवाल दस्तक देता है। वह यह कि इस शोषित और वंचित मनुष्यता को इस घोर लज्जाजनक गरीबी से मुक्ति कैसे मिलेगी? कब मिलेगी?

व्यवस्था का नागपाश और अमानवीयकरण की प्रक्रिया—इस स्तर पर उनका पहला उपन्यास 'पानी के प्राचीर' हमें एकदम आश्वस्त नहीं करता। उसमें शोषित समाज की पीड़ा का मर्म तो है लेकिन "पांडे पुरवा के लोग उन ताकतों को पहचानने की प्रतीति नहीं कराते जो उनका शोषण करती हैं। इस पहचान के अभाव में ही लोगों के मन में उनके प्रति तीव्र घृणा या आक्रोश का भाव पैदा नहीं हो पाता। ऐसी स्थिति में उन शक्तियों के प्रतिकार की प्रभावशाली भूमिका भी निर्मित नहीं हो पाती।"[1] उपन्यास में संघर्ष तो है लेकिन वह लगभग गंवई लड़ाई के स्तर पर ही चित्रित हुआ है। कथानायक नीरू के पिता सुमेश पांडे के लिए कहा गया है—"यह मजबूरियों से घिरा होने के नाते वर्तमान को ही देख पाता था। भविष्य के प्रति उसकी दृष्टि हमेशा सजग नहीं रह पाती थी। हर बार वर्तमान की छोटी उपलब्धियां भविष्य की बड़ी संभावनाओं का तिरस्कार कर देतीं।"[2] यह कथन जैसे गांव के सभी लोगों के लिए सही ठहरता है। नेता गनपति को इस बात की जानकारी है कि "अंगरेज सरकार ने भाई-भाई के बीच फूट डाल

1. रामदरश मिश्र के उपन्यास, पृ० 57
2. पानी के प्राचीर, पृ० 24

रखा है, यह जमींदार-आसामी का फर्क बना रखा है'''इस अंगरेज सरकार ने हमारी जिंदगी पायमाल कर दी है।"[1] लेकिन उनकी यह जानकारी विचार के धरातल पर ही रहती है, वह जीवन-व्यापारों के बीच से फूटकर अनुभव के धरातल पर नहीं आ पाती।

लेकिन शायद आलोचकीय दृष्टि की एक मर्यादा यह भी होती है कि वह व्यक्ति या समाज-जीवन की किसी सच्चाई को, उसके किसी अंश को उसी रूप में चित्रित देखना चाहती है जिस रूप में उसने उसकी धारणा बना ली है। यदि रचनाकार का कोई विचार उसकी रचना में अनुभव के स्तर पर व्यक्त न हो सके तो इस असंगति को आसानी से पहचाना जा सकता है। लेकिन उसके रचनात्मक अनुभवों में अंतर्निहित दृष्टि को, रचनाकार के संवेदनात्मक उद्देश्य को पहचान पाना उतना आसान नहीं हो पाता। 'पानी के प्राचीर' में व्यवस्था के खिलाफ सीधी कार्यवाही के रूप संघर्ष का चित्रण लेखक को अभिप्रेत नहीं है। उसका संवेदनात्मक उद्देश्य कुछ दूसरा ही है—कहना न होगा कि वह अधिक गहरा है और उसकी व्यंजना भी अधिक सांकेतिक रूप में हुई है। उपन्यास का कथानायक नीरू "सोच रहा है मगर उसके सोचने से क्या होता है? प्रवाह तो अपने रास्ते चला जा रहा है। वह सोचता है—इसे रोकना है।"[2] इस आतंककारी अमानवीय प्रवाह ने नीरू के जीवन को तबाह कर दिया है—"उसके मन में सत्य और कल्पनाओं की एक भीड़ खड़ी हो गयी है। खेत सब मुखिया के पेट में चले गये। घर के सामान कस्बे के बनिए ने खा डाले। चारों ओर से कर्ज दहाड़ रहा है।"[3] हर स्तर पर अन्याय और शोषण की यातनाओं को झेलनेवाला नीरू जमींदार गजेन्द्रसिंह की नौकरी करते हुए अपनी और अपने साथ ही अपने वर्ग की यातनाओं के मूल तक पहुंच जाता है। वह देखता है "गुलाब के फूलों की लाली हवेली के पीछे मुस्करा रही थी, रंग रही बगीचे के आंचल को ...... और ...... और हवेली के सामने किसानों की पीठ पर रक्त की चिपचिपाहट धूप में चिलचिला रही थी।"[4] नीरू देखता है कि किसानों की पीठ पर कोड़े बरसाने वाले गजेन्द्रसिंह के सिपाही भी किसानों के ही बेटे हैं। "वह सोच रहा था ये सिपाही भी कितने जानवर हो गये हैं? घर के गरीब मजदूर किंतु जैसे जमींदारी प्रथा ने इन पर जादू करके इन्हें अपना बना लिया है। और ये नहीं सोचते कि गरीब किसानों की बहू-बेटियों या

---

1. पानी के प्राचीर, पृ० 184
2. वही, पृ० 3
3. वही, पृ० 74
4. वही, पृ० 220

खुद किसानों पर जो अत्यांचार करने हैं वह खुद अपने पर कर रहे हैं।"[1]

आघातजनक बात तो यह है कि इतने गहरे सामाजिक विवेक और यथार्थ की इतनी सही पहचान के बावजूद एक क्षण ऐसा आता है जब जमींदार की नौकरी करते हुए नीरू भी शोषण के उस यंत्र का पुर्जा बन जाता है। 'पानी के प्राचीर' में जिस भू भाग की व्यथा-कथा मिश्रजी कह रहे हैं, उसमें पहले तो ऐसे लोग हैं ही नहीं जो अपनी यातनाओं को जन्म देने वाली व्यवस्था के असली चेहरे को पहचानते हों और जो हैं भी—जैसे कि नीरू—उन्हें वह सत्ता और संपत्ति के नागपाश में बांधकर एक ओर डाल देती है। उनके अंदर की मानवीय संवेदनशीलता के स्रोत को सोख लेती है। यह बात नहीं कि नीरू अपने आपको इस पकड़ से मुक्त न कर लेता हो, लेकिन यह होता है बहुत बड़े आत्मसंघर्ष के बाद। उ के बाद नीरू के प्रयत्नों का एक ही लक्ष्य हो सकता था और वह था व्यवस्था के आमूल बदलाव के लिए संघर्ष की नयी दिशा का संधान। लेकिन शताब्दियों की परतंत्रता के बाद मिलने वाली आजादी लोगों में नयी चेतना पैदा करती है, नयी उमंग जगाती है। ऐसी परिस्थिति में नीरू की दृष्टि से वह प्रश्न कुछ समय के लिए ओझल हो जाता है जिसे लेकर वह अब तक अपने आपसे और व्यवस्था से जूझता रहा। देश की आजादी एक विराम है, उस संघर्ष के लिए जिसका चित्रण रचनाकार अपनी अगली कथाकृति 'जल टूटता हुआ' में करता है।

व्यवस्था के आमूल बदलाव के लिए संघर्ष और व्यक्ति मन के अंतर्निषेध—बदलाव की कामना एक बात है लेकिन भीतरी तथा बाहरी अवरोधों से जूझते हुए आगे के पथ का संधान करना दूसरी बात है। मिश्रजी उन लोगों में से नहीं हैं जो समस्या का सरलीकरण करके अपने अंतर्द्वंद्व और बाह्य संघर्ष से मुक्ति पा लेते हैं। वे समस्या को बढ़ा-चढ़ाकर या अकारण उलझाकर भी प्रस्तुत नहीं करते। वे अनुभव और विचार दोनों ही स्तरों पर अपने सृजन के दायित्व की गंभीरता का निर्वाह करते हैं। वे गांव के (और भारत गांवों का देश तो है ही) ऐसे लोगों की मानवीय चिंता और उनके मानवीय संघर्ष को रूपायित कर रहे हैं जिनके पास अपनी एक परंपरागत दृष्टि भी है। वे भले ही चिंतन के स्तर पर उस परंपरा से जुड़े न हों, लेकिन उनके संस्कार बड़ी दूर तक उनकी समझ और सोच की दिशा का निर्धारण करते हैं। मनुष्यता के हित में चलने वाला संघर्ष अनेक स्तरों पर लड़ा जा रहा है, वह अनेक दृष्टियों से अपने-आपको संवर्धित कर रहा है। हमारे यहां कम से कम दो दृष्टियां तो क्रियाशील हैं ही—गांधीवादी और मार्क्सवादी। हम एक को अध्यात्मवादी कह सकते हैं और दूसरी को भौतिकवादी। 'जल टूटता हुआ' का कथानायक अपने संघर्ष की दिशा निर्धारण में एक गहरे अंतर्विरोध में

1. पानी के प्रचार, पृ० 222

फंसा दिखायी देता है। एक स्तर पर वह आत्म-पीड़ा और आत्मदान के पथ पर चलकर अपने लक्ष्य तक पहुंचने की बात सोचता है। "नहीं वह सत्य का पक्ष नहीं छोड़ेगा, चाहे कितने ही खतरे उठाने पड़ें, उसे टूट ही क्यों न जाना पड़े, देश में और लोग भी हैं जो इस पथ से चल रहे हैं, वह परगना हाकिम, कलक्टर साहब सभी तो इस पथ पर हैं।[1] लेकिन दूसरे स्तर पर वह बड़ी बेचैनी के साथ अनुभव करता है कि सामाजिक न्याय की इस समस्या को नीति या निष्ठा के स्तर पर नहीं सुलझाया जा सकता। यह बात नहीं कि ऐसे परगना हाकिम या ऐसे कलक्टर हमारे बीच हैं ही नहीं जो सतीश की तरह ही प्रलोभनों और आकर्षणों से दूर रहकर अपनी ईमानदारी की बड़ी से बड़ी कीमत चुकाने को तैयार रहते हैं। लेकिन कानून और कर्तव्यपरायणता से उस सच्चाई को कैसे झुठलाया जा सकता है, जिसके रहते सतीश अनुभव करता है कि "कागजी न्याय, पुलिस वगैरह झूठे झमेले हैं, जो कभी भी सत्य का पक्ष नहीं ले सकते, सब उलझाकर छोड़ देते हैं।"[2] सतीश यह समझ चुका है कि न्याय की लड़ाई अदालत में नहीं लड़ी जा सकती और न उसको लड़ने का वह तरीका हो सकता है जो उसका अपना है। इस लड़ाई का अंतिम फैसला जनता की अदालत में होगा और इसका कारगर तरीका वह होगा जो महीपसिंह के विरुद्ध जगपतिया ने अख्तियार किया था। यानी इसके लिए समानधर्मी लोगों को संगठित करना होगा और शोषण तथा दमन करने वाली ताकतों के विरुद्ध सीधी कार्यवाही करनी होगी। महीपसिंह और उस वर्ग के लोग उसी भाषा को समझते हैं जो जगपतिया की है। लेकिन फिर भी सतीश रचनात्मक स्तर पर पूरी तरह जगपतिया के साथ जुड़ नहीं पाता। यह नहीं कि वह वर्ग-संघर्ष की सच्चाई और उसकी क्रांतिकारी भूमिका से अपरिचित हो। उसमें उसके जुड़ने की गहरी चाह भी है। लेकिन जैसे कोई भीतरी दबाव उसे उस दिशा में आगे बढ़ने से रोक देता है। यह दबाव उसके अपने संस्कारों का है जो उसे अपनी परंपरा से या कहें कि अपने पिता से उत्तराधिकार के रूप में प्राप्त हुआ था। विरोधाभास यह है कि अपने पिता के परंपरागत दाय को भी वह पूरी तरह स्वीकार नहीं कर पाता। संघर्ष की दिशा में आगे बढ़ने की बेचैनी और अंतर्निषेधों से ग्रस्त होकर अपने आत्मबद्ध चिंतन के घेरे से बाहर न निकल पाना सतीश के जीवन की एक बहुत बड़ी विडंबना है। क्या यह आत्म-संघर्ष प्रकारांतर से समग्र भारतीय जनमानस के आत्म-संघर्ष का परिचायक नहीं है।

राजनीतिक विवेक—समाजवाद के प्रति आस्था :—"अपने लोग" में जो सामाजिक-राजनीतिक परिप्रेक्ष्य उभरकर सामने आया है वह हर स्तर पर नैतिक

---

1. जल टूटता हुआ, पृ० 514
2. वही, पृ० 449

विघटन की सूचना देता है। जैसे पूरी की पूरी व्यवस्था कुछ चालाक और अवसरवादी लोगों के इशारे पर नाच रही है। चारों ओर फैली मूल्यगत अराजकता के इस माहौल में वे लोग ही फूल-फल रहे हैं जो दूसरों का खून चूसकर मोटे होते रहने में माहिर हैं या दूसरों की झोंपड़ी उजाड़कर अपना महल बना लेने में किसी प्रकार की नैतिक बेचैनी का अनुभव नहीं करते। ये सारी स्थितियां कथानायक प्रमोद को न केवल मानसिक स्तर पर बेचैन बनाती हैं, बल्कि कर्म और चिंतन के धरातल पर गहरे संघर्ष के बाद उसे इस आत्मस्वीकार की ओर ले जाती हैं कि व्यक्ति और समाज को इन स्थितियों से बाहर निकालने का एकमात्र रास्ता समाजवाद है। संयोग से प्रमोद एक रचनाकार भी है और अपनी रचनाओं में वह उन्हीं मूल्यों की स्थापना के लिए संघर्षशील है जो शोषित मनुष्यता की पक्षधरता करते हैं। उसके प्रगतिशील चिंतन का आदर्श ऐसे सामाजिक संघर्ष की भूमिका का निर्माण करना है जो मानव-मुक्ति का मार्ग प्रशस्त कर सके। प्रमोद जानता है कि यह लड़ाई अकेले हाथों नहीं लड़ी जा सकती। इसके लिए एक सामाजिक राजनीतिक संगठन का होना निहायत जरूरी है। लेकिन संगठन के साथ जुड़ने के सवाल पर एक रचनाकार के रूप में उसका मन द्विधाग्रस्त दिखायी देता है। उसे डर है कि राजनीतिक संगठन कहीं उसकी लेखकीय स्वतंत्रता को मर्यादित न कर दे। उसका यह संदेह संभवत: उन कठमुल्ले साम्यवादियों की बहसों से जन्मा है जिन्हें न जिंदगी का अनुभव है, न मार्क्सवाद के सिद्धांतों की पहचान। लेकिन एक लंबे अंतर्द्वंद्व के बाद एक व्यावहारिक शर्त के साथ वह अपने आपको साम्यवादी पक्ष के साथ जोड़ लेने को तैयार हो जाता है। शर्त यह कि वह साम्यवादी पक्ष उन लोगों का नहीं होगा जिनके लिए मार्क्सवाद केवल एक फैशन है जो शहर के कॉफी हाउसों में बैठकर केवल शाब्दिक बहस ही कर सकते हैं और कुछ भी नहीं कर सकते। वह पक्ष कामरेड जनार्दन जैसे लोगों का होगा जो मार्क्सवाद को जनता में जीवित करना चाहते हैं। जो किसानों और मजदूरों के बीच रहते हैं। उनके अधिकारों के लिए लड़ते हैं, उन्हें जगाते हैं, पढ़ाते हैं, लिखाते हैं।"[1] इसलिए अपने पुत्र पवन को साम्यवादी पक्ष के साथ जुड़ते देखकर प्रमोद उससे कहता है—"कभी-कभी तड़प होती है कि काश मैं इस मिट्टी की गरीबी के विरुद्ध सक्रिय संघर्ष कर पाता। मैं सक्रिय संघर्ष नहीं कर सकता यह मेरी सीमा है, इसलिए वह चाह लिये मैं बराबर तड़पता रहा हूं। वह चाह तुम्हारे माध्यम से अभिव्यक्ति पा ले, तो मुझे परम तृप्ति होगी।"[2]

हालांकि किसी पात्र की मान्यताओं को ज्यों की त्यों रचनाकार की मान्य-

---

1. अपने लोग, पृ० 373
2. वही, पृ० 361

ताओं के रूप में स्वीकार कर लेना उचित नहीं माना जा सकता, लेकिन प्रमोद की उपर्युक्त मन:स्थिति और उसमें उद्भूत चिंतन में लेखक की अपनी मान्यताओं और आस्था की अनुगूंज आसानी से सुनी जा सकती है। 'आकाश की छत' में रचनाकार का यह चिंतन कर्म के रूप में अपनी सक्रियता ग्रहण करता है। 'अपने लोग' में जिस आदर्श की कल्पना की गयी थी, वह 'आकाश की छत' में एक अमूर्त्त वास्तविकता बनकर आयी है। यहां कामरेड जगत जनता के बीच रहकर उसकी इच्छा, आकांक्षा और सपनों से अपने आपको जोड़कर मानवीय अधिकारों के लिए चलने वाले जन-संघर्ष को उसकी तार्किक परिणतियों तक ले जाने के लिए जन शक्ति को संगठित और संचालित कर रहे हैं।

'पानी के प्राचीर' और 'जल टूटता हुआ' में गजेन्द्रसिंह और महीपसिंह जैसे क्रूर जमींदारों के यहां नौकरी करते हुए नीरू और सतीश किसानों के साथ अपेक्षाकृत रहमदिली का व्यवहार करते हैं। उनके इस मानवीय व्यवहार के कारण हम उनके प्रति अंदर ही अंदर कृतज्ञता से भर उठते हैं। उन दोनों का यह बड़ा संवेदनशील और मानवीय रूप हमें दूर तक प्रभावित करता है। 'आकाश की छत' के बिरजू भैया भी सेठ की नौकरी करते हुए सेठ के कर्जदारों के प्रति बड़ी नरमी से काम लेते हैं। अपनी इसी मानवीय उदारता के कारण वे मजदूर वर्ग में सम्मान के अधिकारी बन जाते हैं। लेकिन कामरेड जगत को बिरजू का यह मानवतावाद बिलकुल प्रभावित नहीं करता। इस संदर्भ में वे कुछ-कुछ निराशामिश्रित रूखेपन से कहते हैं—"हां लेकिन इस प्रकार की उदारता भी सामंती है।"[1] हालांकि यह कटु सत्य है, लेकिन इसे झुठलाया नहीं जा सकता कि इस प्रकार की करुणा और मानवतावाद से गरीबों और शोषितों की स्थिति नहीं बदली जा सकती। गरीबों और मजदूरों का खून चूसने वाले सेठ चोकरमल की हत्या से भी वस्तुस्थिति में कोई खास फर्क नहीं पड़ सकता। इस संदर्भ में कामरेड जगत की मान्यताओं में किसी प्रकार की द्विधा नहीं है। वे यश के समक्ष अपनी स्थिति स्पष्ट करते हुए कहते हैं—"सेठ को मारने से कुछ नहीं होगा, दूसरा सेठ पैदा होगा। हमें तो उस व्यवस्था को खत्म करना होगा जिसमें सेठ पैदा होते रहते हैं।"[2] 'आकाश की छत' में प्रकट होने वाली ये धारणाएं मिश्रजी की राजनीतिक प्रतिबद्धता के संबंध में संदिग्धता के लिए अवकाश नहीं छोड़तीं। उनकी इन राजनीतिक मान्यताओं के पीछे उनके आज तक के जीवन और रचना के विवेक का बल है। यह सच है कि मिश्रजी ने अपने कुछ कुटिल और क्रूर पात्रों का हृदय परिवर्तन कराया है। 'जल टूटता हुआ' दीनदयाल और 'अपने लोग' के सूर्यकुमार को इस संबंध में खासतौर से याद

1. आकाश की छत, पृ० 67
2. वही, पृ० 63

किया जा सकता है। लेकिन इतने भर से उन्हें गांधीवादी नहीं कहा जा सकता। यहां जो विशेष रूप से ध्यान रखने जैसी है, वह यह कि युग की किन्हीं महत्त्वपूर्ण सामाजिक आर्थिक समस्याओं के समाधान की खोज के रूप में वे अपने पात्रों का हृदय परिवर्तन नहीं कराते। उसका प्रभाव-क्षेत्र बहुत सीमित होता है। मिश्रजी ने प्राय: अपने सभी उपन्यासों में समाज की वर्गीय संरचना को स्वीकार किया है। वर्ग-संघर्ष में उनके दृष्टिकोण की हम पहले ही चर्चा कर चुके हैं। उनकी यह मान्यता है कि संपत्ति के संचय का एकमात्र आधार शोषण है, उनके प्राय: सभी उपन्यासों में एक स्थायी धारणा के रूप में व्यक्त होती रही है।

'पानी के प्राचीर' का नीरू हुरदरेव राय को लेकर सोचता है—'चूसना, चूसना और चूसना ही इन लोगों का काम है। इसलिए जवार के बड़े आदमी बने हुए हैं।"[1]

महीपसिंह के यहां नौकरी करते हुए सतीश ने भी "जैसे एक नयी दुनिया देखी···एक दुनिया जिसका रंग किसानों और मजदूरों की चीख-चिल्लाहटों के कंधों पर खड़ा था। जिसके कमल इन गरीबों के पसीने के कीचड़ में खिले थे, जिसका प्रकाश गरीबों की हड्डियों की रगड़ से फूटा था।"[2]

'बीच का समय' जिसकी संवेदना के केंद्र में दो युवा हृदयों के गहन आकर्षण से उद्भूत पीड़ा और बेचैनी का अनुभव ही है, सामाजिक सच्चाइयों के कुछ महत्वपूर्ण बिंदुओं का भी स्पर्श कर लेता है। देश के बहुत बड़े औद्योगिक शहर अहमदाबाद में साबरमती के तट पर बैठकर कथानायक शील सोचता है। यहां "एक बजबजाती हुई नंगी हवा घूमती है--सड़े नाबदानों से, खुले पाखानों से, संकरी गलियों से—और आकर टूटे कमरे में थककर बैठ जाती है, और उदास आंखों से घूमती है चूल्हे की ओर···और उधर हवा थिरकती चलती है रेशमी आंचल की तरह चिकनी फर्शों पर कारों सी फिसलती चली आती है और शाम को एक रंगीन आलीशान मकबरे में बैठकर अपनी सांसों में गरमाती है विस्तरों को।"[3]

इसी बात को 'अपने लोग' का प्रमोद अधिक सीधी शब्दावली में कुछ अधिक साफ ढंग से प्रस्तुत करता हुआ कहता है "जहां कहीं वैभव है, वहां उसके नीचे एक उजड़ा हुआ जीवन दबा पड़ा है, वैभव की कल्पना गरीबों के जीवन के उजाड़ के बिना हो ही नहीं सकती।"[4]

पात्रों के चरित्र निर्माण में भी मिश्रजी ने उनके वर्गीय वैशिष्ट्य को विशेष

---

1. पानी के प्राचीर, 144
2. जल टूटता हुआ, पृ० 113
3. बीच का समय, पृ० 46
4. अपने लोग, पृ० 229

रूप से रेखांकित किया है। खासतौर से उनके नारी पात्रों में सामाजिक दायित्व के पक्ष से लेकर प्रेम के व्यक्तिगत धरातल तक श्रमिक वर्ग की नारियां अधिक संघर्ष-शील दिखाई देती हैं। वह चाहे बिंदिया हो या लवंगी, इमरतिया हो या रूपमती इस वर्ग की हर स्त्री जीवन संघर्ष के स्तर पर अधिक ऊंची नीतिमत्ता उदारता और मानवीय संवेदनशीलता का परिचय देती है। वह परिस्थितियों के सामने झुकती नहीं; उनका डटकर मुकाबला करती है। ये सभी श्रमिक होने के साथ ही तथा-कथित छोटी जाति की नारियां हैं। लेकिन ये बड़ी जातियों के 'बड़प्पन' के खोखला-पर को बखूबी जानती हैं। बिंदिया सोचती है—'कैसे हैं ये बामन कुत्ते। रात में विष्टा तक खा लेंगे और दिन में ओठों पर पान की पीक पोतकर महकने की कोशिश करते हैं।'[1] 'जल टूटता हुआ' की बदमी चुनौती के स्वर में कहती है—"यह गिरने गिराने का काम आप लोगों के घरों की बामनियां करती हैं, मुझसे किसी के घर का कुछ छिपा नहीं है।"[2] 'आकाश की छत' की रूपमती में एक गहरे आत्म-विश्वास का भाव है, जो एक श्रमिक नारी की आत्म-निर्भरता से ही जन्म ले सकता है। वह कामरेड जगत से कहती है—"मैं बकरी बनकर रहने वाली बड़ी जातियों की औरत नहीं हूं। मैं अपने हाथों के बल पर जी सकती हूं।"[3] 'सूखता हुआ तालाब' की चिनैया का संकल्प उसकी अपराजेय संघर्षशील चेतना का परिचायक है।

मिश्रजी के बड़े उपन्यासों—'पानी के प्राचीर', 'जल टूटता हुआ', 'अपने लोग' और 'आकाश की छत' के पात्रों के जीवन-संघर्ष का स्वरूप बहुस्तरीय है। वह युग की सामाजिक, आर्थिक और राजनीतिक शक्तियों से प्रभावित तो होता ही है, अनेक स्तरों पर उन्हें प्रभावित भी करता है, कभी-कभी उनके प्रवाह की दिशा भी बदलता है। लेकिन उनके छोटे उपन्यासों—'बीच का समय', 'सूखता हुआ तालाब' और 'रात का सफर' का द्वंद्व कुछ भिन्न प्रकार का है। परिस्थितियों का दबाव यहां भी है, लेकिन उनके प्रतिकार का रूप सामूहिक न होकर वैयक्तिक है। यहां भी व्यक्तिगत पीड़ा के विशिष्ट संदर्भ में भी युग की व्यापक सच्चाइयों के कुछ ऐसे महत्त्वपूर्ण संकेत उभर आते हैं कि वे युग जीवन की किसी असंगति या अन्तर्विरोध की समझ या समीक्षा बन जाते हैं। यहां प्रतिकार का तरीका भी अलग प्रकार का है। वह जीवन की असंगतियों या अमानवीय स्थितियों का विवेक-पूर्ण अस्वीकार होता है। यह जितना मूल्यगत होता है उपन्यास में उसकी उतनी ही कलागत अनिवार्यता भी होती है। 'सूखता हुआ तालाब' की चिनैया उस गांव

---

1. पानी के प्राचीर, पृ० 50
2. जल टूटता हुआ, पृ० 531
3. आकाश की छत, पृ०

को छोड़कर चल देती है जिसने उसे 'बेस्सा' बनाकर छोड़ दिया था। 'रात का सफर' की ऋतु अपने भ्रष्ट और अनैतिक पति के गाल पर एक तमाचा मारकर अपनी छाती पर रखे बोझ से हमेशा के लिए मुक्ति पा लेती है। 'बीच का समय' के शील का अस्वीकार—रीता को छोड़कर गांव चले जाना जैसे एक मधुर किंतु फिसलने वाली ढलान से अपने-आपको रोककर गांव की खुरदरी जिंदगी की सीधी चढ़ान की ओर वापसी है। छोटे उपन्यासों के पात्रों की यह अस्वीकृति हर स्तर पर हर हालत में जीवन संघर्ष की स्वीकृति की सूचक होती है। अन्ततः इसके व्यक्तिगत संदर्भ की परिणति किसी व्यापक सामाजिक सत्य के उद्घाटन में होती है।

निष्कर्षतः कहा जा सकता है कि मिश्रजी ऐसे रचनाकार हैं जिन्हें गांव की मिट्टी से गहरा प्रेम है, जिन्हें वहां के नदी-तालाबों, खेत-खलिहानों, बाग-बगीचों, तीज-त्योहारों, मेलों-दशहरों के प्रति गहरा आकर्षण है। लेकिन इन सबके प्रति उनके लगाव का एक मात्र कारण यह है कि ये सब उस मनुष्य के साथ जुड़े हुए हैं, जिस पर प्रकृति और व्यवस्था की दुहरी मार पड़ रही है। उनके श्रेष्ठ उपन्यासों को आंचलिक उपन्यास की श्रेणी में रखा जा सकता है, लेकिन आंचलिक तत्वों के प्रति गहरे आकर्षण के बावजूद अपनी कथा-कृतियों में मिश्रजी उस मनुष्य की केन्द्रीय स्थिति को अपनी दृष्टि से ओझल नहीं होने देते, जिसकी यातनाओं के मूल में वर्ग विभक्त समाज की अच्छाइयां हैं। मिश्रजी का मानना है कि सम्पत्ति का संचय शोषण से होता है। इसी से अभाव और गरीबी जन्म लेती है। लेकिन गांव के जीवन के यथार्थ का एक छोर भारतीय समाज की वर्ण-व्यवस्था से भी जुड़ा हुआ है। इसने अछूत समझे जाने वाले मनुष्य की यातनाओं को और भी बढ़ाया है। मिश्रजी ने खास-तौर से इस तथ्य को रेखांकित किया है कि इस वर्ण-व्यवस्था के मूल में भी सम्पत्ति और उत्पादन के साधनों का असमान और अन्यायपूर्ण वितरण है। उनका मानना है कि शोषित और दलित मनुष्यता की मुक्ति का मात्र रास्ता वर्ग-संघर्ष है। इस संघर्ष में दलित वर्ग की भूमिका अधिक नियामक होगी। लेकिन वे यह भी मानते हैं कि वर्ग-संघर्ष और समाजवाद का रास्ता आसान नहीं है। यह एक सीधी चढ़ान है जिस पर व्यक्ति के भीतरी और व्यक्तिगत स्वार्थों की खतरनाक फिसलनें हैं। लेकिन फिर भी उनके पात्र अपने भीतरी और बाहरी अवरोधों से टकराते हुए इस रास्ते पर आगे बढ़ते हैं।

अपने अनुभव की आंतरिक जरूरत के रूप में मिश्रजी ने आंचलिक शिल्प स्वीकार किया है। यह कला रूप उन्हें जीवन के विविध स्तरीय यथार्थ को उसकी समग्रता में देखने-समझने की छूट देता है। बिखराव वाले शिल्प को उन्होंने कुशलता से साधा है, क्योंकि वे जिंदगी को टुकड़ों में बांटकर नहीं देखते। उन्हें

युग के गतिशील यथार्थ के विविध तत्वों के अन्तःसम्बन्धों की गहरी पहचान है। यह पहचान ही उनके बहुस्तरीय अनुभव को रचनात्मक संयोजन प्रदान करती है। सैद्धान्तिक दुराग्रहों से बचकर जीवन के प्रगतिशील तत्वों की रचना में अनुभव के स्तर पर उद्घाटित कर सकने की अपनी उच्च-कोटि की सर्जनात्मक प्रतिभा के कारण समकालीन हिंदी उपन्यासकारों में मिश्रजी अपनी अलग पहचान बनाते हैं।

पानी के प्राचीर : अभावग्रस्त गांव के संघर्षशील लोगों की जीवन-गाथा

रामदरश मिश्र के आंचलिक उपन्यास **पानी के प्राचीर** में जीवन और कला-रूप के अन्वेषण की नयी आत्म-चेतना के दर्शन होते हैं। उपन्यास में पूर्वी उत्तर प्रदेश के एक अभावग्रस्त गांव की संघर्षशील चेतना को अपेक्षाकृत अधिक ठोस सामाजिक, राजनीतिक स्थितियों के आधार पर मूर्त्त अनुभव-बिम्ब के रूप में प्रस्तुत किया गया है। यही कारण है कि **पानी के प्राचीर** में प्राचीरों से घिरे होने के बावजूद अंधेरे बन्द कमरे की घुटन और कुंठा नहीं है। बल्कि उसमें जिन्दगी के वैविध्य और विस्तार तथा उसके अनेक अन्तर्विरोधी तत्वों की द्वन्द्वात्मक गतिशीलता का चित्रण हुआ है। गांव के तीज-त्योहार, गीत-संगीत, प्रकृति-चित्र आदि को आंचलिक उपन्यास के रचना-विधान की अनिवार्य शर्त के रूप में स्वीकार किया गया है। ये सभी तत्व **पानी के प्राचीर** में भी हैं लेकिन ये यहाँ आंचलिकता की औपचारिकता के निर्वाह के बाह्य उपकरण के रूप में न आकर गांव के जीवन की आन्तरिक ऊष्मा और लय को व्यक्त करने वाले तत्वों के रूप में आये हैं।

पांडेपुरवा एक ऐसा ही गांव है जो चारों ओर से विभिन्न नदियों की धाराओं से कुछ इस प्रकार घिरा हुआ है कि उसका बाहर की दुनिया के साथ कोई जीवन्त और रचनात्मक सम्बन्ध नहीं रह गया है। बंधे हुए जल की भांति गाँव का जीवन ठहर गया है। एक-दूसरे से कटे और विरोधात्मक सम्बन्धों में बंधे गांव के सभी लोग कभी-कभी कुछ विरल क्षणों में एक इकाई भी बन जाते हैं, पर ऐसा किसी बाहरी संकट के अवसर पर ही होता है। गांव के सभी लोगों की स्थिति **नीरू** के पिता **सुमेश पांडे** जैसी ही है, जो "मजबूरियों से घिरा होने के नाते वर्तमान को ही देख पाता था, भविष्य के प्रति उसकी दृष्टि सदा सजग नहीं रह पाती थी। हर बार वर्तमान की छोटी उपलब्धियां भविष्य की बड़ी संभावनाओं का तिरस्कार कर देतीं।"

देश के सामान्य जन-प्रवाह से कटे होने के बावजूद राष्ट्रीय स्वतंत्रता संग्राम

सम्बन्धी गांधीजी का संदेश पांडेपुरवा में भी पहुंच जाता है। गांव में जुलूस निकलता है। जुलूस की अगुआई करते हैं गांव के ब्राह्मण टोली के नेता गनपति। उनके सहयोगी हैं—हरिजन नेता फेंकू, निरबल तेली, भीखम गड़ेरी और दधिबल यादव आदि। लेकिन गांव के इन नेताओं और सामान्य लोगों में राष्ट्रीय जागरण के इस विराट अभियान की समझदारी कम, अपने आपसी वैमनस्यों को लेकर एक-दूसरे को नीचा दिखाने की प्रवृत्ति ही अधिक है। गांधीजी का सत्य, अहिंसा और निर्भयता का संदेश गांव के लोगों में कोई गहन आंतरिक प्रेरणा पैदा नहीं कर पाता। व्यवहार के स्तर पर नेताओं का जीवन भी गाँव के अन्य लोगों के समान ही ढुलमुल और निजी हानि-लाभ की धारणाओं से परिचालित है। बिंदिया को लेकर मुखिया इतना उग्र बन जाता है कि वह उस निरीह का घर ही उजाड़ डालता है। मलिन्द बिंदिया को अपनी जमीन में बसा लेता है, लेकिन इतना करने भर से हरिजनों पर होने वाले अत्याचारों की समस्या हल नहीं हो जाती। इसीलिए अवसर आने पर सुराजियों की सभा में वह इस समस्या को उठाते हुए कहता है, "हम बाहर के नेताओं को बुलाएँगे। मुखिया ने बिंदिया का घर उजाड़ दिया, कल दूसरे चमारों को उजाड़ फेकेंगे, परसों तीसरे को। यदि आपस में एकता नहीं रही तो आये दिन ये वारदात होते रहेंगे। पंचायत होनी चाहिए।"

इस पंचायत में सबसे अधिक निर्णायक भूमिका फेंकू की हो सकती थी। वह गांधीजी के विचारों का प्रचारक और प्रवक्ता है, साथ ही उस वर्ग का व्यक्ति जिसके अधिकारों के लिए संघर्ष की बात कही गई है। लेकिन वह जैसे इस समस्या की धार को ही कुंठित करते हुए कहता है—"बाबूजी, यह तो आशनाई का मामला है।"

गनपति की स्थिति भी फेंकू से अधिक भिन्न नहीं है। पट्टीदारी की वैमनस्यता को लेकर पांडेपुरवा दो लड़ाकू दलों में बंट जाता है। लाठी चलती है। लोग एक-दूसरे के खून के प्यासे होकर आपस में मरने-मारने को तैयार हो गये हैं। गनपति को जब गाँव की इस लड़ाई का पता चलता है तो वह दौड़ते हुए सभी सुराजियों—फेंकू हरिजन, निरबल तेली, भीखम गड़ेरी और दधिबल यादव को बुला लाता है। वह आपस में लड़ने वालों को गांधीजी की अहिंसा और प्रेम का संदेश देना चाहता है —"गांधीजी का आडर है कि सुराज लेने के लिए हम लोगों को एक होना होगा। जब हम लोग अपने ही गाँव में मेल नहीं करा पाएँगे तो सुराज कैसे मिलेगा ? चलो, चलो तिरंगा झंडा उठा लो और हम लोग गांधीजी की अहिंसा का उन्हें उपदेश दें।" और घटना-स्थल पर पहुंचकर गनपति व्याख्या देने लगता है—"अरे भाइयो ! गांधीजी का कहना कि आपस-आपस में भेद नहीं रखना चाहिए। पट्टीदारी, जाति-पांति और मजहब को भूलकर एक हो जाना चाहिए। सभी लोग भारत माता की संतान हैं। लड़ाई-झगड़ा बंद करो। अहिंसा करो। अहिंसा करो।" गनपति

की इस अप्रत्याशित भूमिका पर "लड़के हँसने लगे। कितने लड़ाकुओं को भी इस विषम स्थित पर हँसी आ गई। लेकिन झगड़ा चलता रहा। नेता गनपति बार-बार हाथ जोड़कर गांधीजी का नाम ले-लेकर उन्हें मनाते रहे, लड़के हँसते रहे।" लेकिन सुराज का आन्दोलन और गांधीजी का संदेश कितने ही विकृत रूप में पांडेपुरवा में क्यों न पहुँचा हो, स्थापित हितों के संरक्षकों के मन में गांधीजी और गांधीजी द्वारा संचालित स्वाधीनता संग्राम की सही परिणतियों के सम्बन्ध में किसी प्रकार की गलतफहमी नहीं है।

आर्थिक अभावों से जूझते हुए नई पौध के लड़के जब पढ़ने-लिखने के लिए गोरखपुर पहुँचते हैं तो उनका संस्कृत और अंग्रेजी ज्ञान उन्हें एक-दूसरे संदर्भ में फेंकू और गनपति की भूमिका में ला खड़ा करता है।

इस वातावरण में मलिंद एक ऐसा युवक है जिसकी शिक्षा-दीक्षा ने उसे अपने गांव की स्थितियों को समझने-परखने की विवेकपूर्ण दृष्टि प्रदान की है। वह अपने समाज की मूल असंगति को बड़े निर्विकल्प रूप से पहचानता है। "दुनिया भर के कायदे, कानून, रीति-रिवाज की जानकारी कर लूंगा और कर लिया है। और ये गांव की चारदीवारी में बंद रहने वाले बकरे हमारे कानून और सभ्यता की बहस करेंगे। ये गीदड़ मुझे उपदेश देंगे क्योंकि ये बाबा हैं, चाचा हैं और जाने क्या-क्या हैं साले ?" मलिंद जानता है कि सामाजिक स्तर पर उपेक्षित, अभावग्रस्त और दलित लोगों में समता और स्वाभिमान की भावना जगाना स्वराज्य आंदोलन का प्रमुख ध्येय है। किंतु विरोधाभास यह है कि इस स्तर पर उसे किसी का समर्थन नहीं मिलता—उनका भी नहीं जिनके लिए यह संघर्ष किया जा रहा है। फिर भी यदि मलिंद निराश नहीं होता तो इसलिए कि वह गांव के लोगों की मजबूरियों से परिचित है—"मलिंद समझ रहा था कि अभी गांव को आंदोलित करने में बड़ी देर लगेगी। छोटे-छोटे स्वार्थों में व्यस्त लोगों के मन में सही बात बहुत देर में उतरेगी। जाति-पांति, छूआछूत, ऊंच-नीच का भेदभाव अभी कसकर जकड़े हुए है। लोगों को और उसको जाने में समय लगेगा।" लेकिन वह इतना अवश्य जानता है कि "इसी तरह धीरे-धीरे फूंक मारते-मारते एक दिन आग अवश्य दहक उठेगी।" इतने पर भी मलिंद के इस सारे विवेक संतुलन और समझदारी का एक पढ़े-लिखे आदमी की बौद्धिक सहानुभूति से अधिक कोई मूल्य नहीं। वह अपने स्वार्थों को सिद्धांत का जामा पहनाना जानता है। दूसरों को अपने लिए इस्तेमाल कर सकता है। गांव के लोगों की आपसी लड़ाई में वह मुखिया और वैजू का सीधे-सीधे विरोध नहीं करता। मलिंद की प्रेरणा और अपने सहज विवेक से गांव के इन दो कुटिल व्यक्तियों का विरोध करते हुए नीरू के मन में मलिंद को लेकर एक शंका पैदा हो जाती है। वह यह कि "मलिंद उससे उस्तादी पढ़ रहा है। उसे भाड़ में झोंककर खुद तमाशा देख रहा है।" नीरू की

प्रतिभा और तेजस्विता को पहचानकर वह उससे कहता है—"तुम्हारा भविष्य उज्ज्वल है नीरू भाई। मुझसे जहां तक होगा तुम्हारे लिए मदद करूंगा।" लेकिन अभावों की मार से जर्जरित नीरू जब गोरखपुर पहुंचता है तो मलिंद जैसे उसे पहचानने से ही इंकार कर देता है। नीरू सोचने लगा कि क्या करूं? इतनी साध से इनके यहां आया था मगर इन्होंने तो बात भी नहीं पूछी मुझसे, "बात करने में भी जैसे इन्हें अपमान मालूम पड़ता है। गांव पर कितनी बड़ी-बड़ी बातें करने हैं, प्यार जताते हैं, मगर यहां एक बार भी घर चलने को नहीं कहा।" अंततः मलिंद एक अच्छा वकील बन जाता है। गांव में रहकर भी वह एक प्रकार से गांव के बाहर था, अब तो उसका गांव के साथ कोई रिश्ता ही नहीं रह जाता।

आर्थिक विषमताओं ने गांव के लोगों का जीवन भीतर तक कलुषित और विषाक्त बना दिया है उनमें से अधिकांश में प्रेम, करुणा, संवेदनशीलता और सौहार्द्र की वृत्तियां लुप्त हो गयी हैं। उनके छोटे-छोटे स्वार्थों ने उन्हें पूर्णतः आत्म-केंद्रित बना दिया है। उनकी दृष्टि को मर्यादित कर दिया है। अज्ञान और पाखंड, विद्वेष और विश्वासघात उनके स्वभाव और आचरण के स्थायी अंग बन गए हैं। छोटे-छोटे दायरों में बंटा हुआ गांव सामूहिक जड़ता और दिशाहीनता का प्रतीक बनकर रह गया है। लोगों के पास कोई ऐसा ध्येय, लक्ष्य और उद्देश्य नहीं है जो उन्हें एक गतिशील इकाई का रूप प्रदान कर उनकी सुषुप्त मानवता को जगा सके। इस अत्यधिक अमानवीय स्थिति-परिस्थिति के बीच अपने परिवेश की समग्र चट्टानी जड़ता को चुनौती देता हुआ, जीवन रस से ओत-प्रोत एक किशोर—नीरू सामने आता है जो हमें विश्वास दिलाता है कि आस्था और विश्वास की एक किरण अभी भी शेष है। या सारे अंधकार की कालिमा को चुनौती देता हुआ प्रकाश-पुंज ऊपर उभर रहा है। यह प्रकाश-पुंज गांव की नवीन चेतना है जो नये युग की चुनौतियों से उत्तेजना ग्रहण कर विकसित हो रही है।

नीरू पढ़ने में होशियार तो है ही उसमें गहरी मानवीय करुणा और उदारता भी है। वह दूसरों के दुःख से द्रवित होता है। खुद कष्ट उठाकर भी दूसरों के दुःख-दर्द में हाथ बंटाता है। और सबसे बड़ी बात यह कि वह शोषण और दमन का, अन्याय और अत्याचारों का खुलकर विरोध करता है। इस स्तर पर वह न तो किसी के सामने झुकता है और न किसी से किसी प्रकार का समझौता ही करता है। हमारे मन में प्रश्न उभर सकता है कि सामाजिक न्याय और समता के इतने विराट संघर्ष का दायित्व इतने कमजोर व्यक्ति—पंद्रह-सोलह वर्ष के किशोर के कंधों पर डालकर लेखक किस उद्देश्य की पूर्ति करना चाहता है? या युग-जीवन के इस निर्णायक संघर्ष को, परिवेशगत जटिलताओं से नितांत अनभिज्ञ व्यक्ति के द्वारा कैसे किसी तार्किक परिणति तक ले जाया जा सकता है? लेकिन शायद नीरू की किशोर अवस्था—ऐसी अवस्था जिसमें सामाजिक लाभ-लोभ की भावना

अभी नहीं आ पायी, उसकी न्याय और समता की प्रबल कामना और उनके सिद्ध करने के उसके संघर्ष को विश्वसनीयता प्रदान करती है। और जैसे-जैसे वह अपनी मर्यादाओं से अवगत होता जाता है, उसकी न्याय और समता के लिए संघर्ष की चेतना भी कुंठित होती जाती है। वह बिलकुल समाप्त नहीं होती। वह एक विचलनकारी नैतिक बोध के रूप में हमेशा जिंदा रहती है जो कभी आत्मालोचन और कभी आत्म-प्रताड़ना बनकर बेचैन किये रहती है।

लेकिन नीरू के जीवन की यह एक बहुत बड़ी विडंबना है कि अन्याय और अत्याचारों का विरोध करते-करते अंततः एक दिन स्वयं उस अमानवीय व्यवस्था का अंग बन जाता है जो अन्याय और अत्याचारों को जन्म देती है। वह जमींदार गजेंद्र सिंह के यहां नौकरी करने लगता है।

यहां "एक नयी दुनिया जिसमें उमस छटपटाहट भरी हो—नीरू के सामने खुल रही थी।" जमींदार के पुराने कारिंदे मुंशीजी के आदेश पर सिपाही किसानों को बेरहमी से पीटते हैं। "उसने (नीरू ने) गरीबी भोगी है। इसलिए इन गरीबी और कातरता की साक्षात प्रतिमाओं की भीगी व्यथाएं उसके हृदय पर बरस रही थीं। वह देख रहा था—इन किसानों के घर पर दर्द से टूटती हुई एक अर्धनग्न नारी है, जवानी के भार से माती और अभावों के शृंगार से बोझिल एक बेटी है, टूटी मड़ैया के नीचे बड़े पेट वाला एक लड़का भूख से छटपटा कर रो रहा है···।" वह आवेश में आकर चीख उठता है—"मुंशीजी।" लेकिन नीरू की ममता और सहानुभूति की यह चीख मुंशीजी की निर्ममता को छू नहीं पाती। नीरू से देखा नहीं गया तो कलमी आम के बगीचे में टहलने चला गया जहां बाबू राजेंद्र सिंह शौक बस गुलाब का पौदा खुद लगा रहे थे। नीरू की अंतर्दृष्टि सामाजिक विषमता और वर्गभेद की जड़ों तक पहुंच जाती है—गुलाब के फूलों की लाली हवेली के पीछे मुस्करा रही थी—रँग रही थीं बगीचे के आंचल को और···और हवेली के सामने किसानों की पीठ पर रक्त की चिपचिपाहट धूप से चिलचिला रही थी। लेकिन मुंशीजी के चले जाने के बाद नीरू भी लगभग वही सब कुछ वैसे ही करने लगता है जो कुछ और जिस प्रकार मुंशीजी करते थे। वह गरीब रमधनिया को चपतें लगाता है। उसे मुर्गा बनाकर धूप में खड़ा कर देता है और जीवन के कुछ कमजोर क्षणों में लगान न दे सकने वाले किसानों पर वह निर्मम अत्याचार ढहाने लगता है। "चार-पांच किसान धूप में मुर्गा बनाये गए हैं। कई साल का लगान बाकी है। गरीब सूरत किसान पसीने से नहाकर धूप में कांप रहे हैं। 'मारो सालों को' नीरू रह-रहकर चिल्ला उठता है।" यह बात दूसरी है कि उसका यह अमानवीय व्यवहार उसे खुद को चैन नहीं लेने देता। "हां आज उन्हीं पौधों का गुलाब फूला हुआ था और आज नीरू खुद रमधनिया पर मार बरसा रहा था। छिः छिः, नीरू अपने को धिक्कार उठा···।" इसके साथ ही "अब वह चारों ओर से निश्चित होकर

कमा रहा था। उसकी आमदनी बढ़ने लगी थी। किंतु जब कभी वह एकांत क्षणों में अपनी आत्मा से बातचीत करता तो एक दर्द से कराह उठता।" और "नीरू ने इन किसानों को देखा। उसके दिल में जैसे इन निरीह चेहरों ने दर्द की कील गाड़ दी हो। वह उनके दर्द से तड़पने लगा।"

प्रश्न यह है कि नीरू का यह नैतिक बोध और आंतरिक विफलता क्या उसके जमींदार के कारिंदे के रूप में किये गए अमानवीय कृत्यों को क्षम्य बना देती है? क्या नीरू की यह परिणति पाठक को इस निर्णय की ओर नहीं ले जाती कि अस्तित्व के लिए चलने वाले अंधे संघर्ष में दूसरों का शोषण करने वाला ही जिंदा रह सकता है? लेकिन नहीं; नीरू के व्यक्तित्व के इस रूपांतरण में लेखक के अपेक्षाकृत कुछ अधिक सूक्ष्म और गहरे संवेदनात्मक उद्देश्य समाहित हैं। नीरू के माध्यम से जैसे लेखक ने आज की संपूर्ण व्यवस्था के अमानवीयकरण की प्रक्रिया का ठोस मानवीय स्थितियों के बीच से गुजरते हुए संवेदनशील और कलात्मक उद्घाटन किया है।

शहर में पहुंचकर थोड़ी-सी उच्च शिक्षा पाकर संध्या नीरू से कहती है—"गांव के लोग चोरी करते हैं, खेत उखाड़ते हैं, घर फूँकते हैं, चुगली करते हैं—ऐसे गांव में क्या रखा है?" और लेखक भी गांव के लोगों की विकृतियों का बड़ी निर्ममता से चित्रण करता है। यह नहीं कि उसमें उन लोगों के प्रति गहरी सहानुभूति और करुणा न हो। इसके विपरीत शायद इस रचना के मूल में पांडेपुरवा के लोगों के प्रति लेखक की गहरी रागात्मक संपृक्ति ही है। बाढ़ में आयी नदी की तरह गेंदा का यौवन जिन गंदी चेष्टाओं में अपने को अभिव्यक्त करता है वे जुगुप्सा प्रेरक हैं। लेकिन बैंजू द्वारा प्रताड़ित किये जाने पर जब वह अपने जीने का कोई अर्थ खोज सकने में असमर्थ अपने आपको संयम की आग में झोंक देती है तो उसकी करुण विवशता से हम अभिभूत हो उठते हैं। बैंजू की पशुता के नीचे दबा-छिपा उसका मानवीय चेहरा लेखक हमारे सामने बखूबी उद्घाटित कर देता है। खेत की फसल उखाड़ते हुए पकड़े जाने पर धीमड़ की दयनीयता पर हमारे अंदर क्रोध के स्थान पर करुणा ही अधिक उपजती है। बेनी काका किसी के खेत से सरसों उखाड़ लाते हैं। सरसों का बोझ सिर पर रखे "बेनी काका से चला नहीं जा रहा था। आंखें धंस गयी थीं, मुंह की हड्डियां उतरा गयी थीं, लगता था बहुत दिनों से बीमार थे।" लेखक कहीं इन विकृतियों पर कोई सैद्धांतिक चर्चा नहीं करता। लेकिन यह बात बहुत साफ तौर पर हमारे सामने उभर कर आती है कि ये सभी लोग कठोर परिश्रम करते हैं। पर इनके परिश्रम का फल या तो नदियां अपने हिस्से में कर लेती हैं या जमींदार, मुखिया, सरकारी कारकून! इस तरह इनके हिस्से सिर्फ श्रम बचता है।

लेखक कहीं गांव के शोषण, दमन और आर्थिक विषमताओं आदि पर कोई

वैचारिक बहस नहीं उठाता। लेकिन नीरू के चरित्र के माध्यम से वह जैसे सारे गांव की चारित्रिक दुर्बलताओं को जन्म देनेवाली आर्थिक और समाजशास्त्रीय अनिवार्यताओं को उपन्यास की रूपगत मर्यादाओं में रहकर अनुभवात्मक स्तर पर उद्घाटित कर देता है। गांव के दूसरे लोगों की तरह ही नीरू भी लड़खड़ाता है। लेकिन सभी के लड़खड़ाने-गिरने के पहचाने जा सकने योग्य आर्थिक और सामाजिक कारण हैं। यहां यह कह देना भी आवश्यक है कि एक प्रबुद्ध पाठक को इस बात को लेकर शिकायत हो सकती है कि पांडेपुरवा के लोग उन ताकतों को पहचानने की प्रतीति नहीं कराते जो उनका शोषण करती हैं। इस पहचान के अभाव में ही लोगों के मन में उनके प्रति तीव्र घृणा या आक्रोश का भाव पैदा नहीं हो पाता। ऐसी स्थिति में उन शक्तियों के प्रतिकार की भूमिका ही निर्मित नहीं हो पाती। यों गनपति जानते हैं कि "शामधारी को बैजू ने नहीं अंग्रेज सरकार ने मारा है।" अपनी इसी बात को कुछ अधिक तार्किक स्तर पर स्थापित करते हुए वे कहते हैं—"अंग्रेज सरकार ने हमारी जिंदगी पायमाल कर दी है। देखो, इतना बड़ा कछार है, यहां कोई अस्पताल नहीं है। अगर अस्पताल होता तो क्या शामधारी मरने पाता।···यहां से गोरखपुर तक कोई सड़क नहीं है, रेल नहीं है···लेकिन गनपति नेता के स्थान पर विदूषक अधिक लगते हैं, इसलिए उनकी ये बड़ी समझदारीपूर्ण बातें भी इच्छित प्रभाव उत्पन्न नहीं कर पातीं। जमींदार गजेंद्र सिंह ब्रिटिश साम्राज्यवादी दमन और शोषण के बड़े समर्थ प्रतिनिधि हैं। लेकिन उनके प्रति भी पांडेपुरवा के लोगों में घृणा और आक्रोष नहीं दिखायी देता। इसका एक कारण यह भी है गिजेंद्र सिंह प्रायः गुलाबों के बीच ही टहलते दिखायी देते हैं। उनके लिए सारे घृणित और अमानवीय कार्य उनके कर्मचारी और खास तौर से नीरू ही करता रहता है। लेकिन लेखक ने जिस परिवेश और जिन लोगों की समस्याओं को उठाया है, उनमें इस प्रकार की वैचारिक समझदारी का न होना ही विशेष स्वाभाविक दिखायी देता है। उपन्यास के पात्रों पर अनावश्यक रूप से अपना मतवाद आरोपित न करके लेखक ने अपने गंभीर कलात्मक संयम का परिचय दिया है। जीवनानुभव के रूप में आने वाले विचार ही रचना की कलात्मकता को बल प्रदान करते हैं। सैद्धांतिक पूर्वग्रहों से बचकर मिश्रजी ने पांडेपुरवा गांव की अपराजेय संघर्षशील चेतना को लोगों की रोज-ब-रोज की जिंदगी की क्रियाशीलता में खोजने का प्रयत्न किया है। लेखक के मन में प्रश्न उभरता है—"बाढ़ तो हर साल आती है। हर साल सब कुछ बहा ले जाती है। और आषाढ़ में ही रबी की पूंजी खाकर लोग माघ-फागुन तक न जाने कैसे जूझते हैं—दहाड़ते हुए अभावों से?"

और फिर उनकी मनःस्थिति के भीतर झांकता हुआ कहता है "मगर फिर भी उनके मन के भीतर एक उम्मीद है जो कभी साथ नहीं छोड़ती, शायद अब भी कुछ हो जाय।"

'पानी के प्राचीर', एक पिछड़े हुए अंचल के अभाव-ग्रस्त लोगों के जीवन की इसी उम्मीद की रचनात्मक तलाश है, व्याख्या भी।

जल टूटता हुआ : व्यवस्था के बदलाव के संघर्ष में व्यक्ति-मन के अन्तर्निषेधों का सवाल

सन् 1961 में प्रकाशित 'पानी के प्राचीर' की भूमिका में रामदरश मिश्र ने अपनी भावी कथा-योजना का संकेत देते हुए लिखा था "यह कहानी स्वाधीनता-प्राप्ति के पहले की है। स्वाधीनता-प्राप्ति के अवसर पर हमने पूरे उल्लास के साथ अनुभव किया था कि पानी के ये प्राचीर अब टूटेंगे ही। ये प्राचीर टूटे कि हमारी सारी उम्मीदें टूटीं। इसका परिचय इस उपन्यास के दूसरे भाग में (जो अलिखित भाव से अनुभूतियों में पड़ा है) देने का प्रयास किया जाएगा। यों यह भाग भी अपने आप में स्वयं और सम्पूर्ण है। अतः इसे हम पहला भाग न कहकर सम्पूर्ण उपन्यास कहेंगे।"[1] यह अपने आपमें एक महत्त्वपूर्ण बात है कि 'पानी के प्राचीर' के लेखन के समय रचनाकार के मन में एक ऐसी कथा-कृति की योजना थी जो उक्त उपन्यास के अनुभव का विस्तार हो। लगता है कि 'पानी के प्राचीर' का 'पाण्डे-पुरवा' ही 'जल टूटता हुआ' का तिवारीपुर बनकर आया है। नदियों का वही कछार, बाढ़ का वही आतंककारी रूप, वही सामाजिक रूढ़ियां, अस्तित्व के लिए वैसा ही उग्र और विचलनकारी संघर्ष। इतना ही नहीं, महीप सिंह में गजेन्द्र सिंह, सतीश में बीरू, रामकुमार में मलिन्द, दीनदयाल में मुखिया और बदमियां में बिंदिया की स्पष्ट छाया देखी जा सकती है। लेकिन 'जल टूटता हुआ' 'पानी के प्राचीर' के अनुभव का पुनरावर्तन नहीं है। साहित्य में पुनरावर्तन, रचनाकार का रचनाकार के रूप में चूक जाने, यथार्थ के साथ उसके जीवन्त और संवेदनात्मक स्तर पर जुड़े न रह जाने का सूचक है। 'जल टूटता हुआ' का महत्त्व इस बात में नहीं है कि उसमें बहुत कुछ ऐसा है जो 'पानी के प्राचीर' में है, वस्तुतः उसका महत्त्व इस बात में है कि विचार और संवेदना, कथ्य और संरचना के स्तर पर वह 'पानी के प्राचीर' से बहुत आगे की रचना है।

'पानी के प्राचीर' की समीक्षा करते हुए मैंने लिखा था कि 'पाण्डेपुरवा' के लोग उन ताकतों को पहचानने की प्रतीति नहीं कराते जो उनका शोषण करती

1. पानी के प्राचीर, भूमिका

हैं। इस पहचान के अभाव में ही लोगों के मन में उनके प्रति तीव्र घृणा या आक्रोश का भाव पैदा नहीं हो पाता। ऐसी स्थिति में उन शक्तियों के प्रतिकार की प्रभावशाली भूमिका भी निर्मित नहीं हो पाती। इतने पर भी यदि 'पानी के प्राचीर' हमें बहुत गहरे जाकर छूता है तो इसलिए कि उसमें वर्तमान व्यवस्था के अमानवीयकरण की प्रक्रिया को बड़े संवेदनशील स्तर पर उभारा गया है। लेकिन 'जल टूटता हुआ' में व्यवस्था के अमानवीयकरण की प्रक्रिया के अर्थशास्त्रीय, समाजशास्त्रीय संदर्भ तथा उससे जन्म लेने वाली पीड़ा और घुटन का बोध ही नहीं, उसके विरुद्ध संघर्ष करने वाली ताकतों की पहचान भी है। विशेषता यह है कि यह पहचान आरोपित न होकर पात्रों और परिस्थितियों की द्वन्द्वात्मक गतिशीलता से जन्म लेती है।

उपन्यास की केन्द्रीय संवेदना का वाहक सतीश सोचता है 'इस इलाके के बामन, हरिजन, मध्य वर्ग, निम्न वर्ग सभी भूख और गरीबी के चक्के में बुरी तरह पिस रहे हैं।'[1] कहना न होगा कि सतीश का यह पर्यवेक्षण बहुत ऊपरी है। यह विविध स्तरीय यथार्थ के सूक्ष्म विश्लेषण और मूल्यांकन पर आधारित न होकर एक अमूर्त और वायवीय मानववादी चिन्ता मात्र है। लेकिन आगे चलकर वह यथार्थ की आंतरिक संरचना के विविध तत्वों को कुछ अधिक सूक्ष्म स्तर पर पहचानता है। एक हरिजन का सूअर ब्राह्मण के खेत में चले जाने पर बामन गरज रहा है, 'साले खेत में पांव रखा तो टांग तोड़ दूंगा।' सतीश सोचता है, 'सारे ही खेत तो इनके लिए पराये हैं, सारी जमीन पराई है, कोई खेत, कोई बगीचा इनका नहीं है, केवल रास्ते ही इनके हैं, हमेशा चलते रहें, कहीं न बैठें, न सुस्ताएं, कहां जायें ये? आजादी के बाद भी कोई जमीन इनकी अपनी नहीं हो सकी।'[2] और इसके बाद अपने संस्कारों से लड़ता हुआ, एक गहरी बेचैनी का अनुभव करता हुआ सतीश अपने ग्रामीण समाज की इस सच्चाई को भी पहचान लेता है कि गरीबी और अभाव की चक्की में पिसते हुए इन लोगों के जीवन में विवशता, दैन्य और आतंक ही नहीं एक गहन नैतिक-बोध, आंतरिक दृढ़ता और राख में दबी-ढंकी विद्रोह की चिनगारी भी है। "हंसिया की करतूत (पारबती के साथ उसका अवैध संबंध) उसके संस्कारों को धक्के मार रही थी, उसके ब्राह्मण संस्कार को चमार के लड़के की यह बदतमीजी बहुत अखर रही थी।"[3] लेकिन इसके बावजूद उसकी दृष्टि सत्य के अत्यधिक विचलनकारी रूप को पहचानने में किसी प्रकार का धोखा नहीं खाती—"यह ब्राह्मण खून है कि स्वयं एक हरिजन बालक को अपनी काम-

1. जल टूटता हुआ, पृ० 16
2. वही, पृ० 283
3. पृ० 355

पिपासा के लिए उत्तेजित कर सारा दोष उसी पर थोपकर नकली ढंग से सिसक रही है, और दूसरी ओर यह हरिजन खून है, हंसिया है जो भरी सभा में सारा अपराध अपने ऊपर ओढ़कर पारबती के सम्मान की रक्षा कर रहा है। सत-असत कुछ भी नहीं बोल रहा है, और लवंगी (हंसिया की बहन) एक खरी लपट की तरह ब्राह्मणों के तमाम चेहरों पर उड़ती हुई, उन पर लिखी अस्पष्ट लकीरों को उभारती गरज-रही है।"[1]

यथार्थ के साक्षात्कार का यही रूप एक अन्य स्तर पर भी उभरता है। सामाजिक अन्याय, शोषण, दमन और अत्याचारों का विरोध करने वाले सतीश की सीधी टकराहट उस मरती-टूटती हुई एकाधिकारवादी सामन्ती शक्ति से होती है जो मरकर भी अपनी जगह से हटती नहीं, अपनी सड़ांध और दुगंध से सारे वातावरण को कलुषित और विषाक्त बनाये हुए है। बाबू महीपसिंह एक ऐसे जमींदार हैं, जो न केवल वर्तमान समाज-व्यवस्था में अपनी अप्रासंगिकता को पहचान सकने की आत्म-प्रतीति से पूर्णत: वंचित हैं बल्कि वे समाज की नयी प्रगतिशील चेतना के सबसे बड़े अवरोधक तत्व हैं। सतीश उनके यहां नौकरी कर चुका है। वह उनके दंभ और आंतरिक खोखलेपन को बहुत नजदीक से देख चुका है। महीपसिंह के कर्मचारी के रूप में वह एक अत्यधिक क्रूर और अमानवीय दुनिया का द्रष्टा और साक्षी रहा है। उसने बड़ी बेचैनी के साथ अनुभव किया था कि "सचमुच बिना मार के काम नहीं होता। सीधी उंगली घी नहीं निकलता। लगान के लिए छूट देते जाओ, देते जाओ, बस सिर पर चढ़ गये और हो चुकी लगान की वसूली। जहां मुर्गा बनाया और दस लातें जमायीं, बस दूसरे दिन लगान उगल देंगे।"[2] लेकिन यदि सतीश की दृष्टि यहीं आकर अटक जाती, तो शायद उसका चिन्तन उसे अत्यधिक भयावह और मानव-विरोधी परिणतियों की ओर ले जाता। तब उसका रास्ता भी वही होता जो महीपसिंह का है। वस्तुत: पैसा उगलने की मशीन को परिचालित करने वाली ताकत कितनी क्रूर और अमानवीय है इस तथ्य से वह अपरिचित नहीं रह जाता। आत्मान्वेषण के स्तर पर साक्षात्कार उसे बेचैन बना जाता है—"जब-जब वह चांटे मारकर अपनी सफलता के मद में चूर, अपने सहज स्वरूप में, अपने घर लौटा, तब-तब उसने लगान उगलती, यंत्र की गति से दौड़ती भागती आकृतियों के पीछे, घर का भांड़ा-बर्तन बेचती मजबूरियों, डबडबाई आंखों और रात भर नस-नस में छटपटाती व्यथाओं को अपनी ओर निहारते हुए पाया है।"[3]

1. जल टूटता हुआ, पृ० 355
2. वही, पृ० 91
3. वही, पृ० 92

हमारा यह सहज अनुभव है कि अन्याय और अत्याचार के बीच से ही न्याय और समता की पोषक शक्तियां जन्म लेती हैं। सतीश एक ऐसी ही सामाजिक शक्ति का प्रतिनिधित्व करता है। गांव के दूसरे लोग जहां अपने संस्कारों और राजनीतिक टुच्चेपन के कारण महीपसिंह से आतंकित हैं, उनके अंध भक्त और समर्थक बने हुए हैं, सतीश उनका डटकर विरोध करता है। लेकिन पंचायत के चुनाव में महीपसिंह को हराने वाले सतीश की विजय उसके लिए किसी प्रकार के उल्लास का कारण नहीं बन पाती। इसके उलटे यह विजय उसके लिए एक नवीन प्रकार के पीड़ा-बोध का कारण बन जाती है। यह एक नये प्रकार का दायित्व है जिसमें सब कुछ खोकर ही सतीश अपने को—अपने मानवीय रूप को प्राप्त करता है। महीपसिंह और सतीश की लड़ाई दो व्यक्तियों के बीच की लड़ाई न रहकर सामंती और प्रजातांत्रिक जीवन दृष्टियों—प्रतिगामी और प्रगतिशील शक्तियों के बीच की लड़ाई का रूप ग्रहण कर लेती है। शोषक और दमनकारी शक्तियां महीपसिंह के नेतृत्व में संगठित होती हैं, और अत्याचार दमन तथा अन्याय-विरोधी ताकतों का नेतृत्व सतीश के हाथ में आ जाता है। विडम्बना यह है कि महीपसिंह हारकर भी सुखी और संतुष्ट दिखायी देते हैं और सतीश जीतकर भी दुखी और निराश। महीपसिंह की हथकंडेबाजी में सतीश न केवल अपनी दो बीघा जमीन खो देता है, बल्कि कुछ अंशों में अपना विश्वास—प्रवर्तित वैधानिक तरीकों से आज के सामाजिक संघर्ष को किन्हीं तार्किक परिणतियों की ओर ले जाने का विश्वास भी खोता है। महीपसिंह या उन जैसे व्यक्ति के विरुद्ध लड़ने की शैली वह नहीं हो सकती जो सतीश की है बल्कि वह होगी जो जगपतिया की है।" उधर से हल्लागुल्ला करते हुए महीपसिंह के दल के लोग आ रहे थे। "आगे-आगे छैलबिहारी हाथी पर था। जगपतिया संभल गया। पार्टी के लोग नारा लगाने लगे और जगपतिया के नेतृत्व में हथियार चमक उठे, लाठियां खड़क उठीं, सबमें उत्तेजित खून दौड़ने लगा। महीपसिंह के साथ काफी लोग थे, और जगपतिया के साथ कम लोग।···लेकिन जगपतिया के साथ जितने लोग थे, सभी अपने दर्द में अंगार बने थे, लेकिन महीपसिंह के जितने लोग थे वे किराये के टट्टू थे, आधे मन से लड़ने आये थे।"[1]

पिलवान पूछ रहा था छैलबिहारी से कि 'हाथी बढ़ाऊं?'

छैलबिहारी जानता था कि आगे बढ़ने पर जुलुम हो जाएगा। पहले वही शिकार बन जायेगा, और हाथी यदि घबड़ाकर भागा तो पता नहीं किसका क्या होगा?[2]

---

1. जल टूटता हुआ, पृ० 378
2. वही, पृ० 379

अन्त में छैलबिहारी चिल्लाया—"अच्छा भाइयो, आज छोड़ दो फिर देखा जायेगा, और उसने पिलवान से हाथी मोड़ने को कहा।"[1]

गांव में चल रहे न्याय और समता के संघर्ष की यही दिशा है। स्वयं सतीश इस बात का अनुभव कर चुका हैं कि लड़ाई का उसका अपना तरीका बहुत प्रभावशाली नहीं है। वह सोचता है—'एक वह है कि सरपंच होकर, पढ़ा-लिखा होकर बड़ा आदमी कहलाकर महीपसिंह के अन्याय का प्रतिकार नहीं कर रहा है। वास्तव में जगपतिया महीपसिंह की गुंडई का जवाब सीधे लाठी से दे सकता है, और उसके साथ तीस-चालीस आदमी खड़े हो सकते हैं। लेकिन वह लाठी नहीं उठा सकता, उसके साथ लोग मार करने नहीं जा सकते और कागजी न्याय और पुलिस वगैरह झूठे झमेले हैं और कभी सत्य का पक्ष नहीं ले सकते, सब उलझाकर छोड़ देते हैं।'[2]

व्यवस्था की मूलभूत असंगति की इतनी बेबाक पहचान कम लोगों को होती है। सतीश का यह सोचना अपने आपमें अत्यधिक महत्त्वपूर्ण है कि आमूल बदलाव के लिए कानूनी तरीकों या वैधानिक उपायों पर विश्वास नहीं किया जा सकता। इतना ही नहीं वह यह भी समझ चुका है यह लड़ाई संगठित रूप से ही लड़ी जा सकती है। लेकिन समस्या जितनी महत्त्वपूर्ण है उसका समाधान उतना ही दुष्कर है। क्योंकि सतीश अपने आपको अकेला अनुभव करता है। अनेक अवसरों पर उसका यह अकेलापन उसमें गहरी आत्म-प्रताड़ना का भाव जगाता है। यह उसके लिए कोई वांछनीय स्थिति नहीं है। वह इसको लेकर दुखी है। लेकिन विडम्बना यह है कि वह गांव के सामान्यजन से एकात्म होना चाहकर भी उनसे अलग ही बना रहता है। इसके लिए उसके अपने संस्कार उत्तरदायी हैं। एक दूसरी बात भी है—गांव में राजनीति का जो रूप उभर रहा है, वह अत्यधिक घिनौना और कुछ अंशों में अमानवीय है। दृष्टि और दिशा से हीन अंध-स्वार्थपरता और अवसरवादिता गांव की राजनीति के मूल मंत्र बन चुके हैं। सतीश की दो बीघा जमीन हथियाने के लिए गांव के समाजवादी नेता कुमार और गांव की तमाम असामाजिक वृत्तियों का प्रतिनिधि दीनदयाल एक ही मंच पर आ जाते हैं। ऐसी स्थिति में जब अपनी कुछ व्यक्तिगत चिंताओं से परिचालित होकर कुमार सतीश को गांव में एक संगठन स्थापित करने का सुझाव देता है तो सतीश चिढ़कर कह उठता है—"देखिए, मुझे जो अच्छा लगेगा करूंगा, किसी संगठन और राजनीति के चक्कर में पड़कर कुछ कर पाना मेरे लिए मुश्किल होगा।"[3]

1. जल टूटता हुआ, पृ० 380
2. वही, पृ० 449
3. वही, पृ० 494

उपन्यास के अधिकांश पात्र अनेक स्तरों पर अपने जीवन में गहरा सूनापन और अपने संघर्ष में अपने आपको नितांत अकेला पाते हैं ।[1] निश्चित ही यह अकेलापन अत्यधिक घातक है, यह उनके संघर्ष को अपेक्षित गति और दिशा से वंचित कर देता है । एक ओर सामाजिक-आर्थिक न्याय के लिए यह संघर्ष और दूसरी ओर उक्त संघर्ष में हिस्सेदार लोगों का यह अकेलापन, विघटन और बिखराव, साथ ही सतीश का किसी संगठन के चक्कर में न पड़ने का संकल्प—कहीं ऐसा तो नहीं कि रचनाकार अपनी शहरी मध्यवर्गीय मानसिकता का अपने अकेलेपन और कुंठा का गांव के पात्रों पर आरोप कर रहा हो ? हालांकि इस संदर्भ में देश की राजनीति के इस बेचैनी भरे तथ्य को भी नजर-अंदाज नहीं किया जा सकता कि आजादी के बाद वामपंथी संगठन विघटित ही हुए हैं। वे आपस में ही इतने लड़ते-झगड़ते रहे हैं कि जिन प्रगति-विरोधी सामंती-पूंजीवादी ताकतों से उन्हें लड़ना था वे किसी चुनौती के अभाव में पूरी तरह सुरक्षित बनी रहीं, फूलती फलती रहीं । अतः 'जल टूटता हुआ' के पात्रों में दिखायी देने वाली व्यक्तिवादी रूझान के लिए केवल लेखक को ही दोषी नहीं माना जा सकता, वस्तुतः यह देश की राजनीतिक आवो-हवा का चित्रण ही नहीं, उसकी समीक्षा भी है । इसके बावजूद लेखक यदि वर्तमान सामाजिक-राजनीतिक स्थितियों को लेकर हमारे मन में निराशा नहीं जगाता तो इसलिए कि उपन्यास के अधिकांश पात्र अपने-आपको जितना अकेला महसूस करते हैं उतना वे वास्तव में हैं नहीं। एक बेहतर जिन्दगी

---

1. कुंजू के सामने जिन्दगी उलझ गयी, उसका अकेलापन बाहर और घर दोनों से कटकर किसी का नहीं रहा । —वही, पृ० 169

   कुल मिलाकर वे (उमाकान्त पाठक) कुछ दिनों से एक विचित्र अकेलेपन का अनुभव कर रहे थे। —पृ० 188

   शाम की आखिरी धूप और ये घर लौटते हुए लोग कितने अकेले लगते हैं। —पृ० 200

   वह (बिरजू) बहुत उदास है। भूरी-भूरी छोटी-छोटी आंखों में सूनी व्यथा उमड़ आयी है—वह देख रहा है दूर-दूर तक केवल सूनापन, एक चीखता हुआ सन्नाटा।—पृ० 503

   बदमी को लगता है यहां से वहां तक एक सुनसान चिल्ला रहा है।

   —पृ० 503

   और ये पानी कहीं मिल नहीं पाते, विपरीत या समानान्तर धाराओं में बहते ही चले जाते हैं—हां टूट रहा है, यहां का जल टूट रहा है। धारा धारा से बिछुड़ रही है, लहरें लहरों से टूट रही हैं।—पृ० 572

के स्वप्न की चरितार्थता के लिए संघर्ष में जुटे ये तमाम लोग किसी-न-किसी स्तर पर आपस में जुड़े हुए हैं। गुरुदीन, कुंजू, बिरजू, बदमी और जगपतिया कम-से-कम सतीश से तो जुड़े हुए ही हैं। यदि इनका एक संगठन भी होता तो शायद स्थिति कुछ दूसरी होती, क्योंकि इन सबके संघर्ष की दिशा और लक्ष्य एक है। यद्यपि लेखक इस संघर्ष को कोई नाम नहीं देता, लेकिन यह बात बहुत साफ तौर से उभरकर सामने आ जाती है कि वह मूलतः प्रगति-विरोधी (महीपसिंह-दीनदयाल) और प्रगतिशील (सतीश-जगपतिया) शक्तियों के बीच का मूलभूत सामाजिक-आर्थिक संघर्ष है। समस्या के सरलीकरण पर आधारित समाधानों तथा क्रांतिकारी मुद्राओं से बचकर संघर्ष की जटिलताओं और पेचीदगियों के बीच से गुजरते हुए लेखक यदि अपना दिशा-ज्ञान नहीं खो देता तो इसका मुख्य कारण गहरे मानवीय सरोकारों पर टिका हुआ उसका ऐतिहासिक विवेक है। पिछले दिनों आमूल सामाजिक बदलाव की मांग के सिलसिले में क्रांति का नारा बुलन्द करने वालों की कमी नहीं रही, लेकिन ऐसे लोग भी बोध और संवेदना के स्तर पर यथार्थ की कोई अधिक विश्वसनीय पहचान नहीं जगा सके। बकौल डा० शिव कुमार मिश्र के "हमारे कुछ मित्रों ने अपनी कृतियों में क्रांति का माहौल बांधा था, लगता था कि अब क्रांति होने ही वाली है, उनके पात्र क्रांति करवाकर ही दम लेंगे। अर्सा गुजर गया, क्रांति तो अब तक नहीं हुई, हमारे मित्रों में से कुछ उस खेमे में जरूर चले गये जिसके खिलाफ ही उन्होंने कभी क्रांति-क्रांति चिल्लाते हुए जमीन-आसमान के कुलाबे एक कर दिये थे।"[1]

गांव के जीवन का चित्रण करने में लेखकों का एक बड़ा वर्ग भावुकता से काम लेता रहा है। गांव की अन्तर्बाह्य प्रकृति के ऐसे अनेक तत्त्व हैं जो हमें अपनी ओर खींचते हैं, दुख और विषाद में डूबे हमारे जीवन को सांत्वना प्रदान करते हैं। यहां के खेत-खलिहान, बाग-बगीचे, नदी-तालाब ही नहीं, गांव के लोगों की सामूहिक चेतना--संगीत-नृत्य, तीज-त्यौहारों, मेले-दशहरों में भी बहुत कुछ ऐसा है जिसमें जीवन की गहरी प्रेरणा और उल्लास समाया हुआ है। लेकिन यदि गांव यही सब कुछ है तो उसको लेकर चिंतित होने का कोई खास कारण नहीं रह जाता। वह तो गांव में थोड़े बहुत अंशों में आज भी मौजूद है। कोसी का पानी उफनता है तो आज भी अपने अस्तित्व की रक्षा के लिए हजार हाथ सामूहिक रूप से जुट जाते हैं—और भले कच्चा ही सही—बांध बनकर तैयार हो जाता है। आज भी दशहरे का त्यौहार गांव में आयी सारी निराशा और अवसाद को भुलाकर सामूहिक उल्लास की लहर पैदा कर देता है। आज भी मौसम का परिवर्तन संवेदनशील हृदय में कामना की लहर जगा जाता है।

1. प्रेमचन्द और परवर्ती कथा साहित्य (आलोचना, अंक 51-52)

हमारे अनेक रचनाकारों ने गांव के प्रेम और सौहार्द्र, त्याग और उत्सर्ग, आत्म-सन्तोष और मस्ती का एक मिथ खड़ा कर लिया है। ऐसी स्थिति में गांव के जीवन की विचलनकारी असलियत—भूस्वामियों और पुलिस के क्रूर अत्याचारों, प्राकृतिक संकटों—नदियों की बाढ़, अनावृष्टि और महामारियों—के समक्ष लोगों की लाचारियों, हरिजनों, खेत-मजदूरों, नारी और निम्न वर्ग के लोगों की मजबूरियों, भुखमरी और जहालत के बीच जन्म लेने वाले वैमनस्य के आत्मघाती रूप तथा इन सबको जीवन की अनिवार्य शर्त के रूप में स्वीकार कर लेने की विवशता को प्रायः भुला दिया जाता है।

एक आंचलिक उपन्यासकार के रूप में रामदरश मिश्र के लिए भी गांव की प्रकृति का आकर्षण कम नहीं है। वे प्रकृति की सुन्दरता को पहचानते उसे आत्मसात करते हुए भी उसी में उलझकर नहीं रह जाते। इसके विपरीत वे जब प्रकृति और लोकगीतों की सौंदर्य एवं भावना की अधिक सूक्ष्म और आंतरिक दुनिया में प्रवेश करते हैं तब भी वे मानवीय यथार्थ की करुणा और तिक्तता को भूल नहीं जाते। गांव की प्रकृति के अनेक रूप और रंग हैं, लेकिन वे सभी व्यक्ति और समाज-जीवन की सच्चाइयों के चित्रण के कारगर उपकरण बनकर आते हैं। प्रकृति का सौंदर्य रचनाकार की जीवनानुभूति—मानवीय यथार्थ की उसकी पहचान, तथा उसके सामाजिक सरोकारों और चिंताओं—का अविभाज्य अंग बनकर आता है। जैसे जीवन की सारी कोमलता और संवेदनशीलता, तिक्तता और बेचैनी, स्वप्न और संघर्षशीलता प्रकृति की आंतरिक संरचना में घुलमिल गयी है—

"ठंडी-ठंडी हवा बहने लगी थी, शाम उतर रही थी, चांद आकाश में दिखाई पड़ने लगा था—मंजरियों की महक हौले-हौले बिखर रही थी और खलिहान की पाकड़ की नंगी डाल पर बैठी कोयल बोल रही थी।"[1]

'खलिहान की पाकड़ की नंगी डाल पर बैठी कोयल' के बोलने में वही व्यंजना है जो नागार्जुन की पंक्तियों, 'जले ठूंठ पर बैठकर गयी कोयलिया कूक—' में है।

प्रकृति का एक अन्य चित्र भी द्रष्टव्य है—

"दोपहर ढल रही थी, खेतों पर जोर-जोर से लोटती हुई हवा, सांप की तरह फन पटक-पटककर धीरे-धीरे शांत हो रही थी।[2] फसलों और हवा के इस वर्णन में गांव के जीवन-संघर्ष का, उसके स्वप्न और यथार्थ का एक संवेदनशील चित्र उभर आता है।"

गाँव टूट रहा है, आपसी सम्बन्धों की आत्मीयता समाप्त होती जा रही है,

---

1. जल टूटता हुआ, पृ० 342
2. वही, पृ० 333

लोग चालाक हो गए हैं, उनमें शहरी जीवन का दुहरापन घर कर चुका है। यह सब गांव पर पड़ने वाली शहर की अशुभ छाया का परिणाम है। लेखक की बेचैनी का यह एक कारण है, होना भी चाहिए। गांव में जो कुछ संग्रहणीय-संरक्षणीय है उसका टूटना, बिखरना, लेखक को चिन्तित करे यह स्वाभाविक है। लेकिन वह इस तथ्य को नजरअन्दाज नहीं कर देता कि जब गांव पर शहर की अशुभ छाया नहीं पड़ी थी—तब भी गांव में महीपसिंह और दीनदयाल जैसे मानव-भक्षी थे। और गांव की असली समस्या—'जल टूटता हुआ' का केन्द्रीय संवेदन भी—यही है कि गांव को मध्ययुगीन एकाधिकारवादी सामन्ती दमन और अत्याचारों से मुक्त कैसे किया जाय, गांव में फूलने-फलने वाली इन मानव-विरोधी ताकतों को शिक्षा कैसे दी जाय? उपन्यास के अनुभव से गुजरते हुए हम इस बात को लेकर थोड़ा आश्वस्त हो सकते हैं कि ये ताकतें कुछ कमजोर पड़ रही हैं, और उनको कमजोर वह जगपतिया बना रहा है जो शहर से यह सीखकर लौटा है कि गांव की सामूहिक ताकत का सामाजिक उपयोग किस प्रकार किया जाना चाहिए। इस निर्णायक जंग का फैसला समता और न्याय की बहसों से नहीं होगा, इसके लिए परिस्थितियों से एक बार मुहामिल होना पड़ेगा। लड़ाई जिस जमीन पर खड़े होकर लड़ी जा रही है, उस पर खड़े होकर लड़ने की ताकत सतीश में भी नहीं है। उसके अपने संस्कार और अन्तर्निषेध ही उसके आड़े आते हैं।[1] लेखक इस बात का स्पष्ट संकेत दे देता है कि गांव के भावी संघर्ष का नेतृत्व जगपतिया के हाथ में होगा और वही उस संघर्ष को किसी तार्किक परिणति तक पहुंचाएगा। हां, यह एक स्वप्न है, एक मांग है—एक बहुत प्यारा स्वप्न, एक बहुत जायज मांग। गहरे मानवीय सरोकारों और यथार्थ के विविध अन्तर्विरोधी तत्त्वों की द्वन्द्वात्मक गतिशीलता की सही दिशा को पहचानने वाले रचनाकार को हम उसकी इस स्वप्नशीलता और आज के जीवन के अमानवीय यथार्थ में आवश्यक संशोधन की मांग के लिए दोषी भी नहीं ठहरा सकते। वह इसलिए कि रचनाकार अपने स्वप्न में यथार्थ जीवन की पेचीदगी, जटिलता और संश्लिष्टता को भुला नहीं देता। यही कारण है कि उसके पास मानव-मुक्ति के संघर्ष का सरलीकृत समाधान नहीं है, है केवल यथार्थ को पहचानने की सूक्ष्म और संवेदनशील दृष्टि जो जीवन के अन्तर्विरोधों की बारीकियों को देख लेती है। जिन ताकतों के विरुद्ध यह संघर्ष चल रहा है वे बड़ी चालाक हैं, उनकी सामरिक चालें और नाकेबन्दी बड़ी धूर्ततापूर्ण हैं।

1. सतीश को लगा कि जाति, पांति, पद और शिक्षा का बड़प्पन अन्याय को सह लेने का एक मिथ्या संकोच सिखाता है। अपमान का झूठा भय ओढ़ा देता है।—जल टूटता हुआ, पृ० 51

छोटी जातियों में आने वाले नये आत्मविश्वास को देखकर महीपसिंह क्रोध में उबलने लगते हैं। वे यह भी जानते हैं कि यह नयी चेतना कांग्रेस की देन है।[1] लेकिन महीपसिंह हैं कि कांग्रेस का विरोध नहीं करते, उल्टे वे अपने जवार के कांग्रेसी नेता के रूप में उभरते हुए दिखाई देते हैं। इसीलिए जगपतिया और सतीश की लड़ाई अब आसान नहीं रह गई है। और देखा जाए तो सतीश की शालीनता इस लड़ाई को थोड़ा कमजोर ही बनाती है। वह कांग्रेस के नये रूप का अवलोकन करते हुए निराश तो होता है, लेकिन फिर भी उसके साथ—भले ही निष्क्रिय रूप में सही—जुड़ा रहता है। उसका यह कृत्य कांग्रेस के असली रूप को उजागर नहीं होने देता। यह लड़ाई दो व्यक्तियों की लड़ाई नहीं, दो जीवन दृष्टियों की लड़ाई है, लोगों की सामूहिक शक्ति ही उसकी गति और दिशा निर्धारित करने वाला तत्व है। ऐसी स्थिति में गांव की प्रगतिशील शक्तियों को संगठित किए बिना और समानधर्मा संगठनों से जुड़े बिना जगपतिया और सतीश का संघर्ष एक शक्तिशाली और राष्ट्रव्यापी संगठन के साथ जुड़ी, समता और न्याय-विरोधी ताकतों को कैसे पछाड़ सकेगा ?

यह प्रश्न हम इसलिए पूछते हैं कि प्रश्न स्वयं लेखक ने उठाया है। गांव के इस संघर्ष में रामकुमार की भूमिका न केवल ढुलमुल है, बल्कि जनपद की गुहार लगाकर वह जन-विरोधी है, अत्यधिक प्रतिक्रियावादी और आत्मघाती है। रामकुमार जैसे व्यक्तियों द्वारा वामपंथी नीतियों का जन-विरोधी किस्म का अमलीकरण देखकर यह भी हो सकता है कि हम वामपंथी राजनीतिक चरित्र को ही संदेह की दृष्टि से देखने लगें। लेकिन हम यह भी देखते हैं कि एक पार्टी के कुछ लोग झंडा लेकर महीपसिंह के विरुद्ध जगपतिया की ओर से लड़ने आते हैं और जगपतिया को विश्वास है कि उसे पार्टी का समर्थन मिल रहा है और भविष्य में भी मिलता रहेगा। तब क्यों सतीश अपने-आपको उस संगठन से जोड़ने का प्रयत्न नहीं करता ? निश्चित ही सतीश के इरादों पर हम संदेह नहीं कर सकते। इस कारण यह प्रश्न और भी अधिक पेचीदा बन जाता है। चूंकि लेखक की सतीश के प्रति गहरी सहानुभूति है—वह उपन्यास की केन्द्रीय संवेदना का वाहक है, इसलिए प्रस्तुत प्रश्न का उत्तर पाने के लिए हम सतीश की मानसिकता में कुछ अधिक गहरे उतरना चाहेंगे।

सतीश को अपने पिता अमलेशजी से तथा रामकुमार को अपने पिता बनवारी से असंतोष है। ये दोनों व्यक्ति—अमलेशजी और बनवारी—निष्क्रियता की

---

1. अब ये साले दरिद्र नान्ह-जाति नवाब के नाती बने फिरते हैं। साली कांग्रेस सरकार क्या हो गई, इन बदजातों का हौसला बढ़ गया।

—जल टूटता हुआ, पृ० 48

सीमा तक आत्म-संतोषी और अपने व्यक्तिगत हानि-लाभ के प्रति पूरी तरह उदासीन हैं। उन पर अभावों की मार पड़ती है, दीनदयाल जैसे धूर्त और चालाक आदमियों से अपने-आपको सुरक्षित रख पाने जैसी होशियारी भी उनमें नहीं है। वे अनेक यातनाएं सहते हुए भी अपनी आन्तरिक संवेदनशीलता और मानवीय आर्द्रता को बनाए रखते हैं। सतीश सोचता है कि उसका रास्ता वह नहीं हो सकता जो उसके पिता का है। हालांकि वह यह भी मानता है कि उसके पिता का रास्ता न केवल गलत नहीं है, बल्कि स्पृहणीय भी है। जीवन की भौतिक जरूरतों के प्रति उनकी उदासीनता को छोड़कर उनका शेष सभी कुछ ग्रहणीय है, अनुकरणीय है। वस्तुत: जीवन-बोध के स्तर पर उसके पिता का आन्तरिक रूप ही उसका बहुत बड़ा प्रेरणास्रोत है। "उसे अपने पिता पर गर्व है कि उन्होंने हमेशा सत्य के दूसरे पहलू (जोकि अधिक आन्तरिक और गहरा है) को देखा है। उन्होंने सफलता की अपेक्षा शान्ति को प्यार किया है, पैसे की जगह दिलों को प्यार किया है। इस प्यार में स्वयं लुट गए, किन्तु किसी और को नहीं लूटा, प्यार का मूल्य उन्होंने चुकाया है भरपूर और उसका पुरस्कार भी पाया है—शान्ति, मन की शान्ति!"[1]

कुमार को अपने पिता में कुछ भी ग्रहणीय नहीं दिखाई देता। इसलिए वह अपने पिता को बिलकुल दूसरे छोर पर खड़े होकर देखता है। अपने पिता के आचरण की प्रतिक्रिया-स्वरूप, कुमार अपने जीवन को पूर्णत: आत्म-केन्द्रित बना देता है। अंधी स्वार्थपरता ही उसके जीवन का चालक तत्व बन जाती है। उसकी समाज-सेवा, राजनीतिक सक्रियता और सामाजिक-पारिवारिक संबंधों में उसका अपने व्यक्तिगत हानि-लाभ का गणित काम करता है। लेकिन जहां कुमार की राजनीतिक चेतना कर्म और आचरण के स्तर पर उसके आत्म-बद्धता के घेरे को नहीं तोड़ पाती, वहीं सतीश अपनी आत्म-पीड़ा में ही अपनी मुक्ति की खोज का उपक्रम करता प्रतीत होता है। इन दोनों पात्रों में समानता की अपेक्षा विषमताएं ही अधिक हैं, वस्तुत: ये जीवन के दो विरोधी ध्रुव हैं। लेकिन जहां तक व्यवस्था के आमूल परिवर्तन के लिए संघर्ष का सवाल है, सतीश विचार और कर्म के स्तर पर किसी व्यापक सामाजिक सक्रियता को जन्म नहीं दे पाता। एक दीर्घ-कालीन संघर्ष की निष्फलता को व्यक्त करता हुआ वह हरिजन नेता जग्गू से कहता है—"मैं जो भोग रहा हूं, भोग रहा हूं, लेकिन चिंता इस बात की है कि गांव का क्या होगा? हम-तुम आज हैं, कल नहीं रहेंगे, लेकिन इस गांव का क्या होगा? ऐसे ही अनेक गांवों का क्या होगा?"[2] किन्तु थोड़ी देर बाद उसका छोटा

---

1. जल टूटता हुआ, पृ० 92-93
2. वही, पृ० 571

भाई चंद्रकांत आकर उसे यह समाचार देता है कि "मेरा चुनाव आइ० ए० एस० में हो गया।"[1] यह सुनते ही सतीश खुशी से चीख-सा उठता है—"अब मुझे कोई चिन्ता नहीं, आज मेरी सारी मुराद पूरी हुई—"[2] इतना ही नहीं, अपने उल्लास की तरंगों में बहता हुआ वह अत्यधिक भावुक हो उठता है—"अब तो मैं मर भी जाऊं तो भी कोई चिन्ता नहीं।"[3] हम यह जानते हैं, और हमें विश्वास है कि सतीश भी इस तथ्य से अवगत है कि चंद्रकांत के कलक्टर बन जाने से गांव की उस स्थिति में कोई फर्क नहीं पड़ता जिसको लेकर वह चिन्तित और बेचैन है, जिसकी वह जग्गू के साथ चर्चा करता है—तब वह इतना भावुक क्यों हो उठता है ? हालांकि हमें यह स्वीकार करना होगा कि लेखक ने सतीश के उल्लास को उसके कसकते हुए घाव की पीड़ा के साथ जोड़कर अपनी गहरी कलात्मक सूझ का परिचय दिया है—उसके हर उल्लासपूर्ण उद्गार का अन्त पीड़ाजन्य कराह में होता है। लेकिन उसकी इस पीड़ा में आत्मदान का भाव ही अधिक है। वह गांव के लोगों में सामाजिक-राजनीतिक संघर्ष की प्रेरणा को जन्म नहीं देती।

वस्तुतः उपन्यास के प्रारंभ से अंत तक सतीश की मूलभूत समस्या उसके अपने आत्म-परिष्कार की है। सतीश को महीपसिंह के यहां भेजते हुए अमलेश जी ने उससे कहा था—"मेरी इच्छा नहीं होती तुम्हारे साहित्यिक व्यक्तित्व को जमींदारी के भाड़ में झोंकने की। लेकिन—।"[4] सतीश भी अपने भाई चंद्रकांत को लेकर कहता है—"जिस दिन इस गाँव में वह कलट्टर होकर लौटेगा, उस दिन मैं समझूंगा मेरा भाई मुझसे छिन गया।"[5] लगता है जैसे अपने आपमें डूबा, अपने कर्म और आचरण की शुद्धता में अपनी आत्मा की पवित्रता को खोजता, एक जीवन-वृत्त पूरा हो गया।

हम पहले सतीश के संस्कारों और उसके अन्तर्निषेधों की बात कर चुके हैं। इधर, वर्तमान जीवन और परिवेश की चुनौतियों के संदर्भ में आत्मान्वेषण के स्तर पर भारतीय मानस की जांच-पड़ताल की जाती रही है। और यह अनुभव किया जाता रहा है कि आधुनिक युग की अत्यधिक विचलनकारी समस्याओं का सामना करते हुए हम अपने नितांत बौद्धिक आग्रहों के बावजूद मध्ययुगीन भाववादी दर्शन और चिंतन की गिरफ्त में आ जाते हैं। एक अजीब किस्म की दार्शनिक

1. जल टूटता हुआ, पृ० 573
2. वही, पृ० 573
3. वही, पृ० 573
4. वही, पृ० 112
5. वही, पृ० 574

उदासीनता और तटस्थता हमको घेर-घेर लेती है। मानवीय अस्तित्व और अस्मिता, गौरव और गरिमा के समक्ष प्रश्नचिह्न बनकर आने वाली समस्याओं से जन्म लेने वाली पीड़ा के प्रतिकार की व्यापक सामाजिक भूमिका निर्मित करने की अपेक्षा, उसमें गलते रहने में ही व्यक्तित्व की सार्थकता और जीवन की पूर्णता की खोज में तप और साधना द्वारा आत्म-शुद्धि और अहं के विलय की कुछ-कुछ मध्ययुगीन अध्यात्मवादी वृत्ति के दर्शन किए जा सकते हैं। पीड़ा-बोध के स्तर पर परिस्थिति की विषमता को झेल लेने वाला सतीश क्या भारतीय मानस-संस्कार की इसी मर्यादा की ओर संकेत करता है? 'जल टूटता हुआ' हमें इस प्रकार के अनेक प्रश्नों के सामने लाकर खड़ा कर देता है।

अपने लोग । यथार्थ की समग्रता का बोध

'पानी के प्राचीर' और 'जल टूटता हुआ' के बाद 'अपने लोग' डॉ० रामदरश मिश्र के बड़े उपन्यासों की परंपरा में तीसरा उपन्यास है जो शिल्प और संवेदना के स्तर पर उनके पूर्ववर्ती उपन्यासों से अलग अपनी निजी पहचान बनाता है। अपने संश्लिष्ट रूप विधान, एक ही साथ यथार्थ के विविध आयामों को समेटने और व्यापक जीवन के साक्षात्कार के कारण मिश्रजी का यह उपन्यास आंचलिक उपन्यासों की श्रेणी में नहीं रखा जा सकता। कहने को उपन्यास की केन्द्रीय संवेदना का वाहक पात्र प्रमोद अपने हृदय में गांव के साथ जुड़ने-टूटने की पीड़ा संजोए हुए है और कई पात्रों की बोली-बानी का रूप खड़ी बोली का न होकर भोजपुरी का है। फिर भी यहां लेखक की खोज का धरातल एकदम भिन्न है। यह सच है कि 'अपने लोग' में सामाजिक दुख-दर्द और इच्छा-आकांक्षा की कहानी है, लेकिन यहां समष्टिगत जीवन का कोई प्रेरक चित्र उभरकर हमारे सामने नहीं आता। इसके विपरीत जैसे लेखक सतत इस अहसास को जगाए रखना चाहता है कि आजादी के बाद देश का सामान्य जन-जीवन आंतरिक स्तर पर विक्षुब्ध हुआ है, उसमें गहरी निराशा और व्यापक असंतोष का भाव जन्मा है, अगर निराशा के घोर अंधकार से आशा की कोई किरण फूट पाती और—जैसा कि अक्सर होता है—यह व्यापक जन-असंतोष प्रगति और विकास का आधार बन पाता तो बात कुछ और ही होती, लेकिन ऐसा हो नहीं सका। 'अपने लोग' में सर्जनात्मक धरातल पर इसी अभाव की व्यंजना हुई है। वस्तुतः 'पानी के प्राचीर' में जिस राजनीतिक स्वतंत्रता के लिए व्यापक जन समाज को संघर्षरत दिखाया गया था, 'जल टूटता हुआ' में स्वतंत्रता के संदर्भ में जिस संभावनापूर्ण भविष्य की कल्पना की गई थी, 'अपने लोग' तक आते-आते जैसे उस उदात्त कल्पना को काठ मार गया हो। जैसे आजादी का अर्थ ही उलट गया है। आजादी का रथ खींचने वाले सामान्य जन की यातनाएं बढ़ी हैं, शोषण का चक्र अधिक मजबूत और उत्तरोत्तर अधिक निर्मम बनता गया है। और चूंकि यह सब कुछ हुआ है—एक प्रजातांत्रिक व्यवस्था के द्वारा—एक ऐसी व्यवस्था के द्वारा जिसके निर्माण में सामान्य जन के स्वयं अपने विवेक की सक्रियता रही है—इसलिए उसकी स्थिति और भी अधिक

विडंबनापूर्ण हो गई है। संगठित रूप से इस व्यवस्था का विरोध कर पाना या विरोध को उसकी तार्किक परिणतियों तक ले जा सकना अब उतना आसान नहीं रह गया। और चूंकि हर व्यवस्था के असली रूप को छिपाए रखने के अपने निजी तौर-तरीके होते हैं, आकर्षक मुखौटे तथा खाने के अलग और दिखाने के अलग दांत होते हैं, इसलिए उसके खिलाफ लड़ने की बात बाद की है, उसके वास्तविक स्वरूप को पहचानना अपने आपमें एक कठिन किन्तु प्रथम अनिवार्यता है। 'अपने लोग' में मिश्रजी ने इसी अनिवार्यता के तहत वर्तमान व्यवस्था की असंगतियों और अंतर्विरोधों को उद्घाटित किया है। कभी-कभी रचना और रचनाकार से क्रांतिकारी होने का आग्रह किया जाता है—और इस भोलेपन से कि जैसे रचना से वर्तमान स्थिति में आमूलचूल परिवर्तन आ जाएगा। लेकिन हम जानते हैं कि व्यवस्था की चूलें इतनी मजबूत होती हैं कि वे आसानी से नहीं हिलतीं। साहित्य इतना-भर कर पाता है कि हमें व्यवस्था की असंगतियों के प्रति संवेदनशील बनाए। यानी वह हमारी संवेदना को कुंठित होने से बचाता है। उस छद्म का उद्घाटन करता है जिसे व्यवस्था ने अपने चारों ओर खड़ा कर लिया है। 'अपने लोग' में मिश्रजी एक रचनाकार के रूप में प्रजातंत्र, मताधिकार, चुनाव जैसे उन रंग-बिरंगे मुखौटों को दूर करते हैं जिनके आवरण में व्यवस्था ने अपने असली रूप को छिपा लिया है।

प्रस्तुत कथाकृति में मिश्रजी ने सामाजिक यथार्थ को गांव और शहर में विभाजित करके नहीं देखा। गांव की जिंदगी के बारे में रचनाकारों की प्रायः दो प्रकार की प्रतिक्रियाएं रही हैं—उसके आर्थिक पिछड़ेपन की क्षतिपूर्ति के रूप में ग्राम्य जीवन के राग बोध के आदिम रूप में निहित मानव-संबंधों की आंतरिक ऊष्मा को उभार कर सामने लाया गया या फिर उसे सामंजस्यपूर्ण जीवन के आदर्श के रूप में प्रस्तुत किया गया। मिश्रजी ने 'अपने लोग' में इन दोनों मिथों को तोड़ा है। कहना न होगा ऐसा करते हुए जैसे मिश्रजी स्वयं अपने आपके खिलाफ खड़े हो जाते हैं। गहरे आत्मालोचन के बिना किसी रचनाकार के लिए ऐसा कर सकना संभव नहीं है। इसके साथ ही सचाई यह भी है कि जब तक कोई रचनाकार प्रयत्नपूर्वक अपने-आपको संशोधित करने में प्रवृत्त नहीं होता, उसका रचनात्मक विकास रुक जाता है, वह बहुत ही जल्दी अपने-आपको दुहराने लगता है।

अपनी रचनाशीलता में मिश्रजी आंचलिक अनुभव से व्यापक जन अनुभव की ओर बढ़े हैं। आंचलिक अनुभव को अपनी रचना का आधार बनाने के पीछे सबसे महत्वपूर्ण कारण होता है अंचल का पिछड़ापन। अंचल के निवासियों के जीवन में अस्तित्व रक्षा के लिए चलने वाले संघर्ष और मानवीय पीड़ा के साथ गहरी संपृक्ति आंचलिक उपन्यासों की रचनात्मक शर्त होती है। लेकिन फिर भी

आंचलिक उपन्यास में अनुभव और संवेदना का जैसा रचाव होता है, दृष्टि की वैसी प्रखरता नहीं आ पाती। अंचल के जीवन से जुड़े अनेक तथ्यों, घटनाओं और पात्रों को एक साथ संयोजित करने के बावजूद उनका अपनी जगह पर होना कभी-कभी किसी रचनात्मक अनिवार्यता की ओर निर्देश नहीं करता। इसके साथ एक कठिनाई और भी जुड़ जाती है वह यह कि आंचलिक जीवन में प्रायः ठहराव की स्थितियां अधिक होती हैं। इसलिए उसमें गतिशील जीवन का वैसा बिंब नहीं उभर पाता। वहां संवेदनात्मक स्थितियों की तो प्रचुरता होती है, लेकिन वे अपने समंजित रूप में किसी दृष्टि के उन्मेष का आधार नहीं बन पातीं। संभवतः इन्हीं कारणों से मिश्रजी ने 'अपने लोग' में शिथिल बंध वाले आंचलिक शिल्प को त्याग कर संश्लिष्ट रचना-विधान को अपनाया। उपन्यास के शिल्प का यह बदलाव वस्तुतः लेखक के यथार्थ बोध के बदलाव—या कहिए कि नये विकास का परिचायक है।

'अपने लोग' जीवन की अपेक्षाकृत अधिक विस्तृत भाव-भूमि को समेटता है। यहां गांव आता है लेकिन उपन्यास की केंद्रीय इकाई के रूप में नहीं, वह किसी-न-किसी स्तर पर कस्बा, नगर या महानगर से जुड़ा हुआ है। 'अपने लोग' की कथा का एक सूत्र गोरखपुर के एक गांव में है तो दूसरा महानगर दिल्ली में। घटना-स्थल है गोरखपुर जिस पर गांव और महानगर की स्थितियों, सोच और जीवन-मूल्यों की हलकी-सी छाया पड़ती है। गोरखपुर वस्तुतः समकालीन भारतीय समाज के संक्रमण का एक बहुत ही मार्मिक रूप प्रस्तुत करता है। एक अजीब प्रकार की अराजकता और अव्यवस्था का साम्राज्य फैला हुआ है। इस स्थिति से पीड़ित होकर कथानायक प्रमोद कहता है—"नेताओं, अफसरों, व्यापारियों के मिले-जुले षड्यंत्र से यहां की मिट्टी मिट्टी से, पानी पानी से, हवा हवा से लड़ती है और टूट-टूटकर बिखरती रहती है, रोती रहती है, पछाड़ खाती है, लेकिन कोई नहीं सुनता।" नई पीढ़ी की विद्रोही चेतना का वाहक और आज की पढ़ाई-लिखाई के प्रति उदासीन पवन का सवाल है : 'क्या ये सेठिए पढ़ाई के बल पर लाखों कमा रहे हैं, क्या दर्जा चार पास एम० एल० ए० पढ़ाई के बल पर कोठियां खड़ी कर रहे हैं'? क्या हमारे मुंशी मकान मालिक की कोठी पढ़ाई के बल पर खड़ी है? पापाजी के पास विलास चाचा आते हैं क्या वे पढ़े-लिखे नहीं हैं, फिर भी क्यों एक छोटी-सी नौकरी भी उन्हें नहीं मिल पा रही है।"

इन्हीं विचलनकारी प्रश्नों की चुभन से बेचैन होकर मिश्रजी आज के—या कहें कि स्वातंत्र्योत्तर भारतीय समाज के बनते-बिगड़ते मानव-संबंधों की तलाश करते हैं। कथानायक प्रमोद दिल्ली से गोरखपुर लौटने पर एक गहरे बदलाव का अनुभव करता है। वह दिल्ली विश्वविद्यालय की नौकरी से त्याग-पत्र देकर गोरखपुर के शंकर कालेज में आ गया है। यहीं रहकर कभी उसने अपनी पढ़ाई-लिखाई पूरी

की थी। उसका गांव यहां से बहुत करीब है। लेकिन दिल्ली से वापस लौटकर आना उसके लिए कोई सुखद अनुभव नहीं है। उसे अपने पिता की इच्छा के आगे मजबूर होकर यह निर्णय लेना पड़ा। प्रमोद के इस निर्णय का लेखक ने एक औपन्यासिक युक्ति के रूप में उपयोग किया है। इसके द्वारा अतीत और वर्तमान को, कस्बे और महानगर के जीवन को, व्यक्ति परिवार, और समाज के आपसी रिश्तों तथा नयी और पुरानी मान्यताओं की टकराहट को लेखक अनुभव के एक ही धरातल पर प्रस्तुत कर सका है। अपनी स्मृतियों में सुरक्षित गोरखपुर और आज के गोरखपुर के बीच सामंजस्य बिठा पाना प्रमोद के लिए कठिन बात है। इस स्थिति का विश्लेषण करते हुए वह सोचता है—'वह शायद भीतर ही भीतर बहुत बदल गया है या उसका परिवेश ही बदल गया है। हां, परिवेश तो बहुत बदल गया है। लोग अब केवल लोग रह गए हैं—कुछ कुछ खाली दूरियों के बाद उगे हुए पेड़ों से लोग। अब बीच की दूरियों में लोगों के घरों में फैले हुए कूड़े सड़ते रहते हैं और एक सड़ी गंध से वातावरण टूटता रहता है।'

प्रमोद ने गोरखपुर आकर इसी सड़ी गंध का विशेष रूप से अनुभव किया है। प्रकारांतर से यह सड़ांध ही उसे यहां खींच लाई है। प्रमोद को दिल्ली से गोरखपुर आने के लिए मजबूर करने वाले उसके पिताजी का तर्क है—"तुम्हारे भाई लोग अभी तो ठीक हैं, लेकिन मेरे न रहने के बाद क्या होगा, नहीं कह सकता। तुम्हारे हिस्से की खेतीबारी है। इतनी दूर रहोगे तो कैसे देखभाल कर सकोगे बेटा? लोगों की नीयत बिगड़ते देर नहीं लगती और गांव के लोग भाइयों को आपस में लड़ाने-भिड़ाने में बहुत तेज हैं। ऐसा न हो कि तुम दूर-दूर से जिस जायदाद को अपनी समझ रहे हो, यह गांव वालों की नीयत से किसी और की हो जाए!"

प्रमोद जानता है कि पिताजी का संकेत श्याम और रमेश की ओर है। वे इन दोनों पर शक कर रहे हैं, लेकिन इन दोनों भाइयों की नीयत पर सीधी चोट न करके गांव वालों की नीयत का सहारा ले रहे हैं।

प्रमोद के लिए पारिवारिक संबंधों का अब यही धरातल रह गया है। यह एक ऐसा अनुभव है जो कथा के विकास के साथ उत्तरोत्तर अधिक व्याप्ति और तीव्रता ग्रहण कर लेता है। प्रमोद से मिलने के लिए गांव से अनेक लोग आते हैं, बातचीत में वे अपनापन भी दिखाते हैं, लेकिन उनका अपनापन उनके किसी टुच्चे स्वार्थ की पूर्ति का साधन मात्र है। यह टुच्चापन जैसे गांव के अधिकांश लोगों के स्वभाव का हिस्सा बन गया है। वस्तुतः प्रमोद अपनों के बीच अपने-आपको बिलकुल अकेला अनुभव करता है। घर पर रमेश की बीमार पत्नी और उसके बच्चे आ गए हैं। उनके आने से जैसे घर का पूरा माहौल ही बदल गया। रमेश की फूहड़ पत्नी का अकारण अपने बच्चों को पीटना, बीमारी का बहाना बनाकर घर के कामकाज से दूर रहना। श्याम की नौकरी छूटती है तो वह स्कूल के व्यवस्थापक मंडल के

विरुद्ध केस दायर करना चाहता है, लेकिन यह काम भी करना पड़ता है प्रमोद को ही। उसके फुफेरे-ममेरे भाई रोज-रोज शहर आते हैं, रुपये कम पड़ते हैं तो चले आते हैं प्रमोद के पास। प्रमोद चिढ़ता है—खीझता है। घर में लगी रहने वाली भीड़ और शोरगुल ने उसे बेचैन कर दिया है। "वह ऊब गया है इन आवाजों से। अपनेपन का घेरा कितना खोखला लेकिन बोझिल है, कितना उबाऊ और कुरूप है। इससे अच्छा तो महानगर का अजनबीपन था।" वह चाहकर भी इस स्थिति से बाहर नहीं निकल पाता। इस संबंध में उसका मन-मस्तिष्क हर समय एक गहरे अंतर्द्वंद्व से भरा रहता है। उसकी समझ में नहीं आता कि "इतना होने पर भी इन लोगों को झेलते जाने के लिए मैं अपने आपको क्यों मजबूर पाता हूं। उन्हें झटक कर फेंक क्यों नहीं देता। यही तो मेरी मजबूरी है। झल्ला भी रहा हूं और श्याम के लिए सब कुछ करूंगा भी।"

मनुष्य के व्यक्तित्व-निर्माण और उसके व्यक्तित्व को मानवीय अर्थवत्ता प्रदान करने में मानव-संबंधों की एक महत्वपूर्ण भूमिका होती है। इन संबंधों के टूटने या इनके झूठे पड़ जाने से व्यक्तित्व का सर्जनात्मक अंश ही कुंठित हो जाता है, उसमें अनेक मानवीय गुणों का आविष्कार नहीं हो पाता, आत्म-विस्तार का मार्ग बंद हो जाता है। स्वयं प्रमोद इस बात को लेकर हैरान है कि उसकी सोच का धरातल इतना नीचा क्यों हो गया है? उसे लगता है कि लोगों के टुच्चेपन से बचने के लिए वह जिन तौर-तरीकों को अपनाता है, उनसे वह स्वयं अपनी ही आंखों में गिरने लगता है। "वह सोचता है कि गोरखपुर आकर वह कितनी छोटी-छोटी बातों पर सोचने लगा है और कितने छोटे स्तर से। अब तक वह दिल्ली में रहकर साहित्य और शिक्षा के बारे में सोचता रहा, कहानियां और उपन्यास लिखता रहा। घर के बारे में सोचने के लिए संज्ञा ही पर्याप्त थी, किंतु यहां आकर उसे किन-किन बातों पर सोचना पड़ रहा है और कितने घटिया स्तर पर।"

सामाजिक-पारिवारिक संबंध मनुष्य के परिवेश का निर्माण करते हैं। इन संबंधों की अस्वीकृति वस्तुतः मानवीय परिवेश की अस्वीकृति का पर्याय है। यह आधुनिकतावादी अकेलेपन से एक भिन्न प्रकार का अकेलापन है जो व्यक्ति की चेतना को कुंठित करता है। यही कारण है कि मिश्रजी इस निषेध की भूमिका पर ले जाकर हमें छोड़ नहीं देते। यानी 'अपने लोग' में मानवीय संबंधों की तलाश को छोड़ नहीं दिया गया। हां, यह अवश्य है कि ये संबंध जहां भी हैं वहां औपचारिक न होकर आंतरिक हैं, उनमें दिखावा नहीं गहरी अंतरंगता है। यानी प्रमोद एक ओर जहां परिवार और गांव वालों के कृत्रिम अपनापे को नफरत करता है, उनकी स्वार्थवृत्ति को लेकर बुरी तरह बेचैन हो उठता है, वहीं दूसरीं ओर वह उमेश, बी० लाल, विलास, फुलवा और मंजरी के दुख-दर्द को लेकर गहरे रूप में

बेचैन दिखाई देता है। इन सबके प्रति उसके हृदय में सच्ची सहानुभूति और आत्मीयता का भाव है। उमेश के लिए तो कुछ किया नहीं जा सकता, अधिक-से-अधिक इतना संभव था कि उसके बिगड़े हुए मानसिक असंतुलन को लेकर चिंतित हो लिया जाए, लेकिन विलास की समस्या ऐसी है जिसे सुलझाया जा सकता है, प्रमोद उसको सुलझाने की कोशिश भी करता है, लेकिन उसे सफलता नहीं मिलती। विलास की नियति नगर की गंदी राजनीति के चक्रव्यूह में कुछ इस प्रकार से फंस गई है कि लाख कोशिशों के बावजूद प्रमोद उसे बचा नहीं पाता। विलास को बचा पाने की एक शर्त है, वह यह कि प्रमोद अपने विवेक और आत्म-सम्मान की भावना को भूलकर टुच्ची और भ्रष्ट राजनीति के सामने आत्म समर्पण कर दे। प्रमोद यह नहीं कर पाता, अतः वह विलास को बचा भी नहीं पाता। फुलवा की यातना का संबंध वर्गभेद और गरीबी-अमीरी के बीच चलने वाले अंतहीन संघर्ष से है। फुलवा की समस्या का समाधान शोषणविहीन समाज की रचना में निहित है। मानव जाति को हर स्तर पर शोषण, दमन, अन्याय तथा अत्याचार से मुक्ति दिलाने के लिए प्रमोद की सक्रियता व्यवहार के स्तर पर भले कुछ कम है लेकिन रचना के स्तर पर वह अपनी आंतरिक ऊर्जा और जागरूकता के साथ जुड़ा रहता है।

गोरखपुर के जीवन को सर्वाधिक प्रभावित करनेवाला तत्व है, वहां की राजनीति। यह राजनीति वहां के सामाजिक विघटन की उपज तो है ही, उसकी प्रवृत्तियां उस विघटन की प्रक्रिया को और अधिक वेगवान बनाती हैं। कहने को वहां कांग्रेस, जनसंघ और साम्यवादी जैसे राष्ट्रीय स्तर के राजनीतिक पक्ष हैं, इन सबके अपने सैद्धांतिक आग्रह हैं, इनके पास सामाजिक परिवर्तन और विकास की कुछ निश्चित योजनाएं हैं, लेकिन व्यावहारिक स्तर पर इन राजनीतिक दलों का कोई उत्साहवर्धक चित्र उभरकर हमारे सामने नहीं आता। सत्ता हथियाने की पैंतरेबाजी ने राजनीति को एक सामाजिक विकृति में बदल दिया है। चुनाव की कांग्रेसी मोर्चेबंदी का एक दृश्य निम्न प्रकार से है—

शंकर कॉलेज में जनसंघ के नेता हैं बलराम सिंह। शंकर कॉलेज में ब्राह्मणों और ठाकुरों में तनाव रहता है, आप ठाकुर हैं और आपके प्रतिद्वंद्वी बंशीधर ओझा ब्राह्मण हैं। बलराम सिंह को ठाकुर के आधार पर आत्मीय बनाकर उनसे वोट लीजिए।...मैं ब्राह्मणों का मोर्चा संभालता हूं। खलील साहब, आप मुसलमानों का मैदान जीतिए।

गोरखपुर की इस राजनीति ने संपन्न लोगों को और भी अधिक संपन्न बना दिया है। यानी गरीबों को सताने और उनका शोषण करने की धनवानों की क्षमता में वृद्धि हुई है। डॉ० सूर्यनारायण फुलवा की जमीन को कुछ ऐसी चालाकी से हड़प जाते हैं कि वह देखते-ही-देखते भिखारिन बन जाती है। अपनी राजनीतिक

हथकंडेबाजी से ही नये उद्योगपति मंगलसिंह लड़कियों के स्कूल के सामने सिनेमा-घर के लिए जमीन पा जाते हैं। इस मक्कार किस्म की राजनीति में अपनी उपयोगिता सिद्ध करने में असमर्थ विलास अपनी नौकरी खो देता है। और कोई राजनेता कहीं उसका उपयोग न कर ले इस बात के प्रति कुछ अतिरिक्त सावधानी बरतनेवाले प्रमोद को अनेक कठिनाइयां उठानी पड़ती हैं।

विचार और स्वप्न को चरितार्थता प्रदान करने का एक दूसरा माध्यम भी है—और वह है साहित्य। यह माध्यम अपेक्षाकृत अधिक सूक्ष्म है, साथ ही जीवन के अनेक स्तरों को छूता है। वर्तमान के साथ गहरी संपृक्ति के बावजूद उसमें जीवन की भावी संभावनाओं का संकेत समाहित रहता है। लेकिन लगता है कि जिस विकृति ने राजनीति को घेर लिया है, उससे साहित्य भी अपने आपको अछूता नहीं रख सका। रचनाकार होने के नाते प्रमोद गोरखपुर की साहित्यिक गतिविधियों से सहज ही जुड़ जाता है। लेकिन दिल्ली जैसे महानगर से अरिकला प्रमोद यहां की रचनाशीलता में एक अजीब किस्म के विरोधाभास का दर्शन करता है। सामाजिक, आर्थिक और सांस्कृतिक स्तर पर पिछड़े हुए इस इलाके के अधिकांश रचनाकारों के अनुभव की जड़ें उनकी अपनी मिट्टी में नहीं हैं। वे ऐसे विषयों पर लिखना चाहते हैं जिनका संबंध उनके अपने जीवन और परिवेश के साथ हो—न हो, लेकिन वे एक अमूर्त किस्म के अन्तर्राष्ट्रीय भाव-बोध का हिस्सा बन सकें। लेकिन संवेदना और दृष्टि की यह कृत्रिमता उनको कहीं का नहीं रहने देती। वे प्रायः यह बात भूल जाते हैं कि अपेक्षाकृत अधिक दायित्वपूर्ण ढंग से अपने देश और काल का हुए बिना कोई भी रचनाकार सार्वदेशिक या सार्वयुगीन नहीं बन सकता। रचनाकार होने के नाते प्रमोद का संघर्ष दुहरा है। वह जीवन के स्तर पर भी संघर्ष करता है और रचना के स्तर पर भी। तथाकथित आधुनिकतावादी रचनाकारों से उसकी मुख्य शिकायत यह है कि वे साहित्य में तो विद्रोही होते हैं लेकिन जीवन में एकदम समझौतावादी, साहित्य में हर चीज का निषेध करते हैं लेकिन जीवन में यह निषेध भाव कहीं भी नहीं दिखाई देता, वहां वे हानि-लाभ का ब्यौरा लेकर बैठने वाले एकदम कामकाजी आदमी हैं। यानी वे हर स्तर पर व्यवस्था के अन्तर्विरोधों से फायदा उठाते देखे जा सकते हैं। मसलन शिवराज चौधरी साहित्य में बड़े विद्रोही हैं लेकिन अपने मामूली स्वार्थों की पूर्ति के लिए बड़े निचले स्तर के स्थानीय राजनेताओं के तलवे चाटते दिखाई देते हैं। जाहिर है कि उनके सामाजिक व्यक्तित्व और रचनाकार के बीच एक ऐसी दुर्लंघ्य खाई है जिसे या तो वे देखते ही नहीं, या देखकर भी उसे पहचानने से मना कर देते हैं। सच्चाई यह है कि वह चाहे राजनीति हो या साहित्य, अपनी मिट्टी से जीवन-रस ग्रहण किए बिना वैसी संघर्षशील चेतना को जन्म ही नहीं दे सका जो प्राणों में स्पंदन जगाता है, यथार्थ को परखने और स्वप्न को साकार करने की शक्ति और

प्ररणा प्रदान करता है।

उपन्यास में सामाजिक यथार्थ के एक गतिशील अंश की व्यंजना बी० लाल-मंजरी और उमेश-माधवी की प्रणय कथाओं के माध्यम से होती है। बी० लाल का बचपन जिन विडंबनाओं के बीच से गुजरता है, जिन वंचनाओं का वह शिकार बनता है वे उसके व्यक्तित्व को गहरे रूप से प्रभावित करती हैं। अपने पति की मृत्यु के लिए उत्तरदायी चरित्रहीन कुलटा मां कलावती के पुत्र बी० लाल का प्रवर्तमान नैतिकता और सामाजिक विधि-निषेध के प्रति विद्रोही हो उठना स्वाभाविक है। उसके चरित्र-विकास की दो ही संभावनाएं थीं। प्रथम तो यह कि समाज के खोखलेपन के खिलाफ एक धड़ाके के साथ अपने-आपको ही ध्वस्त कर दे। अपनी हस्ती को पूरी तरह मिटा दे। दूसरे यह कि वह अपने असाधारण आक्रोश और विद्रोही भाव को नई दिशा देकर सामाजिक नैतिकता के अपेक्षाकृत अधिक विवेकसंगत मानदंडों की तलाश करे।

प्रारंभ में बी० लाल एक दिशाहीन और भटके हुए युवक के रूप में ही आता है। समाज उसको उसकी मां के अपराधों के लिए दंड देता है। मां के नैतिक पतन का बदला उससे लिया जाता है। इस स्थिति से उसका मन इस हद तक विद्रोही हो उठता है कि वह जैसे अपने आचरण से समाज की नैतिकता की धारणा को ही चुनौती देने लगता है। कई स्त्रियों के साथ उसका अनैतिक संबंध उसके इसी विद्रोही भाव को प्रकट करता है। उसके विद्रोह भाव को एक नया अर्थ देता है, मंजरी के प्रति उसका प्रणय भाव। रूढ़िवादी ब्राह्मण परिवार में जन्मे बी० लाल का एक क्रिश्चियन युवती मंजरी को पाने के लिए असाधारण संघर्ष समाज में प्रवर्तमान जाति और धर्म संबंधी रूढ़ियों पर एक जबरदस्त और कारगर प्रहार है।

उमेश और माधवी का प्रणय उपन्यासकार के अनेक संवेदनात्मक उद्देश्यों की पूर्ति करता है। उमेश एक प्रतिभावान युवक है। वैचारिक प्रखरता के साथ ही उसमें गहरी भावुकता और मानवीय प्रतिबद्धता है। वर्ग-विषमता और रूढ़ियों से ग्रस्त समाज में न तो उसे अपनी प्रतिभा के विकास का उचित अवसर मिलता है और न वह ऐसी सामाजिक-राजनीतिक परिस्थितियों का निर्माण कर पाता है जिनके सहारे वह अपने विद्रोही भावों और विचारों को तार्किक परिणति तक पहुंचा पाता। सामाजिक असंगतियों के बीच अपने आपको खपा देने या उनके खिलाफ सामूहिक संघर्ष की भूमिका का निर्माण कर समता और न्याय पर आधारित एक नई व्यवस्था की स्थापना करने की शक्ति और सामर्थ्य के अभाव में वह अपना मानसिक संतुलन खो देता है। विचारों और स्वप्नों के अनुरूप सक्रियता के अभाव में उसका व्यक्तित्व पूरी तरह क्षत-विक्षत हो जाता है। यूं अपने विद्रोही भाव को किसी तार्किक परिणति तक पहुंचा सकने में असमर्थ उमेश एक कमजोर पात्र ही

माना जाएगा लेकिन मिश्रजी ने अपने मानवीय सरोकारों की व्यंजना और समसामयिक जीवन के अन्तर्विरोधों के उद्घाटन में उमेश के 'पागलपन' का बड़ा कारगर और सर्जनात्मक उपयोग किया है। अनेक कथा-प्रसंगों में पागल उमेश की आकस्मिक उपस्थिति आज की सभ्यता और संस्कृति के आन्तरिक असंतुलन, उसके चिकने-चुपड़े जड़ाऊपन में छिपी उसकी दर्दनाक विकलांगता को उजागर कर देती है।

यथार्थ के अनेक स्तर और कोण होते हैं। रचनाकार उन सबके बीच एक आवयविक रिश्ते, एक अंतः संयोजन की तलाश करता है। यही कारण है कि वह अनुभव के एक ही विन्दु से यात्रा करता हुआ भी जीवन-संवेदन के अनेक स्तरों को छूता है, यथार्थ के अनेक पहलुओं को उजागर करता है। यानी एक कथाकार जब अपने दो भागों के बीच एकान्तिक समर्पण और गहन आकर्षण की बात करता है, तब भी वह उस एक भाव तक ही मर्यादित नहीं रह जाता। और यदि वह सचमुच किसी विशिष्ट भाव की सीधी रेखा पर ही यात्रा करता है, उसमें अनुभव की संश्लिष्टता और जटिलता नहीं आती तो निश्चित ही उसकी कलाकृति रचनात्मक उत्कृष्टता से वंचित रह जाएगी। यानी वह जिस एक भाव को उत्कर्ष प्रदान करना चाहता है उसे वह अपेक्षित तीव्रता और गहनता में प्रकट नहीं कर सकेगा। वस्तुतः प्रत्येक भाव की सहज अभिव्यक्ति को रोकने वाले कुछ बाहरी अवरोधक तत्व होते हैं, कुछ भीतरी अंतर्निषेध होते हैं। रचनाकार द्वारा इनकी स्वीकृति या उनकी परख ही उसे यथार्थ को खंड रूप में नहीं बल्कि समग्रता में देखने के लिए प्रेरित करती है। मिश्रजी का उपन्यास 'अपने लोग' यथार्थ की इसी समग्रता की खोज का एक रचनात्मक दस्तावेज है। 'अपने लोग' में उठाई गई एक घरेलू समस्या, मानवीय पीड़ा का एक नितांत वैयक्तिक दंश, अपने अभिव्यक्त रूप में उन सारे संदर्भों को छूता है जो मनुष्य के अस्तित्व के लिए चुनौती खड़ी करते हैं, या फिर जो उसके अस्तित्व के अर्थ को समझने में सहायक होते हैं। जिंदगी के अर्थ की यही खोज 'अपने लोग' को कलात्मक पूर्णता और सार्थकता प्रदान करती है।

आकाश की छत।
आस्थावादी दृष्टि का विस्तार

अपने दो बृहद् उपन्यासों—'पानी के प्राचीर' और 'जल टूटता हुआ' के सृजन के बाद रामदरश मिश्र की रचनाशीलता में जैसे एक निर्णायक मोड़ आता है। लघु उपन्यास के लेखन की ओर प्रवृत्त होना उपन्यास के आंचलिक रूप को छोड़कर, या उसके साथ ही, एक नये शिल्प का संधान, उनकी रचनाशीलता के इस मोड़ का ही परिचायक है। यूं मिश्रजी अनुभव की जिस जमीन पर खड़े होकर अपने उपन्यासों की रचना कर रहे थे, उसके लिए आंचलिक शिल्प का चुनाव एक सही और जरूरी निर्णय था। अंचल के जीवन—पात्रों की चारित्रिक विशिष्टताओं, सामाजिक रीति-रिवाजों एवं सांस्कृतिक परंपराओं के निर्माण में अंचल के परिवेश की एक महत्वपूर्ण भूमिका होती है। वहां के जीवन की अधिकांश विशिष्टताएं और कमजोरियां आंचलिक जीवन परिवेश के साथ संबंधित होती हैं। इसलिए जीवन और परिवेश के संघर्ष और संधान को उभारना आंचलिक उपन्यास की एक रचनात्मक शर्त होती है। लेकिन इस शिल्पविधान की—जो निश्चित ही एक विशिष्ट जीवन-बोध को रूपायित करने के लिए आविष्कृत किया गया था—अपनी कुछ मर्यादाएं भी हैं। इसमें कभी-कभी परिवेश की भौगोलिक विशिष्टताओं और सांस्कृतिक बोध की चर्चा इतना विस्तार ग्रहण कर लेती है कि उपन्यास में कार्य का विकास रुक जाता है। जीवन के आंतरिक उद्वेलन के मार्मिक प्रसंग तो विपुल मात्रा में आ जाते हैं लेकिन वैसी वैचारिक प्रखरता नहीं आ पाती। संस्कृति के नाम पर बहुत कुछ कृत्रिम और औपचारिक भी जीवित बना रहता है। आंचलिक उपन्यासों में संस्कृति के प्रति गहरा आकर्षण परिवेश के साथ किसी-न-किसी प्रकार चिपके रहने की प्रेरणा बन जाता है।

यह बात नहीं कि मिश्रजी ने अपने आंचलिक उपन्यासों में इन मर्यादाओं का रचनात्मक स्तर पर अतिक्रमण न किया हो, लेकिन प्रत्येक रचना की अपनी कुछ ऐसी रूपगत शर्तें होती हैं, जिनका निर्वाह करना जरूरी होता है। ऐसे में काव्यरूप की मर्यादाएं, लेखक के भावबोध की मर्यादाएं बन जाती हैं। ऐसी स्थिति में जीवन

के साथ गहरी रचनात्मक संपृक्ति वाले कथाकार के लिए नये रूप-विधान का आविष्कार करना जरूरी हो जाता है। उसके लिए यह जरूरी है कि वह स्वयं अपने द्वारा निर्मित काव्य-रूप की कमजोरियों को समझे और नये भावबोध के अनुरूप अपने काव्य-रूप में संशोधन और परिष्कार करता रहे। यह एक विरोधाभास ही कहा जाएगा कि ऊपरी तौर पर उपन्यास के शिल्प के प्रति उदासीन दिखाई देने वाले रामदरश मिश्र में वस्तुतः शिल्प के प्रति एक अतिरिक्त सावधानी —एक विशिष्ट कला-चेतना के दर्शन किए जा सकते हैं।

'पानी के प्राचीर' और 'जल टूटता हुआ' के बाद बीच का समय मिश्रजी के भावबोध और रचना-रूप के नये बदलाव का संकेत देता है। यह बदलाव उनकी कला और जीवन-चेतना की कोई नयी उपलब्धि है, यह तो नहीं कहा जा सकता लेकिन आंचलिक बोध की मर्यादाओं के अतिक्रमण की इसमें एक ईमानदार कोशिश अवश्य की गयी है। 'बीच का समय' में गांव आता है लेकिन स्मृतियों के रूप में—हालांकि यहां गांव का होना-न-होना उतना निर्णायक नहीं है जितना निर्णायक है गांव का जीवन और उसकी विडंबनापूर्ण स्थितियों को प्रस्तुत करने का नया और गैर आंचलिक तरीका। 'सूखता हुआ तालाब' के कथानक का संबंध सीधे-सीधे गांव के जीवन से है लेकिन उसका भी रचना-विधान मिश्रजी के उक्त दोनों बृहद् उपन्यासों से अलग प्रकार का है। 'बीच का समय' में भावना का रंग कुछ अधिक गाढ़ा है, लगता है जैसे प्रेम की संवेदना में घुल-मिलकर आने वाले जीवनयथार्थ की रेखाएं अधिक स्पष्ट नहीं हो पायीं। लेकिन यहां वस्तु-संयोजन में एक नये किस्म का रचाव-कसाव है। कथानक एक निश्चित लयगति से विकसित होता है। वस्तु-संकलन की यह चुस्ती-दुरस्ती, 'सूखता हुआ तालाब' की भी अपनी निजी विशेषता है। घटनाएं जैसे संवेदना के प्रवाह में तिरोहित हो गयी हैं। ये दोनों उपन्यास दो अलग-अलग जीवन-स्तरों को प्रकट करते हैं। इन दोनों स्तरों को 'आकाश की छत' में बड़े युक्तिपूर्ण ढंग से संयोजित कर दिया गया है। इसमें 'बीच का समय' की भावात्मक ऊष्मा और आदिम लय के साथ 'सूखता हुआ तालाब' की मानवीय प्रतिबद्धता और यथार्थ की रचनात्मक पहचान मौजूद है।

'आकाश की छत' की कथा-संरचना कुछ भिन्न प्रकार की है। इसका आरंभ एक संकट के बिंदु से होता है। कथानायक यश आधी रात को अपने-आपको बाढ़ के पानी में घिरा पाता है। उसके पास बाढ़ से बचने का एक ही उपाय है—वह किसी प्रकार अपने मकान की छत पर पहुंच जाए। जल्दी में आत्मरक्षा के लिए एक-दो जरूरी चीजों को लेकर यश छत पर तो पहुंच जाता है लेकिन इससे स्थिति में कोई खास फर्क नहीं पड़ता। वस्तुतः संकट की अनुभूति उत्तरोत्तर अधिक गहरी और अधिक तीव्र बनती जाती है। क्योंकि उसकी छत अन्य लोगों के मकानों से जुड़ी हुई नहीं है। इसलिए उसे कहीं से कोई सहायता नहीं मिल सकती। जिस

चीज की उसे तत्काल जरूरत है—और जिसके बिना अपना अस्तित्व टिकाए रखना उसके लिए असंभव है—वह है पानी। चारों ओर पानी से घिरे हुए यश की जीवन-लीला जैसे पानी के अभाव में ही समाप्त हो जाएगी।

यश का संकट-बोध अस्तित्ववादियों के संकट-बोध से भिन्न किस्म का है क्योंकि अपने अस्तित्व की रक्षा के लिए संघर्ष करने वाले यश के पास अतीत की कुछ जीवंत स्मृतियां तो हैं हीं, साथ ही काल की इस सीमा-रेखा का अतिक्रमण कर संभावनापूर्ण भविष्य का एक स्वप्न भी है।

"यश को लगा कि उसे इस कैद के दिन का अपमान नहीं करना चाहिए। उसी ने उसके बीते दिनों को इतना मोहक बना दिया है और एक नयी सुबह का सपना उसकी आंखों में भर दिया है।" अनुभव के स्तर पर पहुंच जाने पर बहुत-सी बातें आसान हो जाती हैं। यश भी दर्शन के स्तर पर पहुंच गया और एक दृढ़ आशा और विश्वास से मुट्ठियां कसकर बोला—'सामना करूंगा इस चुनौती का; बहुत-सी चुनौतियों का सामना किया है।' चुनौतियों का सामना या चुनौतियों को ढोते रहना ही तो उसकी जिंदगी रही है।"

यह सच है कि यश के अपने जीवन के ठहराव की पीड़ा बड़ी विचलनकारी है लेकिन अस्तित्व के लिए संघर्ष में जुटे और मौत से मुहमिल होकर भी वह रात में दूर कहीं गाड़ी के जाने की आवाज सुनता है तो उसका मन आनंद और उल्लास से भर जाता है। उसे इस बात की प्रसन्नता होती है कि अभी भी जिंदगी कहीं ऐसी है जो मुक्त है और जिसमें गतिशीलता है।

"कितना अच्छा लगता है एक ठहराव के बाहर, जीवन के बहते रहने का आभास। वह कैद है तो क्या, कैद के बाहर लोग चल-फिर रहे हैं।"

यश का संकट आकस्मिक है। उसे बाढ़ की पूर्वसूचना न मिली हो यह बात नहीं लेकिन यश के लिए सरकारी ऐजेन्सियां इस हद तक अपनी विश्वसनीयता खो चुकी हैं कि उनकी दी गयी सूचना की सचाई पर उसे विश्वास ही नहीं होता। उसके सामने सवाल यह भी था कि इस अजनबी शहर में उसका ऐसा कौन है जिसके यहां ठहर कर वह संकट के इन दिनों को काट ले। फिर कई अन्य लोग भी तो वहीं ठहर गए थे। लेकिन यश जानता है कि ये सारी बातें तो निर्णय लेने की कष्टसाध्य स्थिति को टालने का बहाना मात्र थीं। असलियत यह है कि उसे इस बात की आशंका ही नहीं थी कि बाढ़ अचानक इतना भयावह रूप ग्रहण कर लेगी। बाढ़ के रूप में मौत का इस तरह अचानक सामने आ जाना यश को भीतर तक झकझोर कर रख देता है लेकिन साथ ही यह स्थिति उसे उस संकट पर सोचने के लिए भी मजबूर करती है जो अब तक उसके अस्तित्व की शर्त बना रहा। वस्तुतः यश का जीवन संकटों से मुहमिल होते रहने का एक अंतहीन सिलसिला रहा है।

यश का बाढ़ से घिरने का यह अनुभव देश की राजधानी दिल्ली के एक हिस्से मॉडल टाउन से संबंधित है। लेकिन लेखक महानगर के जीवन के बारे में अधिक ब्योरे नहीं देता, केवल संकेतों से—व्यंजना के द्वारा वह उस जीवन की कुछ विचलनकारी सच्चाइयों की ओर निर्देश भर करता चलता है। मसलन उसे यह जानकर आश्चर्य होता है कि बाढ़ में फंसे लोगों में से किसी को भी तैरना नहीं आता। सामने की छत पर एक बच्चा भूख से घंटों चीखता रहता है लेकिन उसी छत पर प्राणरक्षा के लिए आश्रय लेने वाला व्यापारी दूध का डिब्बा नहीं निकालता। वह देखता है कि बाढ़ में भी कुछ लोग गाड़ी के ट्यूब की सहायता से आकर किसी चोपड़ा साहब को आवाज देते हैं और उनके पास रसद पहुंचा देते हैं। 'कौन हैं यह चोपड़ा साहब ?' उसे याद आता है—'तो स्मगलिंग करते हैं चोपड़ा साहब !' हां, पहचानता है इन्हें।

वस्तुतः चोपड़ा साहब को पहचानना जीवन की विसंगतियों को पहचानना है। वह अनुभव करता है कि 'चोपड़ा साहब अकेले नहीं हैं। नेता उनके साथ हैं; पुलिस उनके साथ है, न्याय उनके साथ है, सामाजिक इज्जत उनके साथ है।'

शहर की जिंदगी के यथार्थ को लेखक ने मूल कथा की पृष्ठभूमि के रूप में लिया है। जीवन का यह स्तर कथानक के केन्द्रीय संवेदन का हिस्सा नहीं बनाया गया। लेकिन लेखक चोपड़ा के बारे में दी गयी सूचनाओं से—जैसे अपनी कथा-कृति के एक महत्वपूर्ण संवेदनात्मक उद्देश्य की पूर्ति कर लेना चाहता है—

"चोपड़ा साहब अनेक रूपों में हैं—छोटे रूप में, बड़े रूप में, पढ़े रूप में, बेपढ़े रूप में, गांव में, शहर में, कस्बे में। इन सबके लिए पैसा सत्य है, वही बड़ा है, शिक्षा, मूल्य, सभी दो कौड़ी के हैं।"

यहां जीवन की एक विचलनकारी सच्चाई का उद्घाटन लेखक ने वर्णनात्मकता के स्तर पर किया है। लेकिन यह संभवतः लघु उपन्यास की रूपगत मर्यादा है। साथ ही अपने अनुभवों के सामान्यीकरण का अधिकार भी तो लेखक से नहीं छीना जा सकता। यह सामान्यीकरण रचना के लिए अहितकर तब हो जाता है जब जीवन के यथार्थ अनुभव के बीच से गुजरकर उन तक नहीं पहुंचा जाता। मिश्रजी जानते हैं कि जब अनुभव की जटिलता और संश्लिष्टता को दरकिनार कर सामान्यीकरणों पर पहुंचने की जल्दबाजी की जाती है तो वे प्रायः सरलीकरण के पर्याय बन जाते हैं। एक मित्र के साथ हुई चर्चा के संदर्भ में यश सोचता है—'राजनीतिक और दार्शनिक दोनों आदमी का सरलीकरण करके उसे राष्ट्रीय और सार्वभौम बना देते हैं, केवल उसे आदमी नहीं बना पाते। उन्हें पता नहीं आदमी की कितनी छोटी-छोटी परतें होती हैं—भूख-प्यास, सौन्दर्य-असौन्दर्य, शक्ति-अशक्ति, भाव-विचार, असीम-ससीम के कितने उलझे हुए रेशे उसमें तने हुए होते हैं और उसे भी तानते रहते हैं।'

उपन्यासकार बाढ़ की घटना के द्वारा इस तथ्य को व्यंजित करता है कि मॉडल टाउन के आकस्मिक संकट से-उस संकट से जिसने यश के अस्तित्व के लिए ही खतरा पैदा कर दिया है—वह संकट कतई कमतर नहीं है जिसे वर्तमान व्यवस्था की असंगतियों ने हमारे सामने खड़ा कर दिया है। अतः लेखक ने दिल्ली में आई बाढ़ को आज की असंगतियों और अंतर्विरोधों के उद्घाटन के लिए एक प्रस्थान बिंदु के रूप में ग्रहण किया है। दिल्ली की बाढ़ कथानायक यश की चेतना को उसके उन खेतों से जोड़ देती है—'जो राप्ती के कछार में पड़ते थे।' इन्हीं खेतों को बार-बार राप्ती अपने बाढ़ के पानी से आच्छादित कर लेती लेकिन यश को मालूम है कि राप्ती के पानी से उबरने पर "जैसे ये खेत नई जिंदगी के साथ लहरा उठते हैं।" गांव में रहने वाला यश बाढ़ के संकट को समझे यह तो स्वाभाविक है ही लेकिन वह इस तथ्य से भी अवगत् है कि "बाढ़ से बड़ा इस सेठ का बहीखाता है जिसमें एक बार जो चीज गई फिर उसमें से सिर नहीं निकाल सकी। उसके खेत भी सेठ के बहीखाते में डूब गए।"

विरोधाभास यह है कि बाढ़ग्रस्त मॉडल टाउन एक समाचार बन गया है। रेडियो पर उसकी खबरें आती हैं। बाढ़ में फंसे हुए लोगों की सहायता के लिए आसमान पर हेलिकॉप्टर उड़ाए जाते हैं। डूबते हुओं को बचाने—उन्हें सुरक्षित स्थान पर पहुंचाने की कोशिशें की जाती हैं। यह सच है कि इस कार्यवाही में लापरवाही बरती जाती है, उसमें प्रचार और प्रदर्शन की भावना ही अधिक है फिर भी हम आश्वस्त हो लेते हैं कि चलो, देर-सबेर ही सही इस संकट की नोटिस तो ली गयी। लेकिन उस बाढ़ के विषय में सभी चुप हैं जो कछार के जीवन को तबाह किए हैं। इससे भी बड़ी चुप्पी उस बाढ़ के बारे में है जो सेठ के बहीखाते से आती है। उसमें गरीब खेतिहरों के खेत ही नहीं डूबते बल्कि उसे रोकने का प्रयत्न करने वाले बदरी भैया जैसे शक्तिशाली और संघर्षशील व्यक्ति भी डूब जाते हैं। उपन्यास की कथा-संरचना के द्वारा लेखक सांकेतिक व्यंजना के सहारे इस तथ्य को बड़े रचनात्मक स्तर पर उभार सका है कि मॉडल टाउन के चोपड़ा साहब, गांव के सेठ चोंकरदास और कस्बे के रघुनाथ ठेकेदार एक ही यथार्थ के अलग-अलग चेहरे हैं।

कथानायक यश जिस स्थिति की गिरफ्त में है उसमें सक्रियता की कोई गुंजाइश नहीं है। यहां संकट का सामना करने का अर्थ है प्रतीक्षा—एक ऐसे आनेवाले कल की प्रतीक्षा जिसका आना अनिश्चित है। लेकिन वह कल आए अथवा न आए, यश को आखिरी सांस तक अपने मनोबल को टिकाए रखना है। अपने सहज प्रवाह को छोड़कर गली-गली, घर-घर घुस आने वाली यमुना के प्रति अपनी नाराजगी प्रकट करता हुआ वह कहता है—"आ गई हो मेरी अम्मा, तो सूअर की तरह गली-गली घूमकर गंदगी चाटो।" इस रूपक से उसे थोड़ी राहत मिली, उसे

लगा कि उसने यमुना पर चोट करके कुछ बदला चुका लिया है। हां, उसके मनोबल को टिकाए रखने में जो चीज सबसे अधिक सहायक होती है, वह है उसके अपने खुद के जीवन का इतिहास। वह इतिहास जिसने उसके व्यक्तित्व को अर्थ दिया है, जिसने उसकी संवेदना और दृष्टि का विस्तार किया है। उसका इतिहास वस्तुत: संघर्षों का इतिहास है! यह सच है कि संघर्ष का इतिहास वर्तमान संकट को टाल नहीं सकता लेकिन यह उसकी भयंकरता को अवश्य ही कम कर देता है। वर्तमान का सामना करने की शक्ति देता है। इतिहास के क्रम से अलग रखकर देखे जाने पर कोई घटना जैसी लगती है, अन्य घटनाओं की सापेक्षता में वह वैसी नहीं दिखाई देती। हां, यश के जीवन की यह विडंबना अवश्य है कि वह बदरी भैया और कामरेड जगत के सामाजिक, राजनीतिक संघर्ष का साक्षी भर बन पाता है। लेकिन शायद हमें ऐसा इसलिए लगता है कि हम युग के संघर्ष को कुछ निश्चित तरीकों से व्यक्त होता देखना चाहते हैं। हम यह भूल जाते हैं कि सभी संघर्षों का उद्देश्य अंतत: मानवमुक्ति है। मोटे तौर पर राजनीतिक संघर्ष के द्वारा भी हम मानव संबंधों को ही सहज उदार और विवेकपूर्ण बनाते हैं। ऐसे में यश का पारिवारिक संघर्ष भी इस दृष्टि से कामरेड जगत और बदरी भैया के सामाजिक संघर्ष की भांति ही महत्वपूर्ण है।

यश का परिवार मात्र कहने-भर को एक इकाई है। आंतरिक स्तर पर वह एकदम विघटित और खंडित हो चुका है। पिता की मृत्यु के बाद उसे अपने दो सौतेले भाइयों—बदरी भैया और राम में से बदरी का स्नेह प्राप्त हुआ है। लेकिन बदरी भैया की हत्या के बाद उसका जीवन पूर्णत: निराश्रय और निराधार बन गया है। एक प्रकार से राम भैया द्वारा वह जैसे घर से निष्कासित ही कर दिया जाता है। यश का यह निर्वासन उपन्यास का एक महत्वपूर्ण आशय सिद्ध करता है। अपनी इस निराधार स्थिति के कारण वह अपनी वर्गीय मर्यादाओं से मुक्ति पा जाता है। व्यक्तित्व के आंतरिक रूपांतरण में उसकी यह स्थिति एक खास भूमिका का निर्वाह करती है। उसमें एक नये बोध, नई जीवन चेतना का उदय होता है। उसका यह अहसास कि "अब मेरा कोई घर-द्वार, जाति-पांति नहीं है। जहां चाहूंगा, जाऊंगा, जहां चाहूंगा रहूंगा, जहां चाहूंगा—जिऊंगा, जहां चाहूं, मरूंगा।" उसमें नई शक्ति का संचार करता है। उसके जीवन की यह स्थिति उसे वस्तुत: अंतिम संघर्ष के लिए तैयार करती है। रूपमती का यह कथन—'सुनो जी, अब तुम बच्चे नहीं हो, मरद हो रहे हो, तुम्हें इस तरह भाई से डरकर जिंदगी नहीं बितानी चाहिए।' एकाएक उसका रुद्ध बुद्धि-कपाट खोल देता है।

'आकाश की छत' में भी जीवन कछार का ही है। लेकिन यह मिश्रजी के अन्य उपन्यासों से भिन्न प्रकार का जीवन है। उसमें बदरी भैया हैं जो सेठ की चाकरी करते हैं, तो इस आतम-सजगता के साथ कि उनके जीवन-विवेक और

मानवीय चिंता पर सेठ का कोई अधिकार नहीं है। यश है, जो अपने भाई के खिलाफ लड़ता है—उनसे अपने हिस्से के खेत लेकर ही शांत होता है। विशेषता यह कि खेतों पर अधिकार पाकर वह उन्हें बेच देता है, और राम भैया उसका कुछ नहीं बिगाड़ पाता। कामरेड जगत हैं, जो कॉफी हाउस में बैठकर साम्यवाद की चर्चा नहीं करते बल्कि दलित और शोषित लोगों के बीच रहकर, सामाजिक न्याय और समानता के लिए संघर्ष करते हैं। दलित समाज में से उभरकर ऊपर उठने वाली रूपमती जैसी नारी है, जो अपनी शर्तों पर अपनी जिंदगी जीती है और अपने संघर्ष न केवल अपने-आपको बल्कि समाज के परिवर्तन की प्रक्रिया को गति प्रदान करती है।

यहां इस लघु उपन्यास के रचना-विधान पर भी थोड़ा विचार कर लेना जरूरी है। यों तो लघु उपन्यास के रचना-विधान में सामान्य उपन्यासों की तुलना में कोई मौलिक अंतर नहीं होता लेकिन पात्रबहुलता और कथानक के अनावश्यक विस्तार से बचना इसकी कुछ जरूरी रूपगत मर्यादाएं हैं। कहने को 'आकाश की छत' लघु उपन्यास है लेकिन इसका स्वरूप अपेक्षाकृत और अधिक महत्वाकांक्षी है। इसमें पात्रों की संख्या भी कुछ अधिक है और कथा विन्यास भी अधिक बहुस्तरीय है। अनेक घटनाओं, प्रसंगों से जुड़कर बना कथानक अपेक्षाकृत अधिक विस्तृत अनुभव भूमि पर संचरण करता है। लेकिन फिर भी वस्तु-संकलन की योजना कुछ ऐसी कलात्मक बन पड़ी है कि यथार्थ की अनेक भूमियों को स्पर्श करने के बावजूद कथानक के विस्तार को मर्यादित रखा जा सका है। इस आशय की सिद्धि के लिए लेखक वस्तु के बाह्य स्वरूप के मापजोख से बचकर उसकी आंतरिक पहचान उभारने में प्रयत्नशील रहा। अनावश्यक विस्तार से बचने की लेखक के पास एक युक्ति तो यही थी कि वह सीधे-सीधे कह दे कि "इस बीच बहुत कुछ घटित हो गया···" और फिर वर्णनात्मकता से मुक्ति पाकर तत्काल कथानक के मार्मिक अंश पर आ जाए। उसने एक-दो स्थान पर इस युक्ति का सहारा लिया भी है। राम भैया से खेतों का बंटवारा कराने वाली घटना को लेखक ने अधिक विस्तार नहीं दिया। उसने यह कहकर अपना काम चला लिया है "और फिर एक लंबी कहानी है।" राम भैया जैसे व्यक्ति के विरुद्ध लड़कर अपना हिस्सा लेना बहुत बड़ी बात है। बहुत बड़े सामाजिक और राजनीतिक समर्थन और उनके विरुद्ध एकजुट प्रयत्न के बिना यश के लिए अपना हिस्सा पा सकना निश्चित ही बहुत कठिन कर्म होता। लेकिन लेखक ने यदि उस घटना को अधिक विस्तार देना उचित नहीं समझा तो इसलिए कि अंततः यह लड़ाई एक पारिवारिक विघटन की कथा है और भावबोध के स्तर पर यह एक घिसी-पिटी बात ही मानी जाएगी। इस संघर्ष की तुलना में लेखक ने यश की उस विडंबना को उजागर करने में अधिक सावधानी बरती है जिसके रहते यश की अनिच्छा और प्रतिरोध के

बावजूद अंततः उसके खेतों को सेठ ही खरीदता है। यश और राम भैया के पारिवारिक संघर्ष की तुलना में इस सामाजिक विसंगति और विडंबना को उजागर करना उपन्यास का उद्देश्य है जिसके रहते यश सेठ के हाथों जमीन न बेचने का संकल्प लेकर भी वह उससे अपनी जमीन बचा नहीं पाता। लेखक यदि कथानक को अनावश्यक विस्तार से बचाता है तो उसके पास युग की प्रतिनिधि सच्चाई और युग संघर्ष की मूलभूत सच्चाई को पहचानने की एक अनुभवप्रसूत जीवन-दृष्टि और उत्तरोत्तर परिष्कृत होती जाने वाली कला-चेतना है।

उपन्यास को सीमित बनाने की एक युक्ति का जो अपेक्षाकृत अधिक सीधी-सादी और कुछ अंशों में अकलात्मक है—ऊपर निर्देश किया गया है। लेखक ने एक दूसरी युक्ति का सहारा लिया है, यह युक्ति अधिक सूक्ष्म होने के साथ ही रचनाकार के जीवन-बोध के साथ सुसंगत भी है। एक उदाहरण से यह बात स्पष्ट हो जाएगी। उपन्यास की कथा-संरचना में रूपमती की स्थिति कथाकार के लिए एक समस्या थी। रूपमती दलित जाति की नारी है, उसका जीवन-विवेक, उसकी संघर्षशील चेतना, वस्तुस्थिति की तह तक पहुंचकर सच्चाई को पहचानने की उसकी प्रखर मेधा हमें गहरे रूप में प्रभावित करती है लेकिन कथानक के मूल प्रवाह के साथ उसके जीवन को एकाकार कर पाना लेखक के लिए एक कठिन कार्य था। वह त्यक्ता है, बदरी भैया के संघर्ष के महत्व को समझती है। कामरेड जगत के प्रति उसमें असाधारण प्रकार का समर्पण भाव है। लेकिन सवाल यह था कि उसके जीवन को किसी संगतिपूर्ण अंत तक कैसे ले जाया जाए। यदि रूपमती और कामरेड जगत के संबंधों के बारे में विस्तार से बात की जाती तो उपन्यास में सौ-पचास पृष्ठ और बढ़ जाते। लेकिन लेखक ने अनावश्यक विस्तार से बचकर केवल दो-तीन वाक्यों मे उपन्यास में रूपमती के जीवन की संगति को उजागर कर दिया है।

"कस्बे से किसी ने लिखा था कि रूपमती ने अपने मरद को छोड़ दिया है। उसने रूपमती के ऊपर संदेह किया था। और वह कामरेड जगत के साथ पार्टी का काम बड़े जोर-शोर से कर रही है। उसने यह भी इशारा किया था कि शायद रूपमती और जगत शादी कर लें। हमारा समाज शादी के कम की बात सोचता ही नहीं।" अंतिम वाक्य में वस्तु-संयोजन की परंपरागत धारणा को समाप्त कर दिया है। इतना ही नहीं, लेखक की युक्ति उसकी विकसित कला-चेतना और नये नैतिक-बोध को भी प्रकट करती है।

लघु-उपन्यास के रचना-विधान में कथानक का केन्द्र-बिंदु निश्चित होता है। उसके वृत्त में अधिक फैलाव नहीं होता। हां, उसकी आकृति अनेककोणीय हो सकती है, लेकिन यह कोण तभी बनते हैं जब एक अचल-बिंदु अपनी पूरी गरिमा के साथ अपने-आपको एक निश्चित स्थान पर स्थापित कर लेता है। 'आकाश की

छत' का केन्द्र बिंदु यश न होकर बदरी भैया हैं। उपन्यासकार हमें एक विरुद्ध दिशा से केन्द्र की ओर ले जाता है। जैसे एक वृत्त सिमटता-सिमटता एक-बिंदु में रूपांतरित हो रहा हो। जैसे विस्तार गहराई में बदल गया हो। यश की स्मृतियों में उसका अपना बचपन, परिवार के लोग, और उसका पूरा का पूरा परिवेश उभरता है। लेकिन धीरे-धीरे कथानक के केंद्र में आ जाते हैं बदरी भैया। बदरी भैया का जीवन यश की स्मृतियों में संचित है। उसकी अर्ध चेतनावस्था में जैसे बदरी भैया के जीवन का एक बिंबात्मक रूप उसके अंत:पटल पर उत्कीर्ण हो गया है। स्मृति और यथार्थ को जोड़ने का काम करती है एक छोटी-सी ध्वनि 'छपाक'।

बाढ़ के पानी में घिरे यश को यह ध्वनि बार-बार बेचैन करती है। नींद में सुनी गई इस ध्वनि को लेकर यश की उद्विग्नता का असली कारण पहली बार पाठक की समझ में नहीं आता। लगता है जैसे यश के किसी दु:स्वप्न के साथ इस ध्वनि का संबंध है लेकिन धीरे-धीरे इसके प्रति जिज्ञासा का भाव तेज होता चलता है। 'छपाक' की ध्वनि का सही संदर्भ स्पष्ट होने पर बाढ़ में घिरे हुए यश की आशंका और भय का भाव हमारे लिए उतना भयावह नहीं रह जाता जितना बदरी भैया का अपनी प्राणों की रक्षा के लिए नदी में कूद पड़ना और फिर पुलिस की गोली से उनका मारा जाना। घिराव के तीसरे दिन जब यश की विवशता अधिक गहरी होती है और उद्विग्नता अधिक उग्र बन जाती है, वह समग्र स्थिति पर एकदम नये सिरे से सोचने लगता है। "अब तक इस बाढ़ की भयानकता के बावजूद उसका एक थ्रिल था। अब वह भयानकता भी एक रूटीन बनती जा रही थी।" कछार में जीवन को घेरने वाली आपत्तियों में थ्रिल नहीं होता। वहां तो इस पार और उस पार वाली बात होती है। लेकिन यह फैसला न तो इतना आसान होता है और न वह तत्काल किसी अंतिम परिणाम की ओर ले जाता है। व्यवस्था की गुंजलक बड़ी मजबूत और पेचदार है। वह बदरी भैया से अपनी टहल करवाती है। और यश को अनजाने ही सेठ के हाथों खेत बेचने के लिए मजबूर कर देती है।

दो परस्पर विरोधी मान्यताओं और मूल्यों की टकराहट से न केवल उपन्यास के कार्य का बल्कि चरित्रों का भी विकास किया गया है। प्रत्यक्ष रूप से चोंकरमल और जगत के बीच की टकराहट में परोक्ष रूप से पूरे समाज की हिस्सेदारी है। वस्तुत: यह द्वंद्व व्यक्तियों के बीच का न होकर वर्गों के बीच का है। यश और राम भैया का पारिवारिक संघर्ष भी एक स्तर पर वर्ग संघर्ष की सीमाओं को छू लेता है। विशेषता यह है कि उपन्यास में प्रतिबद्ध पात्रों की संख्या अधिक है। यश, जगत, रूपमती और बदरी भैया अपने-अपने ढंग से—कभी वैयक्तिक रूप से और कभी सामूहिक रूप से एक ही लड़ाई लड़ रहे हैं। दूसरे शब्दों में कहें तो उपन्यास के प्राय: सभी प्रमुख पात्रों का अंकन एक ही रंग से किया गया है। मानव-प्रकृति की सूक्ष्म और अंतरंग पहचान के बिना एक ही प्रकृति, एक ही प्रकार की

मान्यताओं और मूल्यों से जुड़े पात्रों को स्वतंत्र व्यक्तित्व प्रदान कर पाना प्रायः एक कठिन कार्य है। रूपमती में भावात्मक ऊर्जा और जीवन-चेतना का रंग अपेक्षाकृत अधिक गाढ़ा है। जैसे पत्थरों के बीच, तूफानी हवाओं और आंधियों के निर्मम थपेड़े खाकर सतत ऊपर उठते रहने वाला कोई जंगली पेड़ हो। यश के आत्मालोचन का भाव उसकी बहुत बड़ी शक्ति है जो उसके विचार और कार्य के बीच संतुलन स्थापित करता है। बदरी भैया का जीवन एक ओर अत्यधिक अस्त-व्यस्त है तो दूसरी ओर अधिक मानवीय भी है। सेठ की नौकरी स्वीकारना उनकी अपनी प्रकृति और संस्कार के विरुद्ध का कार्य है। परिस्थितियों के साथ समझौता करके भी अगर वे टूटते नहीं हैं तो इसलिए कि उसकी आत्मा ने सेठ की गुलामी स्वीकार नहीं की। उनके तर्कों में जहां एक ओर मजबूरी है, वहीं दूसरी ओर एक प्रकार की मस्ती भी है। सेठ को लेकर बदरी का यह कथन कि "अरे, तनख्वाह क्या देगा साला वह बदरी को? बदरी को तनख्वाह देने वाला अभी कोई पैदा नहीं हुआ।" उनके जीवन पर पड़ने वाले यथार्थ के दबाव उपन्यास के अन्य पात्रों की तुलना में उनकी स्वभावगत उन्मुक्तता को प्रकट करते हैं। कामरेड जगत व्यक्ति की अपेक्षा विचार अधिक हैं। उनके जीवन में बदरी भैया जैसी आवेगशीलता नहीं है लेकिन अनुभवप्रसूत विचार की भांति उनमें प्रसरणशीलता है, हर हृदय को छू पाने की क्षमता है। प्रारंभ में भउजी की निर्ममता और कठोरता को सहज स्नेह में बदलकर लेखक ने उसे राम भैया की छाया होने से बचा लिया है।

'आकाश की छत' के पात्रों के उद्घाटन में एक प्रकार का नाटकीय संयोजन और उतार-चढ़ाव मौजूद है। परिचय का प्रारंभिक क्षण पूरा होने के साथ ही परिस्थितियों का एक हल्का-सा झटका लगता है और पात्र के व्यक्तित्व का कोई अलक्षित अंश दीप्त हो उठता है। भउजी, यश और बदरी भैया के व्यक्तित्व में महत्वपूर्ण उतार-चढ़ाव आते हैं।

उपन्यास के केंद्र में है कछार का संघर्षपूर्ण जीवन। इस संघर्ष के ताने-बाने से ही मूल कथा का पट तैयार किया गया है। यह सच है कि लेखक ने इस संघर्ष को अनिर्णीत छोड़ दिया है, लेकिन संघर्ष अभी तक जारी है। कामरेड जगत उसे निर्णायक बनाने के प्रयत्न में जुटे हैं, इस संकेत के द्वारा लेखक उस संघर्ष के प्रति हमें आश्वस्त कर देता है। अतः अपनी इस आस्थावादी दृष्टि और जीवन के यथार्थ की रचनात्मक पहचान के कारण 'आकाश की छत' को मिश्रजी की एक महत्वपूर्ण रचनात्मक उपलब्धि का दर्जा दिया जाएगा।

'दूसरा घर' : अनुभव से सीखने की प्रक्रिया

रामदरश मिश्र का नया उपन्यास 'दूसरा घर' लेखक के जीवन और रचनात्मक विकास के कुछ नये बिंदुओं को छूता है। यह ऐसे लोगों की कहानी है जो अपने गांवों की जमीन से उखड़कर भी उखड़ नहीं पाते और इस विराट औद्योगिक नगर की जमीन में जमकर भी जम नहीं पाते। संबंधों के अनेक सूत्र इन्हें गांव से बांधे हुए हैं। कभी-कभी इनके घर की गरीबी के विषाद की छाया इनके अहमदाबाद के जीवन पर कुछ इस कदर पड़ने लगती है कि वह उनके अस्तित्व के लिए एक खतरा बन जाती है। उससे बच निकलने का उन्हें कोई रास्ता नहीं मिलता। तो कभी औद्योगिक नगर की नयी स्थितियों और खास तौर से महाजनी सभ्यता से जुड़े नैतिक विघटन के साथ समझौता करने में असमर्थ वे जीवन-यापन की सामान्य सुविधाएं भी नहीं जुटा पाते। ऐसे में उनका जीवन असफलता का एक अंतहीन सिलसिला बनकर रह जाता है। लेकिन कदम-कदम पर लड़खड़ाते गिरते हुए इन लोगों की विशेषता यह है कि असफल हो जाने के बावजूद ये कभी पराजय नहीं स्वीकार करते। घर और दूसरे घर के दो बिंदुओं के बीच के तनाव के साथ आज की व्यवस्था की अनेक असंगतियां वर्गीय स्वार्थों की अनेक अंधी भूल-भूलैयां, भाषा, प्रदेशवाद, साम्प्रदायिकता और वैयक्तिकता की गहरी खाइयां हैं जो इन लोगों के जीवन-संघर्ष को और भी अधिक जटिल और पेचीदा बनाती हैं। प्रस्तुत उपन्यास में मिश्रजी ने इन सारी स्थितियों को अनुभव के स्तर पर उभारा है और बौद्धिक स्तर पर इनके मूल चरित्र को समझने का प्रयत्न किया है। लेखक के चिंतन के केंद्र में वंचित और अभावग्रस्त मनुष्य है जिसे रात-दिन के कठोर परिश्रम के बाद भी दो जून की रोटी मयस्सर नहीं होती। लेकिन मनुष्यता की चिंता होना, मानव अधिकारों के लिए तरह-तरह के तर्क जुटा लाना एक बात है और अपनी चिंता को मनुष्यता के पक्ष में दिये गये तर्कों को आधार बनाकर एक अच्छी कथाकृति की रचना करना एकदम अलग बात है क्योंकि प्रत्येक काव्य-रूप की अपनी कुछ निजी शर्तें होती हैं। रचनाकार को अपनी काव्य-विधा में विशेष कौशल हासिल करना पड़ता है। यह सच है कि कोरे कलात्मक कौशल से रचना को प्रभावशाली नहीं बनाया जा सकता, इसके लिए रचनाकार में जीवन की सूक्ष्म-

बूझ होना निहायत जरूरी है, लेकिन उसकी सूझबूझ को हम तभी ग्रहण कर पाते हैं जब वह एक विशिष्ट रचनात्मक संयोजन का अविभाज्य अंग बनकर आती है।

मिश्रजी के उपन्यास 'दूसरा घर' को पढ़ते हुए, सबसे पहले उसके रचना-कौशल की ओर ध्यान जाता है। कहने की आवश्यकता नहीं कि यह कौशल प्रयोग-धर्मियों जैसा नहीं है, उसमें रचना के रूप-निर्माण का कोई अतिरिक्त प्रयत्न नहीं दिखायी देता। कथा कहने का तरीका पुराना ही है, लेकिन उसमें एक आंतरिक निखार रचाव और परिमार्जन आ गया है। सधे हुए हाथों की थोड़ी-सी काट-छांट और तराशी ने समग्र चित्र को कुछ अतिरिक्त रूप से प्रभावशाली बना दिया है। यहां स्थितियों के प्रस्तुतिकरण में लेखक की कलम निर्ममता की हद तक बेबाक दिखायी देती है। अक्सर यह होता है कि रचना में रूपांतरित होने वाला यथार्थ बिल्कुल अमूर्त बनकर या तो अपनी पहचान खो देता है या फिर तथ्यों का संकलन बनकर रह जाता है। मिश्रजी इन दोनों स्थितियों के बीच से रास्ता निकालते हैं। उनमें रचनाशीलता के नाम पर न तो अहेतुक भटकाव हैं और न रचनात्मकता से अछूते रहकर तथ्यों का कोरा संकलन मात्र। एक उदाहरण से यह बात स्पष्ट हो जाएगी : शंकर, कमलेश से पूछता है "···तुम्हारे पिताजी क्या करते थे? लगा जैसे कमलेश रो देगा या चिल्लाकर कहेगा 'शंकर साहब, आप बनते तो बहुत नेक हैं लेकिन हैं बहुत कमीने इंसान। मेरे अभाव का मजाक उड़ाते हुए चले जा रहे हैं,' लेकिन बोला कुछ भी नहीं। शंकर को लगा कि वह सहानुभूति जताने के चक्कर में गलती पर गलती कर रहा है। क्या आवश्यकता थी, सारी बातें आज ही पूछने की?"

"भीख मांगते थे।"

"ओह! नो!" शंकर चिल्ला पड़ा और इस उम्मीद में कमलेश की ओर देखा कि उसने मजाक किया हो, किंतु कमलेश की आंखों में मजाक का भाव नहीं था, बल्कि एक दर्द था, आक्रोश था।

गरीबी में भीख मांगने वाले पात्र मिश्रजी के एक अन्य उपन्यास 'पानी के प्राचीर' में भी हैं। उनका दर्द भी पाठक को छूता है लेकिन 'दूसरा घर' के कमलेश की स्थिति हमें जैसे गहरी चोट पहुंचाती है, हम भीतर-ही-भीतर अपने-आपको आहत अनुभव करते हैं। यह प्रश्न उठना स्वाभाविक है कि आखिर इतने गहरे प्रभाव का कारण क्या है? शायद यथार्थ के बहुत असुविधाजनक रूप को जस का तस सामने रख देने का लेखक का यह तरीका बड़ा कारगर है। यहां लक्षणा-व्यंजना से नहीं सीधे-सीधे अभिधा से काम लिया गया है। यह सरलता का बांकपन ही है जो हमें इतने गहरे रूप में प्रभावित करता है। समसामयिक जीवन की विचलन-कारी सच्चाइयों के उद्घाटन के लिए भी लेखक ने यही तरीका अपनाया है।

कमलेश एक बहुत होनहार युवक है, लेकिन अपनी तमाम बौद्धिक क्षमताओं और व्यक्तित्व की आंतरिक गरिमा के बावजूद उसकी अपनी स्थिति किसी भिखारी से अधिक अच्छी नहीं कही जा सकती। उसे अपनी जिस नौकरी से वेतन मिलता है, वह टिक नहीं पाती। और जो टिकती है उससे उसे वेतन नहीं मिलता। यह सच है कि इस असंगति को दूर करने के लिए वह कोई कारकर लड़ाई लड़ नहीं पाता, लेकिन साथ ही इसे ढोते रहने की विवशता को भी वह स्वीकार नहीं करता। अंततः वह शास्त्री के स्कूल से इस्तीफा देकर एक नये जीवन में प्रवेश करता है और अपने-आपको अपमानपूर्ण स्थिति से बचा लेता है। कमलेश का जीवन कुछ विशेष नैतिक मूल्यों से परिचालित है। उसकी नैतिकता उसकी जीवन-पद्धति का एक अंग है, यह उसके अस्तित्व की शर्त है। कुल मिलाकर कमलेश का जीवन एक सरल रेखा में चलता है। लेखक ने इस सरल रेखा की रचना कुछ ऐसी होशियारी से की है कि एक समानांतर ऊबड़-खाबड़ पेचीदा और घुमावदार यानी एक बेहद चालाक किस्म की दुनिया का बड़ा सही नक्शा अनायास हमारी दृष्टि के समक्ष उभर आता है। जटिल स्थितियों के उद्घाटन का यह सीधा सरल तरीका मिश्रजी की रचनात्मक क्षमता के परिष्कार का परिचायक है।

लेखक ने प्रायः दो परस्परविरोधी भावों, विचारों और वस्तुस्थितियों को कुछ इस रूप में आमने-सामने लाकर रख दिया है कि उनकी इस प्रकार की उपस्थिति यथार्थ के उद्घाटन में एक कारगर युक्ति का काम करती है। उपन्यास में शंकर और विनोद को एक साथ लाकर लेखक ने मानव-प्रकृति की अपनी पहचान को उसके वैशिष्ट्य और उसके सूक्ष्म अलगाव को बड़े कल्पनापूर्ण ढंग से रेखांकित किया है। दोनों के जीवन संघर्ष की स्थितियां लगभग एक जैसी हैं, यदि थोड़ा अंतर है तो यह कि विनोद का जीवन-पथ अपेक्षाकृत अधिक कठिन और विषमतापूर्ण है। उसके रास्ते में अधिक भयानक उतार-चढ़ाव और अधिक खतरनाक मोड़ है, लेकिन वह जिंदगी की हर स्थिति का बड़ी जिंदादिली से मुकाबला करता है। दुःख, पराजय और निराशा से वह आक्रांत नहीं होता और उसके भौतिक अभाव उसके जीवन के सहज उल्लास को नष्ट नहीं करते। वह हर स्थिति को अपनी मुस्कराहट पर झेलता है। उसने अपने साथियों पर यह प्रभाव जमा रखा है कि उसका परिवार अपेक्षाकृत अधिक सुखी और सम्पन्न है और यह कि जिंदगी छोटी-छोटी बातों पर दुखी होने के लिए नहीं है। शंकर का स्वभाव उससे एकदम भिन्न है। संकल्प और संयोगों के बीच की संघर्षपूर्ण स्थितियों से उद्भूत कटुता को झेलता हुआ वह कई बार भावुकता से काम लेता है। कभी-कभी सामने आने वाली चुनौतियों से विचलित होकर वह अपने-आपको ही प्रताड़ित करने लगता है। जिन स्थितियों के लिए वह दोषी नहीं है, उनके लिए भी अपने-आपको दोषी समझकर अपने ऊपर एक प्रकार की अपराध भावना ओढ़ लेता है। उसका

आत्मालोचन का भाव वस्तुतः आज के ऐसे युवा वर्ग की मानसिकता की ओर निर्देश करता है जो व्यक्ति और समाज के आग्रहों और दायित्वों के बीच की खाई के भयावह शून्याकाश में जीते हुए उन दोनों के बीच सामंजस्य बिठा पाने की चेष्टा में अपने-आपको लहूलुहान करते रहते हैं। लेकिन फिर भी वस्तु-स्थिति में किसी प्रकार का संशोधन नहीं कर पाते। एक जैसी परिस्थिति में फंसे समान ध्येय को लेकर चलने वाले पात्रों का यह वैशिष्ट्य हमें निश्चित ही रचनाकार की पर्यवेक्षण शक्ति की ओर आकृष्ट करता है।

'दूसरा घर' के पात्रों की मुख्य समस्या अपनी नयी जमीन पर पैर जमाने, टिक पाने की है। रहमान, शंकर, कमलेश या विनोद ही नहीं, डॉ० गौतम जैसे समर्थ साहित्यकार की भी मुख्य समस्या यही है। हालांकि उनकी स्थिति कुछ भिन्न अवश्य है लेकिन फिर भी अपनी तमाम बौद्धिक प्रखरता और रचनाशीलता के बावजूद वे एक स्थानीय कॉलेज में अपनी नौकरी सुरक्षित नहीं रख पाते। वह इसलिए कि वहां डॉ० गौतम जैसे प्रबुद्ध और निष्ठावान प्राध्यापक की आवश्यकता नहीं है। वहां तो वर्मा या मिस वासमानी जैसों की जरूरत है जो अन्य रूप में प्रिंसिपल के लिए उपयोगी हैं। प्रिंसिपल पी०के० किसी भी तरह कॉलेज से डॉ० गौतम को निकालना चाहता है। वह उनको अपमानित करने के आशय से उनका वेतन आधा कर देता है। डॉ० गौतम इस स्थिति का विरोध कर सकते थे, पी० के० के विरुद्ध अभियान चला सकते थे लेकिन न तो वे स्वयं ही कुछ करते हैं और न अपने प्रशंसकों को ही कुछ करने देते हैं। मनु भाई जो कि डॉ० गौतम के एक प्रतिभावान विद्यार्थी हैं--डॉ० गौतम के प्रशंसकों और विद्यार्थियों को संगठित करके प्रिंसिपल पी० के० के खिलाफ सक्रिय ढंग से लड़ना चाहते हैं। लेकिन उनका कहना है कि 'गौतम सर न लड़ रहे हैं, न लड़ने दे रहे हैं। मैं तो चाहता हूं कि उनके सारे शिष्य पी०के०से टकरा जाएं।' हालांकि मनुभाई यह भी महसूस करते हैं कि 'पी० के० की डिक्टेटरशिप के विरुद्ध जमकर मोर्चा लेने की स्थिति अभी कॉलेज में नहीं आयी है।' लेकिन यदि वे अपनी योजना के अनुसार अन्याय का सक्रिय प्रतिकार करते तो शायद पी० के० का मनोबल टूटता और स्थितियों में थोड़ा बहुत परिवर्तन आता। लेकिन डॉ० गौतम का सवाल यह है कि यदि मुकदमे या लोगों के विरोध करने से मैं यहां रोक लिया गया तो क्या मुझे पी० के० और उनके लोगों के साथ काम करना अच्छा लगेगा? और बात अंततः डॉ० गौतम के सर्जक व्यक्तित्व के वैशिष्ट्य पर आकर टिक जाती है। लेकिन लेखक के सामने सवाल सक्रिय संघर्ष का उतना नहीं है जितना डॉ० गौतम की विडम्बनापूर्ण स्थिति को उसके विविध आयामों में रूपायित करने का।

उपन्यास के केंद्र में है अहमदाबाद की गंदी मजदूर बस्तियों का जीवन। यह जीवन बहुत ही करुण विद्रूप और भयावह है। इसमें एक ओर फेंकू जैसे लोगों की

दुनिया है जो धीरे-धीरे बेरोक-टोक एक दुखांतकी का रूप ग्रहण करती जाती है तो दूसरी ओर कमलेश, शंकर, विनोद और रहमान जैसे युवा वर्ग के लोग हैं जिनके स्वप्न और संकल्प बार-बार टूटते-बिखरते और बार-बार संयोजित होते हैं। इसके समानांतर ही एक दुनिया गोरख पहलवान और रूपलाल जैसे लोगों की है जिन्होंने उत्तर प्रदेश से आये अभावग्रस्त लोगों को पूर्वी और पश्चिमी फिरकों में विभाजित कर लिया है। मूलतः ये गुंडे हैं, इसी कारण यहां के विस्थापित लोगों का नेतृत्व इनके हाथों आ गया है। दुर्भाग्य से यहां की शिक्षा संस्थाओं पर भी इन्हीं का एकाधिकार है। स्कूलों में नियुक्तियां योग्यता के आधार पर नहीं होतीं, बल्कि इस आधार पर होती हैं कि नियुक्त किया जाने वाला व्यक्ति पूर्वी उत्तर प्रदेश का है या पश्चिमी उत्तर प्रदेश का। इस प्रकार के माहौल में हर तरह का अनैतिक आचरण करने वाले गंगाराम शास्त्री जैसे लोग फूलते-फलते हैं। शास्त्री शिक्षक से संचालक बनता है लेकिन अपने स्कूल के शिक्षकों को वेतन नहीं देता। अनेक स्त्रियों के साथ अनैतिक संबंध रखना शास्त्री के व्यक्तित्व की प्रमुख पहचान है। उनकी एक पत्नी उनके गांव में है, दूसरी उनके साथ अहमदाबाद में रहती है, शादी का आश्वासन देकर वे एक तीसरी स्त्री का भी शील हरण कर चुके हैं। लेकिन अपने तमाम काले कारनामों और गंदे इरादों के बावजूद वे स्थानीय नेता के रूप में उभरते दिखायी देते हैं। शास्त्री एक महत्त्वपूर्ण पक्ष की ओर से विधान सभा के लिए चुनाव लड़ते हैं, विधायक बनते हैं और संयोग से मंत्रिमंडल में स्थान पाकर राज्य के शिक्षामंत्री भी बन जाते हैं। इस स्थिति को देखकर शंकर दुखी होता है। वह सोचता है—'क्या विडंबना है, ये शास्त्रीजी जैसे लोग हर जगह धक्का मारकर अपनी जगह बना लेते हैं और पत्थर के ऊपर भी झंडा गाड़ देते हैं और डॉ० गौतम जैसे लोग विस्थापित होने के लिए अभिशप्त हैं।'

एक भिन्न संदर्भ में मनुभाई भी यही कहते हैं कि "ईमानदार और होनहार लोग सुखी नहीं हो सकते शंकर भाई! सुखी होने के लिए अब न जाने क्या-क्या करना पड़ता है।"

सुखी होने की यह अंधी दौड़ न जाने कितनी सामाजिक, आर्थिक और राजनीतिक समस्याओं को जन्म देती है। डॉ० गौतम से लेकर शंकर, विनोद, कमलेश और रहमान तक सभी अपनी चेतना पर इन समस्याओं का दबाव महसूस करते हैं। इतना ही नहीं वे प्रायः अपने-आपको भी इन सबके लिए जिम्मेदार महसूस करते हैं। डॉ० गौतम कहते हैं "हर आदमी को अपनी नियति झेलनी पड़ती है और उस नियति के निर्माण में स्वयं उसका भी कहीं हाथ होता है।" शंकर को लगता है कि "मैं अपने दायित्व से भागने के लिए बड़े-बड़े, ऊंचे-ऊंचे तर्क ढूंढ़ता रहा।" कमलेश भी किसी न किसी रूप में अपनी विडंबनापूर्ण स्थिति के लिए अपने-आपको दोषी मानता है। रोजी रोटी की समस्या से जुड़ी अन्य अनेक समस्याएं हैं—भाषावाद,

प्रांतवाद, क्षेत्रवाद और साम्प्रदायिक विद्वेष। यह बात अलग है कि चालाक लोगों के लिए ये समस्याएं, समस्याएं नहीं हैं, ये उनके स्वार्थों की सिद्धि के लिए बड़े कारगर तरीके हैं। लेकिन इन सारी समस्याओं का रूप वैसा ही नहीं है जैसा कि ऊपरी तौर से दिखायी देता है।

अहमदाबाद में रहने वाले उत्तर प्रदेश के लोगों में किसी न किसी रूप में यह आत्म-चेतना है कि वे गुजरात से अलग एक भिन्न प्रांत के निवासी हैं। डॉ० गौतम में यह बात कहीं-न-कहीं चुभन पैदा करती है कि गुजरात के लोगों ने उत्तर प्रदेश के लोगों को 'भैया' जैसा एक विचित्र नाम दे रखा है। यह नाम अपमानसूचक है। हालांकि वे यह भी अनुभव करते हैं कि 'यहां इस अलगाव के बावजूद एक अद्भुत सौमरस्य है, एक अद्भुत लचीलापन है।' लेकिन इस स्थिति का एक दूसरा पहलू भी है।

कमलेश शंकर से कहता है "अब देखिए न आपने मुझे देखते ही अपना लिया। क्यों? इसीलिए न कि मेरे चेहरे में कहीं आपको अपनी गंवई गंध मिली, कहीं जमीन की आहट मिली।" लेकिन जब वे दोनों चाय पीने के लिए एक होटल में जाते हैं तो इस गंवई-गंध वाले मिथ का एक दूसरा ही पहलू उनके सामने उजागर होता है। एक मराठी ग्राहक की शिकायत पर उत्तर प्रदेश का एक होटल मालिक होटल में नौकरी करने वाले अपने ही क्षेत्र के लड़के को पीटता है। शंकर का कहना है कि 'यह सेठ जिस बच्चे को मार रहा था, वह बच्चा हो सकता है उसी की जाति का हो, लेकिन उसके वर्ग का नहीं है।' वर्ग-समाज की यह पहचान दूसरी हर पहचान को पीछे छोड़कर अपना रंग दिखा रही है। लेकिन लेखक अगर इस बात को अधिक आगे तक नहीं ले जाता तो इसका प्रमुख कारण यह कि उपन्यास के उन पात्रों की मानसिकता को समझना जरूरी समझा गया जो गुजरात में रहकर भी गुजरात को सांस्कृतिक विरासत से बिलकुल अछूते और असम्पृक्त बने रहते हैं। अपने क्षेत्र के प्रति गहरा लगाव होना एक बात है, लेकिन उस लगाव की वजह से बाहर की दुनिया से अपने-आपको काट लेना एकदम दूसरी बात है। इस प्रकार की मानसिकता का एक कारण शायद यह भी है कि यह उन लोगों की कथा है जिनका वर्तमान उतना ही अंधकारग्रस्त है जितना अंधकारग्रस्त इनका अतीत था। भविष्य का कोई नक्शा इनके पास नहीं है। अपनी स्थिति के प्रति उनमें गहरा असंतोष और विद्रोह का भाव है लेकिन यह भाव उन्हें केवल वैचारिक स्तर पर आंदोलित करता है। वे जानते हैं कि उनके अभावों की समस्या, वैयक्तिक समस्या नहीं है, और यह कि वर्तमान व्यवस्था को बदले बिना इस यातना से मुक्ति पा सकना असंभव है। अपनी घोर असफलता और निराशा के बीच से शंकर को चिंतन की एक नई दिशा मिलती है। "मैं सोचने लगा हूं कि बुद्धिजीवियों को समाज के मैदान में उतरना चाहिए। सामाजिक, राजनीतिक

और शैक्षिक विसंगतियां हमें बुरी तरह तोड़ रही हैं। हम अपना-अपना काम बनाने के लिए या तो उनसे समझौता कर लेते हैं या टूटकर अपनी-अपनी जगह पर थरथराते हैं। मैं जगह-जगह टूट चुका हूं, लेकिन मैं टूटकर थरथराना नहीं चाहता। मैं जूझना चाहता हूं। मैं राजनीति में उतरना चाहता हूं। मैं इम्तहान में मार्क्सवाद पर परचा नहीं लिखना चाहता, कविता में उतारकर अच्छा कवि होने का स्वांग नहीं भरना चाहता, उससे कुछ नहीं होने का। मैं उसे जीवन में उतारना चाहता हूं। मैं जन-जीवन के बीच की राजनीति में उतरना चाहता हूं।" शंकर की इस बात पर उसका मित्र विनोद हंस देता है। वह इसलिए नहीं हंसता कि उसमें परिवर्तन की आकांक्षा नहीं है बल्कि इसलिए कि इस प्रकार की शब्दावली पर उसे विश्वास नहीं आता। शंकर के संकल्प और विनोद के संदेह पर आकर कहानी रुक जाती है। विनोद का यह संदेह जैसे हमारी चेतना को एक झटका-सा देता है। प्रश्न होता है कि बात को निर्णायक रूप देते-देते, उसमें अप्रत्याशित रूप से यह मेख क्यों मार दी गई। संकल्प के सामने आशंका की खाइयां क्यों खोद दी गईं। भविष्य का कोई साफ-साफ नक्शा हमारे सामने क्यों नहीं रख दिया गया? मुझे लगता है कि इन प्रश्नों के जवाब के लिए भी हमें उपन्यास से बाहर जाने की जरूरत नहीं है। हम अनुभव करते हैं कि 'दूसरा घर' में प्रारंभ और अंत की यात्रा के बीच बहुत कुछ बदला है—पात्रों और परिस्थितियों में कुछ महत्त्वपूर्ण परिवर्तन घटित हुए हैं—कम से कम शंकर, कमलेश और रहमान जैसे युवा वर्ग के लोगों का सोचने-समझने का तरीका बिलकुल बदल गया। अपने समय के संघर्ष के बारे में—जिसमें खुद उनकी भी एक भूमिका है, उनकी कई भ्रांतियां दूर हुई हैं। कहने की आवश्यकता नहीं कि निर्भ्रांति की यह स्थिति भविष्य के किसी काल्पनिक नक्शे की अपेक्षा अधिक सार्थकतापूर्ण है।

रामदरश मिश्र की कहानियां : पीड़ा के मूल स्रोतों की खोज

जीवन की किसी मामूली-सी घटना, प्रसंग, विचार या संवेदना में डॉ० रामदरश मिश्र अपनी कहानी के लिए अपेक्षित सामग्री जुटाकर एक ऐसी दुनिया की रचना कर डालते हैं जो हमारे अनुभव और बोध के अधिक समीप होती है। हम जैसे दुबारा और अपेक्षाकृत अधिक सावधानी के साथ अपने खुद के अनुभव-जगत में प्रवेश करते हैं—अपनी दुनिया को और उस दुनिया के बीच खुद अपने-आपको एक नये ढंग से प्राप्त करने के लिए। वे चीजें जिन्हें अब तक हमने देखकर भी नहीं देखा था, वे स्थितियां जिनको लेकर हमारे अंदर किसी प्रकार की प्रतिक्रिया पैदा नहीं हुई थी, वे समस्याएं और वे प्रश्न जिनकी चुभन हमने अब तक महसूस की थीं, अचानक हमें उत्तेजित और आंदोलित करने लगते हैं। वस्तुतः अब तक की हमारी रंगहीन और आकारहीन दुनिया जो बेमेल और असंबद्ध किस्म की घटनाओं की उपस्थिति का अहसास भर जगाती थी, एक नई सार्थकता ग्रहण करने लगती है। एक घटना दूसरी घटना के साथ कार्य-कारण के संबंध से जुड़ी दिखाई देने लगती है, वह या तो किसी पूर्ववर्ती घटना का परिणाम होती है, या उसका कारण—उसमें मानव-संकल्प, संवेदना, विचार, और स्वप्न का संकेत मिलने लगता है। यह सच है कि मिश्रजी अपनी कहानियों में बाह्य घटनाओं से अपेक्षाकृत अधिक काम लेते हैं। उनकी कुछ अच्छी कहानियों के केन्द्र में भी कोई स्थूल घटना—ज्यादातर किसी पात्र की मृत्यु की घटना हो सकती है। किसी पात्र की आकस्मिक मृत्यु के इर्द-गिर्द विषाद और करुणा की तीव्र संवेदनाएं, हृदय को पीड़ा से भर देने वाली भावस्थितियां उभरती हैं। पहली दृष्टि में उनकी कथा-संरचना की इस युक्ति पर हम थोड़े सावधान बनते हैं। सोचते हैं कि क्या लेखक इन आकस्मिक प्रसंगों और उनसे जुड़ी स्थितियों से अपने-आपको बचा नहीं सकता था ? लेकिन कहानी की संरचना में थोड़ा गहरे उतरने पर यह बात स्पष्ट होने लगती है कि जिसे हमने आकस्मिक समझ लिया था, वह न तो जिंदगी में आकस्मिक है और न ही कहानी में। यूं मृत्यु की आशंका तो जीवन के साथ ही

जुड़ी रहती है, लेकिन मिश्रजी की कहानियों में कुछ खास किस्म के लोग ही मरते हैं—ऐसे लोग कि जिनका जीना-मरना हमारे लिए, हमारी आज की सामाजिक-आर्थिक व्यवस्था में कोई खास अहमियत नहीं रखता। उनका मरना उतना ही बेमतलब होता है जितना कि उनका जिंदा रहना बेमतलब था। और शायद यही वह बिंदु है जिस पर खड़े होकर मिश्रजी अपनी कहानियों में जीवन के इस चरम और शाश्वत प्रश्न पर विचार करते हैं। वह एक वैयक्तिक पीड़ा-बोध या अस्तित्व-वादी किस्म के फलसफा को चरितार्थ करने वाला अनुभव-संवेदन नहीं, बल्कि अनेक सामाजिक विषमताओं और असंगतियों की करुण परिणति है। युग के भीषण यथार्थ के संदर्भ में समाज के एक विशिष्ट वर्ग के लोगों—वंचित और अभावग्रस्त मनुष्य की नियति का साक्षात्कार है। मृत्यु की घटना रचनाकार के लिए एक हादसा है। वह इसलिए कि उससे बचा जा सकता है। यानी जिसे हम मृत्यु मान लेते हैं वह सचमुच मृत्यु नहीं है, उसमें कहीं-न-कहीं हत्या का भाव छिपा है। और कहानी में लेखक का मुख्य काम उस हत्यारे की ओर निर्देश करना है जो अदृश्य रहकर इस प्रकार के जघन्य अपराध करता है। हत्या करने वाला कोई व्यक्ति ही हो यह जरूरी नहीं, हमारी आज की व्यवस्था भी बखूबी यह काम करती रहती है। लेकिन यहां उस प्रकार की अपराध कथा नहीं है जिसमें लेखक हत्यारे को अंत तक छिपाए रखने में अपनी कला की चरम सार्थकता समझता है। यहां तो लेखक की असली समस्या वस्तु या घटना को उसके सही स्वरूप में, सही सामाजिक आर्थिक परिप्रेक्ष्य में रखकर देखने-समझने की है। यानी सामान्यतः जिसे आकस्मिक घटना या संयोग के रूप में देखा जाता है वह न तो एकदम आकस्मिक ही है और न उसे संयोग कहा जा सकता है। गीतू मरती है—अचानक पुराना मकान गिर जाने से, लेकिन उसका उस जीर्ण-शीर्ण मकान में रहने के लिए आना आकस्मिक नहीं है।

आखिर पांच-सात रुपये पर यह मकान मिला, जिसमें दो साल से किसी आदम जात ने पैर नहीं रखे हैं। लोगों के अनुसार भुतहा है, पर इसमें शायद भूत भी रहना पसंद न करता होगा। किंतु गरीब बाप को इस भुतहे घर को कबूल करने के सिवा और कोई चारा नहीं। भूत-प्रेत के प्रकोप, बच्चों के अनिष्ट की आशंकाओं को धड़कते हुए हृदय से झेलकर इस घर को स्वीकार करने वाले बाप की मजबूरी का अनुमान लगाना कठिन नहीं है। बेमरम्मत घर से सीलन और प्रेत-आशंका से मिश्रित एक घुटनमयी गंध उठती रहती है किंतु यह भी ठीक है कि गरीबों को घ्राण नहीं होता। दीवारें फटी हुई हैं, छत विदीर्ण है और इस साल की यह बरसात है जो थमने का नाम ही नहीं लेती।···मकान अपनी छाया में भीगने वालों को लिए दिए अपना दम तोड़ बैठा।'

'खाली घर' की भाभी मर जाती है। "निमोनिया हो गया था। देहात में जितनी कोशिश हो सकती थी, की, नहीं बच सकीं।"

बेला धीरे-धीरे मरती है—मौत के नजदीक पहुंचने की एक लंबी प्रक्रिया से गुजरकर—

"दूसरे साल गांव पहुंचा तो लगा कि लोग अब बेला के बारे में बातें नहीं करते—शायद उसकी शादी हो गई थी इसलिए। हां, कुछ औरतों ने मुंह बिचकाकर कहा कि लड़की को काटकर कुएं में डाल दिया, हरकिशन चौबे ने।

"पता नहीं इस छोकरी को क्या हो गया ससुराल में, कुछ बताती भी तो नहीं।···निस्पंद, निर्जीव-सी आंखें जिनमें एक अथक शून्यता के अतिरिक्त कुछ दिखाई नहीं पड़ा।"

'मुर्दा मैदान' के पात्र श्रमिक वर्ग के हैं। दिन-रात मेहनत-मजूरी करने वाले इन लोगों की नियति भी दूसरों से भिन्न नहीं है। "देखता है न, तेरी मां बिना दवाई के मर गई। जिंदगी भर बनते हुए मकानों के लिए ईंट, गारा ढोती रही और वह एक दिन ईंट, गारा ढोकर जाड़े की शाम को घर लौट रही थी तो पानी बरसने लगा। रास्ते में किसी ने अपने बरामदे में बैठने तक न दिया। वह एक पेड़ के नीचे भीगती रही। उसे निमोनिया हो गया। दवाई के पैसे नहीं थे। तड़प-तड़पकर मर गई।" 'मुर्दा मैदान' की लछमी की तो हत्या ही होती है—"एक दिन लछमी काम से नहीं लौटी···कई दिन तक कोई खबर नहीं मिली··· एक दिन एक पड़ोसी ने आकर बताया कि उसने लछमी की लाश सड़क पर पड़ी देखी थी। भीड़ जमा थी।"

इन सारी हत्याओं और आत्महत्याओं के मूल में आर्थिक विपन्नता और वर्ग वैषम्य है। गरीब और अभावग्रस्त लोग या तो मारे जाते हैं या मरने के लिए मजबूर कर दिए जाते हैं। पुलिस-अदालत-कानून-कायदे सभी जैसे असमर्थ बने रहते हैं। सवाल के सामने की औरत कहती है 'राच्छस, सब मेरे सामने ही मेरे मरद और लड़के को कतल कर गए।' वह चाहती है कि उसे न्याय मिले, अदालत अपराधियों को दंड दे। लेकिन जब अदालत में बयान देने की नौबत आती है तो मुकर जाती है। आग्रह किए जाने पर कहती है कि "बयान तो दे दूं वकील साहब लेकिन क्या आप और ये थानेदार साहब जिम्मा लेते हैं मेरे (दूसरे) बेटे की रक्षा का। बोलिए, लेते हैं तो मैं बयान दे दूं।"

मिश्रजी की अधिकांश कहानियों के पात्र प्रायः सामान्य से कुछ नीचे की स्थिति में जीने वाले लोग हैं। एक साधारण आदमी के रूप में जीने के लिए मानवीय सुविधाएं प्राप्त कर पाना ही उनके जीवन की मूलभूत समस्या है। उनका संपूर्ण संघर्ष इसी समस्या के इर्द-गिर्द आकार ग्रहण करता है। यानी वे चाहते हैं कि दिनभर के कठोर परिश्रम के बाद कम-से-कम दो जून पेट भर रोटी मिलती रहे। वर्षा, शीत, घाम से बचने के लिए सिर छिपाने भर को छत मयस्सर हो जाए, ओढ़ने, बिछाने, और शरीर ढंकने के लिए एक अदद कपड़े मिल जाएं। कहने की आवश्यकता नहीं कि मिश्रजी दार्शनिक दुःखों के व्याख्याता नहीं हैं, उनकी पीड़ा एकदम भिन्न प्रकार की—कहें कि नितान्त भौतिक धरातल की है।

वे रास्ते पर पड़े कांटों और उस पर चलने वाले लहूलुहान नंगे पांवों की वेदना या इसी किस्म की मानवीय यातनाओं—असमर्थताओं को लेकर बेचैन हो उठने वाले रचनाकार हैं। मिश्रजी ने इन छोटी-छोटी-सी बातों के बीच से बड़े और युग-व्यापी मानवीय सत्यों का साक्षात्कार किया है। उनके पात्रों की छोटी-छोटी पीड़ाएं युग की किसी विराट मानवी व्यथा या असंगति की ओर एक कारगर एवं रचनात्मक निर्देश बन जाते 'एक वह' का चरित नायक लगभग अस्सी वर्ष का ऐसा बुड्ढा है जिसके लिए फुटपाथ दुकान भी था और घर भी। "जाड़ों की रात में भी वह फटी रजाई ओढ़कर खुले आसमान के नीचे उसी चारपाई पर सोता था और गर्मी और धूप में उसी चारपाई को आड़ी कर, उस पर अपनी फटी रजाई तानकर, छांव बना लेता था। हां, उसके पास एक पुरानी बरसाती थी जिसे वह बरसात के दिनों में अपने खुले मकान के ऊपर तान लेता था।" इस बूढ़े के जीवन के बारे में लेखक के पास कोई सूचना नहीं है। "वह कौन था, कहां का था, पता नहीं, वैसे वह इस देश का कोई भी हो सकता है और कहीं का भी हो सकता है।" 'कोई भी' और 'कहीं का भी' की व्यंजना पर ध्यान दीजिए। वस्तुतः वह एक व्यक्ति की नहीं बल्कि समग्र देश की नियति का परिचायक है। इस देश के विविध राज्यों की भौगोलिक स्थिति, सांस्कृतिक विरासत, रीति-रिवाज, चाल-चलन में बहुत फर्क है, लेकिन एक धरातल पर उनमें असाधारण समता है। हर जगह के नामहीन सामान्य जन का जीवन-संघर्ष कमोबेश समान स्तर का है। एक विशाल जनसमाज नियति के एक ही तार से बंधा है। इन्हें भी प्रतीक्षा है एक उज्ज्वल भविष्य की। इसका आश्वासन भी दिया गया है। इनके बीच गरीबी हटाओ के परचे बांटे गए हैं। ऐसा ही एक पर्चा ताऊ की लावारिस लाश के पास भी पड़ा है। "कहीं से उड़ता हुआ आकर एक पोस्टर लाश पर चिपक गया है और फड़फड़ा रहा है। चलते-चलते भीड़ उस पोस्टर को पढ़ लेती है—'गरीबी हटाओ'...।"

'गरीबी हटाओ', युग की सबसे बड़ी और सबसे विकट समस्या है। इस समस्या से जूझने का एक अत्यधिक कारगर और आजमाया हुआ हथियार है—समाजवाद! गरीबों को विश्वास दिलाया गया है कि समाजवाद आ रहा है। वे इस समाजवाद के स्वरूप के बारे में बहुत स्पष्ट नहीं हैं, लेकिन इतना जरूर जानते हैं कि यह कोई अच्छी चीज है, और अगर यह अच्छी चीज उन तक आते-आते रास्ते में अटक गई तो इसका कारण क्या है प्रतीक्षारत लोगों की बातचीत का एक हिस्सा आज के सामाजिक आर्थिक छद्म और उससे पैदा होने वाले विद्रूप को एकदम उसके यथार्थ रूप में प्रस्तुत कर देता है—

'ई समाजवाद का है, हो ताऊ?'

'अरे भइया ई तो मेरी समझ में भी आता-बीता नहीं है, लेकिन लगता है कि कोई अच्छी चीज है। लोग कहते हैं कि गरीबन के दुःख-दरद दूर करै खातिर ई

आ रहा है।'

'हां ताऊ, ई तो हम भी सुनते हैं, कब से सुन रहे हैं। लेकिन मालूम नहीं ई ससुरा कहां तक आया है?'

'हमको मालूम है हो! ई आया है लालाजी के दुकान पर जो रोज-रोज भाव बढ़ा देता है। ई आया है वो देखो सामने वाले सेठजी की कोठी पर जो रोज-रोज बढ़ रही है। ई आया है अफसरन के जेब में घूस बन के, और भैया ई आया है नेता लोग के मुंह में जहां से थूक की तरह बखत-बेबखत जनता के ऊपर झरता जाता है।'

डॉ० नामवरसिंह का मानना है कि समर्थ कहानीकार "जीवन की छोटी-से-छोटी घटना में अर्थ के स्तर-स्तर उद्घाटित कर उसकी व्याप्ति को मानवीय सत्य की सीमा तक पहुंचा देता है।" कहना न होगा कि मिश्रजी की विविध कहानियों के अनेक छोटे-छोटे अनुभव खंड अपनी भाव-व्यंजना में कुछ ऐसी मानवीय व्याप्ति ग्रहण कर लेते हैं कि उनमें युग-जीवन की प्रातिनिधिकता आ जाती है।

देश की आजादी के बाद हमारे सामाजिक जीवन में प्रत्याशित रूप से कुछ विघटनकारी स्थितियां पैदा हुईं। यूं विघटन को जन्म देने वाले तत्व पहले से ही मौजूद थे, लेकिन तब राष्ट्रीय मुक्ति के लिए चलने वाले संग्राम के कारण वे उभर नहीं पाए थे। देश के सामने स्वतंत्रता का एक महान् उद्देश्य था, उस उद्देश्य की पूर्ति के लिए बड़े उच्च प्रकार के नैतिक आदर्श थे जिन्हें सफल रणनीति के हथियार के रूप में इस्तेमाल किया जा रहा था। लेकिन जैसे ही युद्ध समाप्त हुआ कि नैतिक और आध्यात्मिक मूल्य हमारे लिए—भार रूप बन गए। उनका इस्तेमाल बाद में भी होता रहा, लेकिन वे अब अपने असली इरादों, अपनी आंतरिक विकृतियों के छिपाने के काम में लाए जाने लगे। भीतरी और बाहरी जिंदगी के बीच दरार बढ़ती गई, विचार और कर्म के बीच का सामंजस्य टूटता गया, आंतरिक सोच और भौतिक अनिवार्यताओं के बीच फंसी मानव चेतना खंडित होती गई। धोखाधड़ी, लूट-खसोट, अवसरवादिता और अंध स्वार्थ परायणता ने जैसे राष्ट्रजीवन को एकदम विकलांग बना दिया। देश के एक बहुत बड़े समुदाय के विरुद्ध, उसे जीवन की सामान्य-से-सामान्य सुविधाओं से वंचित रखने के लिए, जैसे राष्ट्रीय स्तर पर एक भीषण षड्यंत्र चलता रहा। गांव का खेत मजूर और छोटा किसान गांव से उखड़कर शहर में आया तो वहां उसकी स्थिति और भी बदतर हो गई। वह अपनी मिट्टी, अपनी परंपरा और अपने परिवार के आत्मीय जनों से हटकर बाह्य और आंतरिक दोनों ही स्तरों पर जीवन के मूल स्रोतों से विच्छिन्न होता गया। यही वह वस्तु-सत्य है जिसे नया कहानीकार अपनी कहानी में रूपायित करने के लिए अभिव्यक्ति के नये और अपेक्षाकृत अधिक

कारगर औजारों के संधान में जुटा दिखाई देता है। इसके साथ एक अदद आधुनिकतावादी कला और जीवन दृष्टि का आग्रह भी जुड़ गया। दमन और शोषण को जन्म देने वाली इन भयावह अमानवीय स्थितियों और उनसे उद्‌भूत पीड़ा को मानव अस्तित्व की शर्त या मानव-निर्यात के रूप में खपाया जाने लगा। कहा गया कि मानवीय यथार्थ के प्रति प्रतिक्रिया व्यक्त करने से वस्तु-सत्य का स्वरूप दृष्टि से ओझल हो जाता है। रचनाकार तो उसे जीकर ही उसके स्वरूप को उसकी पूरी गहराई और भावुकता में चरितार्थ कर सकता है। कहना न होगा कि साहित्य संबंधी इस प्रकार की मान्यताएं भी उस विघटन का ही हिस्सा थीं जिसकी ओर हम अभी निर्देश कर चुके हैं। यूं आधुनिकतावादी नजरिए से शहरी मध्यवर्गीय जीवन की निराशा, घुटन और कुंठा को लेकर कुछ अच्छी कहानियां भी लिखी गईं, लेकिन फिर जैसे यह भाव-बोध रचनाकार के अनुभव की मर्यादा बन गया। बहुत जल्दी कलारूप और अनुभव को दुहराया जाने लगा। विरोधाभास यह कि इस बीच भाव-बोध के इस रूप को नया माना गया और इसे ही प्रासंगिक करार दिया गया। इस दृष्टि के समानांतर आंचलिक चेतना का विकास हुआ। ग्राम्य जीवन के यथार्थ को उसके परिवेश की जीवन्त खूबियों—सांस्कृतिक परंपरा, सामाजिक चेतना, आर्थिक और राजनीतिक संघर्ष और बदलाव--के साथ चित्रित किया गया। कहानीकार के अपने अनुभव जगत का यह विस्तार, जीवन के अधिक-से-अधिक तत्वों को उनकी आंतरिक संगति की खोज करते हुए अपने अनुभव में समेटने की रचनात्मक तत्परता कहानी को कुछ महत्वपूर्ण परिणतियों की ओर ले जाती है। लेकिन इसने कहानी के सर्जकों और समीक्षकों को बहस का एक गलत मुद्दा दे दिया। कहानी को देहाती और शहराती जैसे खानों में बांट दिया गया। कहना न होगा कि यह विभाजन बड़ा ऊपरी और कृत्रिम था। वस्तुत: मूल प्रश्न गांव और शहर की संवेदना का न होकर जीवन-चेतना की पहचान का है। कहानीकार यदि इस पहचान को उभारने में असमर्थ है तो यह प्रश्न गौण बन जाता है, कि वह जिंदगी के विराट अमूर्तन के किस बिंदु पर खड़े होकर अपनी कहानी की रचना कर रहा है। यह चेतना और कुछ न होकर मनुष्य की संघर्षशील, उच्च मानवीय मूल्यों के प्रति उसकी ललक, मनुष्य की पीड़ा के भौतिक स्रोतों की पहचान और उसे दूर करने के लिए उसकी संकल्पात्मक क्रियाशीलता का ही दूसरा नाम है। मिश्रजी की कहानियों में शहर और गांव की बात बेमानी हो जाती है। उन्होंने हर जगह संघर्षरत मनुष्य की आंतरिक चेतना को पहचानने का प्रयत्न किया है। यह नहीं कि वे शहरी जीवन के यथार्थ से अपरिचित हों अथवा शहर की उन स्थितियों को न पहचानते हों जो मनुष्य की चेतना को कुंठित करती हैं, लेकिन वे मनुष्य को इस स्थिति की ओर से जाने वाले कारणों को पहचानने में कभी भूल नहीं करते। और जैसा कि मुक्तिबोध ने कहीं लिखा है कि

जहां कुंठा के कारणों की पहचान हो वहां कुंठा नहीं रह सकती। 'आरंभ' कहानी का नायक आत्मसंलाप करता हुआ सोचता है—

'जनाब यह गांव तो नहीं है, यह महानगर है, यहां कुछ भी नहीं कर सकता, केवल कुंठित हो सकता है, अपने को तोड़ सकता है।'

'आधुनिक' के नायक का अनुभव भी कुछ इसी प्रकार का है।

'उसे लगा कि वह कितनी बेवकूफी की बात कर गया। शहर में कई वर्षों से वह यही तो देख रहा है कि कोई अन्याय या अपमान अब किसी को उद्वेलित नहीं कर पाता, एक व्यक्ति की बिसात ही क्या है?'

कहना न होगा कि उपर्युक्त वाक्य खंडों और उन कहानियों में जिनसे ये उद्धृत किए गए हैं, नगर जीवन की विडंबनापूर्ण स्थितियों के प्रति गहरा असंतोष प्रकट होता है। मिश्रजी का मानना है कि ये स्थितियां मनुष्य की मानवीय प्रकृति को नहीं बदलतीं, उसकी आंतरिक करुणा, आत्मोत्सर्ग की भावना और उसकी संघर्ष की चेतना को आच्छादित नहीं कर लेतीं। इस दृष्टि से हम मिश्रजी की दो कहानियों 'एक रात' और 'घर' की ओर निर्देश करना चाहेंगे। इनमें से पहली का संबंध नगर जीवन से है और दूसरी का गांव के जीवन से। इन दोनों के लेखन-काल के बीच भी बहुत बड़ा अंतराल है। लेकिन दोनों कहानियों के कथानायकों की आंतरिक चेतना में, जीवन के प्रति दोनों के विधायक दृष्टिकोण में एक गहरा साम्य है। दोनों पात्रों की वर्गीय स्थिति, मानसिक गठन, बौद्धिक स्तर, स्वप्नों और संकल्पों के बीच बहुत बड़े अंतर के बावजूद ऐसा कुछ है जो उन्हें मनुष्यता की समान भूमिका पर प्रस्थापित करता है।

'एक रात' का प्रवीण शोध-छात्र है। एम० ए० में अच्छा डिवीजन पाकर भी नौकरी नहीं पा सका। जब अपने-आपको कुछ भी करने योग्य नहीं पाया तो पी-एच० डी० करने लगा। "पी-एच० डी० के लिए और क्या चाहिए? केवल खालीपन...सो मैं पी-एच० डी० के लिए योग्य विद्यार्थी हूं।" आर्थिक विषमता ऐसी एक जून भोजन तक की व्यवस्था नहीं और कंधों पर दायित्व पूरी गृहस्थी का। गृहस्थी में एक समर्पित-सी, सारी यातनाओं को चुपचाप सहन करने वाली पत्नी तो है ही साथ ही मां-भाई...एक लंबी कतार! प्रवीण के दायित्व-बोध से जन्म लेने वाली यातनाएं चरम बिंदु पर पहुंचती हैं उस रात को, जिस रात उसके घर भोजन की व्यवस्था नहीं हो सकी। उसकी कल्पना में है 'कामायनी' की श्रद्धा और उसके सामने आकर खड़ी हो गई है वेदना के अथाह सागर के मूक आलोड़न को अंतर में छिपाए उसकी पत्नी रेखा जिसकी उपस्थिति मात्र प्रवीण के आर्थिक अभाव को अपराध-बोध में बदल देती है।

'वह विश्व-मंगल की ऊंचाई से टूटकर परिवार में आ गिरा जिसके चारों ओर दरारों भरी गंदी दीवारें खड़ी थीं, नीचे सीलन भरी टूटी-फूटी फर्श बिछी हुई

थी। ऊपर मकड़ी के जालों से सिमटी हुई छत रँगी हुई थी, अभावमूर्ति पत्नी की आंखों में घर का सारा मूर्त वर्तमान् उभर आया था।'

पत्नी की वेदना-भरी मूक दृष्टि का सामना करने में असमर्थ, वह घर से बाहर चला जाता है। बाहर जो कुछ घटित होता है उससे उसके अभाव का अहसास और तीव्र हो जाता है। लौटकर घर आता है तो पत्नी उसे तार थमा देती है। "कल उसकी सहपाठिनी पद्मा आ रही है।" अब क्या होगा? बेचैनी में सारी रात नींद नहीं आती। "प्रवीण के मस्तिष्क में धौंकनी चलने लगी थी। माथा दबा-दबा कर करवट बदल रहा था।...एक चमगादड़ कब से चीं-चीं कर रहा था...खुली आंखें अंधेरे में डूबी छत को घूरती रहीं। उसे लगा कि वह छत नहीं, अंधकार का पहाड़ है जो उसके ऊपर टूट पड़ने के लिए आकुल है।...और जब नींद आ जाती है तो वह आती है छिछले तालाब की तरह दूर तक फैली हुई।"

इस असह्य आर्थिक विषमता से उद्भूत उद्विग्नता से मुक्ति पाने का प्रवीण के पास कोई उपाय नहीं है। मिश्रजी ने इस समस्या का कोई फार्मूलाबद्ध समाधान उपस्थित करके तनाव से मुक्ति दिलाने का आसान रास्ता नहीं अपनाया। लेकिन जिस सोच के तहत वे कहानी लिखते हैं, उसके रहते, प्रवीण को इस प्रकार की मानसिकता में छोड़ देना भी गलत होता। तब कहानी अपनी रचनात्मक अनिवार्यता के तहत रचनाकार के संवेदनात्मक उद्देश्य के विरुद्ध चली गई होती। मिश्रजी की कहानियों में वर्तमान के अभावों के बीच भविष्य का कोई-न-कोई ऐसा नक्शा अवश्य बनता है जो उस स्थिति का अतिक्रमण करता है।

"प्रवीण स्वप्न देखता है कि पद्मा आ गई है। वह जोर से दरवाजे को धक्का देती है तो दरवाजा उसकी नाक पर ही लगता है। उसकी आंख खुलती हैं, मुंह से निकल पड़ता है—'पद्मा', लेकिन वहां पद्मा नहीं थी। यह तो नन्हे-मुन्ने सुबोध महोदय हैं जो पुस्तक लेकर नाक पर रगड़ रहे हैं।"

एक ओर परिवार का बोझ, उसे ढो सकने की असामर्थ्य, लेकिन फिर भी परिवार से ही जीवन की प्रेरणा और भावात्मक ऊर्जा प्राप्त करने के कारण प्रवीण अपने-आपको अभावों से उद्भूत घुटन और पीड़ा से मुक्त कर लेता है।

तमाम प्रकार के अवरोधों का सामना करते हुए आगे बढ़ने की अपनी संघर्षशील प्रवृत्ति के बावजूद 'घर' के बलराम की नियति उसे निरर्थकता-बोध के जिस अनुभव तक ले जाती है वह बहुत ही करुण और भयावह है। अपने भाई के परिवार को संरक्षण देने में उसने अपने-आपको खपा दिया। भर जवानी में कलकत्ता भाग गया, अपने घर की स्थिति सुधारी। गांव में प्रतिष्ठा बढ़ी तो भाई की शादी हो गई। कारखाने में काम करते हुए अपनी एक आंख खो दी। गांव लौटकर आया तो भाई के लाख प्रयत्न के बावजूद कोई व्यक्ति उसे अपनी लड़की का हाथ सौंपने को तैयार नहीं हुआ। अंततः उसने अपने मन को समझा लिया—आखिर

भाई का परिवार भी तो अपना ही परिवार है। विडंबना यह कि "भइया और भौजी दोनों ही बारी-बारी एक ही साल ताऊन में चल बसे, पूरा घर छटपटाकर उसी में समाकर रह गया।" 'उसने आठ साल के रमेश को अपनी बांहों में समेट लिया था।' लेकिन पचीस साल का होते-न-होते रमेश भी मौत को प्यारा हो गया। 'ईश्वर की अद्भुत लीला कि जवान-जवान बाल-बच्चेदार लोग इस घर से बिदा होते जा रहे हैं और यह बूढ़ा निरवंशी, काना, अमर होकर आ गया है।' देवदत्त जवान होता है तो जैसे सबकी मौत के लिए बलराम को ही उत्तरदायी मानकर बात-बात पर उसे अपमानित करता रहता है।

वह बिलकुल ढलान पर पहुंच चुका है। आज खेत गोड़ते-गोड़ते जितना तन से थक चुका है उतना ही अपने मन से भी। अपने और भइया के हाथों लगाए गए घटादार आम के नीचे बैठकर वह अतीत में खो जाता है। लेकिन अचानक उसे खयाल आता है कि आज तो उसने कुछ भी नहीं किया। 'अगर देवदत्त खेत की ओर आ गया और उसे बैठे देख लिया तो आफत ही आ जाएगी। बड़ा खराब लौंडा है, उसने जीना दूभर कर दिया है।'

जैसे उसके विषाद को और गहरा बनाने के लिए देवदत्त न जाने कहां से आकर उसके सामने प्रकट हो जाता है। 'कानेराम तोड़-तोड़कर खा जाओ सारे कच्चे आम।' देवदत्त पास पड़े आमों को देखकर चिल्ला रहा था। "छांह में बैठे-बैठे सोओ, खेत खराब होने दो और खाने-पीने के वक्त नकुरा भर ठूंसने के लिए आ जाओ।"

अपमान और क्रोध से बलराम तिलमिला जाता है। चाहता है कि कुदाली मार दे उसके सिर में, आवेश में आकर वह घूमता भी है, उसकी ओर, लेकिन अंततः उसका संकल्प डिग जाता है—

'उसने देवदत्त को देखा—यह भइया की धरोहर है, उसके चेहरे में कहीं भइया का चेहरा उभरने लगा। एकाएक वह धक से रह गया। यह भी पचीस के करीब अब जा रहा है। एक अज्ञात भय से उसका अंग-अंग कांप गया। पता नहीं इस खानदान को क्या हो गया है? एक, दो, तीन और हे प्रभु इसकी रक्षा करना, मेरी कुछ आयु हो तो उसे भी लेकर...।'

मनुष्य ने अपनी दीर्घकालीन ऐतिहासिक विकास यात्रा में अपना आत्म-विस्तार करते हुए मानवीय स्तर पर जो कुछ उदात्त और महनीय पाया है, अब यह उसकी मूल प्रकृति का अंग बन गया है। स्वार्थवृत्तियां, बैर और प्रतिशोध की भावनाएं, निराशा और पस्तहिम्मती की मनोदशाएं उसकी चेतना को आच्छादित कर लेती हैं, लेकिन मनुष्य है कि तमाम भीतर-बाहरी अवरोधों को हटाता हुआ, अपने-आपको इन स्थितियों से ऊपर उठा लेता है। मिश्रजी की कहानियां मनुष्य के इसी आत्म-संघर्ष को रूपायित करती हैं।

'इकसठ कहानियां' की भूमिका में मिश्रजी ने मार्क्सवादी चिंतन से अपने आपको प्रभावित होने की बात कही है, और यह भी संकेत दिया है कि राजनीतिक विषय वस्तु वाली कहानियों की रचना में, खास तौर से शोषक और शोषितों के संबंधों की व्याख्या और पहचान में वे मार्क्सवादी दृष्टिकोण से विशेष रूप से प्रभावित रहे हैं। लेकिन शायद मार्क्सवादी चिंतन मिश्रजी की संवेदना और सोच को अपेक्षाकृत अधिक गहरे और सूक्ष्म स्तरों तक प्रभावित करता है। सामाजिक, पारिवारिक—दाम्पत्य जीवन की समस्याओं से जुड़ी कहानियों में भी मिश्रजी की सहानुभूति और करुणा पर एक खास किस्म का बौद्धिक अनुशासन दिखाई देता है मसलन उन्होंने जहां कहीं दाम्पत्य संबंधों की जटिल गुत्थियों को लेकर कहानियां लिखीं, वहां वे केवल जीवन के विद्रूप या विडंबना को उभारकर ही चुप नहीं हो जाते, बल्कि समग्र स्थिति को अपने संवेदनात्मक उद्देश्यों के अनुरूप निर्णायक परिणतियों तक ले जाते हैं। 'लाल हथेलियां' का सुभाष पुराने संस्कारों और स्थूल शरीर वाली अपनी पत्नी ममता की तुलना में लाल हथेलियों वाली ज्योत्स्ना की ओर आकर्षित होता है। इस तथ्य से ममता अवगत होती है तो उसे आघात लगता है, दिल के दौरे पड़ने लगते हैं और एक दिन मर जाती है। ज्योत्स्ना सुभाष से शादी कर लेती है। लेकिन एक श्रीमंत घर की बेटी ज्योत्स्ना को एक लेक्चरर के वेतन से घर चला पाना कठिन हो जाता है। स्थिति बदल जाती है। ज्योत्स्ना सुभाष के प्रति अत्यधिक अनुदार और कठोर हो जाती है। ज्योत्स्ना की उपेक्षा से दुखी सुभाष सोचता है—'आह कितनी ममता थी, उन मोटी-मोटी झवराई अंगुलियों में।'

'एक भटकी हुई मुलाकात' का नायक सुधांशु अपनी पत्नी अंजना को तलाक देकर रूपसी सीमा के साथ विवाह कर लेता है, लेकिन बाद में लगता है कि 'सीमा की सारी मादकता ऊपरी थी, जैसे एक खाली कमरे में चारों ओर से रंगीन फूल-झड़ियां जल रही हों। इसके व्यवहार में वह सौहार्द और कोमलता नहीं जो इसके ऊपरी सौंदर्य में है।' और तब उसे याद आती हैं 'अंजना की आंच से दीप्त चूल्हे की लपटें, उसकी प्रीति से सिक्त भोजन की महक...।' मानवीय ऊष्मा से रहित बाह्य सौंदर्य मिश्रजी में कोई आकर्षण नहीं जगाता। अपने किए पर दोनों कथानायकों का पछतावा रचनाकार की एक विशिष्ट सोच और सौंदर्य को प्रकट करता है।

'एक अधूरी कहानी' की भउजी के असाधारण जीवन-संघर्ष की महत्ता को पहचानने जैसा विवेक अभी तक समाज अर्जित नहीं कर पाया। परदेश से लौट-कर न आने वाले अपने पति और घर पर अपने छोटे-से पुत्र को छोड़कर भउजी एक सुनार के साथ भाग गई लेकिन इस जिंदगी में हत्या से लेकर कारावास तक के न जाने कौन-कौन से अनुभवों से उन्हें गुजरना पड़ा। दशकों के बाद एकदम अस-मर्थ और आंतरिक स्तर पर टूटी हुई भौजी गांव वापस लौटीं तो जैसे वे अपनों के

बीच मरने के लिए ही आई हों। कथाकार ('मैं') के अलावा अब उन्हें गांव में कोई नहीं पहचानता। अगर लोग उन्हें पहचान लेते तो उन पर घृणा बरसाने लगते। इसलिए लेखक ने उनको अनपहचाना ही रहने दिया। लेकिन क्या भउजी का जीवन-संघर्ष किसी महान योद्धा के जीवन-संघर्ष से कमतर कहा जा सकता है? समाज भले ही गलती कर दे लेकिन लेखक उस यशगाथा को यूं ही छोड़ देने की कैसे गलती कर सकता है? अपने मानवीय विवेक का हल्का संस्पर्श देकर मिश्रजी ने कहानी को न केवल मूल्य-बोध के स्तर पर ऊंचा उठाया है बल्कि उसे कुछ अधिक मार्मिक भी बना दिया है।

थानेदार ने लाश फूंकने की इजाजत दे दी। न जाने क्या हुआ कि मुंहामुंही यह बात फैल गई कि यह किसी तपश्विनी की लाश इसे अमुक-अमुक जगह देखा गया था। बड़े धूमधाम से शव यात्रा हुई।

मिश्रजी की अधिकांश कहानियां संस्मरणात्मक रूप में लिखी गयी हैं—जैसे लेखक हमें विश्वास दिला देना चाहता है कि कहानियों में व्यक्त अनुभव उसके अपने खुद के जीवनानुभव का ही पुनर्नियोजित रूप है और जहां तक कहानियों में व्यक्त जीवन-संवेदन का सवाल है, वह मिश्रजी का खुद का अपना है भी। लेकिन मिश्रजी अपनी कहानियों में संवेदना को तर्क के रूप में इस्तेमाल करते हैं या यूं कहें कि संवेदना के अंतरवर्ती तर्क को सामने ले आना उनकी कहानियों का उद्देश्य होता है। मिश्रजी की कहानियां वस्तुतः जीवन की हिस्सेदारी की कहानियां हैं, इसीलिए वे मात्र हमारे हृदय की सोई हुई संवेदना को ही उद्बुद्ध नहीं करतीं, बल्कि उस वस्तु जगत का भी साक्षात्कार कराती हैं जिसके घात-प्रतिघात से संवेदनाएं जन्म लेती हैं। यही कारण है कि मिश्रजी की कहानियों में यथार्थ का जो रचनात्मक बिंब उभरता है, उसमें जीवन सत्यों का ही नहीं, संभावनाओं का भी संकेत समाहित रहता है।

कितने बजे हैं :
अनुभव और दृष्टि का रचनात्मक संयोजन

'कितने बजे हैं' में संकलित डॉ० रामदरश मिश्र के निबंध एक संवेदनशील रचनाकार के उन तीव्र मानसिक संवेदना-घातों से उद्भूत हैं जो जीवन और जगत के प्रति उसकी गहरी और रचनात्मक संपृक्ति से जन्म लेते हैं। रचनाकार का अनुभव जगत या उसका परिवेश जिसके बीच रहकर वह अपनी भौतिक और आध्यात्मिक शक्तियों का विकास करता है, सुंदर-असुंदर के बीच भेद करना सीखता है, अच्छे-बुरे की पहचान का विवेक अर्जित करता है, कोई कल्पना-प्रसूत वस्तु न होकर एक पहले से मौजूद ठोस और मूर्त इकाई है। वह स्थिर न होकर अनेक परस्परविरोधी तत्त्वों का सतत गतिशील और परिवर्तनशील संयोजन है। मनुष्य की चेतना इस गति और परिवर्तन को वेग प्रदान करती है। वह वस्तु जगत को अपने अनुकूल बनाने या उसके साथ अपनी संगति बिठाने के लिए जो प्रयत्न करती है उससे जगत में तो परिवर्तन आता ही है, स्वयं चेतना का भी विकास और परिष्कार होता है। यह विकास मानव-प्रगति और यहाँ तक कि उसके अस्तित्व की शर्त है। वस्तुजगत के साथ जीवंत रिश्ता टूट जाने पर रचनात्मक चेतना मंद पड़ जाती है, वह अपने-आपको पुनरावर्तित करने लगती है। इसीलिए एक जागरूक रचनाकार के लिए अपने परिवेश के साथ रचनात्मक संपृक्ति बनाए रखना आवश्यक है। 'कितने बजे हैं' के निबंध एक विशिष्ट देश और काल में चल रहे मानवीय संघर्ष का एक संवेदनशील चित्र प्रस्तुत करते हैं, इस चित्र में रचनाकार की भावना की तरलता तो है ही, साथ ही, मनुष्य की ऐतिहासिक विकास यात्रा की दिशा का अन्वेषण करने वाली एक परिपक्व जीवन-दृष्टि भी है। लेकिन मिश्रजी के निबंधों में प्रकट होने वाली दृष्टि चिंतन के अमूर्त प्रत्ययों के रूप में नहीं आती, वह वस्तुतः जीवन के अंतर्निहित सौंदर्य का साक्षात्कार करते हुए उसके अर्थ की पड़ताल करती है। दूसरे शब्दों में वह भावना के मानवीय संदर्भों की तलाश करके जीवन-विवेक और सहानुभूति के क्षेत्र का विस्तार करती है।

मिश्रजी के निबंधों में व्यक्त होने वाले संवेदन या चिंतन का महत्त्व इस बात

में है कि वह उनके निजी अनुभवों का निचोड़ या सार तत्त्व है। वह उनके व्यक्तित्व की निजता को लेकर प्रकट हुआ है। वह चाहे निबंधकार के अनुभव का सीधा-साधा बखान हो, या अनुभवप्रसूत भाव संवेदनों का कलात्मक रचाव-कसाव हो या अनुभवों पर आधारित सामान्यीकृत ज्ञान का प्रकाशन हो, उस पर हर हालत में निबंधकार के व्यक्तित्व की छाप अंकित रहती है। हर जगह अपनी रुचि-अरुचि, इच्छा-अनिच्छा, स्वीकृति-अस्वीकृति के साथ लेखक मौजूद मिल जाएगा। लगता है वह जैसे सीधे-सीधे हमसे बातचीत कर रहा है। जैसे अपने अंतरंग लोक की यात्रा के लिए उसने हमें अपने साथ ले लिया है। उसे इस बात की कतई चिंता नहीं है कि यदि हम उसकी कमजोरियों को देख लेंगे तो उसके बारे में अपना अभिप्राय बदल देंगे। वह हम पर इसलिए विश्वास कर लेता है कि हम आदमी हैं। अगर आदमी आदमी पर विश्वास नहीं करेगा तो काम कैसे चलेगा। 'सर्जना ही बड़ा सत्य है' में मिश्रजी ने आचार्य हजारीप्रसाद द्विवेदी के बारे में जो बात लिखी वह जाने-अजाने उनके व्यक्तित्व के वैशिष्ट्य को भी परिभाषित कर देती है—

'वे मनुष्य को झुठलाने वाले आध्यात्मिक छल की भर्त्सना करते हैं और निश्छल भाव से मनुष्य को अपनाने वाले सहज भाव की सुंदरता को रेखांकित करते हैं।'

निश्छलता और अपनत्व का यह तत्व मिश्रजी के निबंधों में विविध रूपों में आया है। अपनी हवाई यात्रा में आपको हिस्सेदार बनाएं इसके पूर्व ही वे कह देंगे—'मैं खिड़की के पास बैठा हुआ था। कोशिश करता हूं कि गाड़ी हो या हवाई जहाज, कोने की ही सीट मुझे मिले। इसे लड़कपन कह लीजिए, लेकिन वह मुझमें है।'

इस छोटी-सी आत्मस्वीकृति ने जैसे बड़े आत्मीय ढंग से पाठक का हाथ अपने हाथ में ले लिया है, और बड़े सहज भाव से छूट ले ली है, पाठक के सामने अपना मन खोलने की। एक सधे हुए लेखक, एक सिद्धहस्त शब्द-शिल्पी के बचपने को नजदीक से देखने की उत्सुकता पाठक में जाग जाती है। लेकिन पूरा निबंध पढ़ते हुए वह पाता है कि उसमें कहीं लेखक का बचपना तो आया ही नहीं। जब तक वह सोच पाए कि निबंधकार ने उसे झांसा दिया है और जब तक इस बारे में वह कुछ अन्यथा सोचे-समझे तब तक भाव या विचार के किसी महत्त्वपूर्ण बिंदु पर पहुंचकर निबंध पूरा हो जाता है। पाठक को अपनी अंतःप्रकृति की डोरी थमाकर वह उसे आंतरिक और बाह्य प्रकृति के नितांत अनजाने-अनपहचाने लोक में ले जाता है, या फिर उसके सामने उसके जाने-पहचाने लोक की ही एक नई छवि अंकित कर देता है। चारों ओर फैली ऊबड़खाबड़ जमीन, ऊंची-नीची पहाड़ियां, खेत-खलियान, वन-बाग सभी एक नये सौंदर्य से आलोकित हो उठते हैं, वे जिंदगी की अखंडता और समग्रता का बोध प्रदान करने लगते हैं। वह इसलिए कि स्वयं लेखक इन दृश्य बिंबों में डूबकर उनसे उत्तेजित और आंदोलित होकर उनके अंत-

निहित संकेतों को ग्रहण कर अपनी सौंदर्य चेतना का विस्तार करता है, अपने ज्ञानात्मक संवेदन को पुष्ट करता है।

हर संवेदनशील व्यक्ति को प्राय: वसंत की प्रतीक्षा रहती है। इस बात को लेकर अनेक लेखकों ने अफसोस व्यक्त किया है कि आज की जिंदगी की आपाधापी में यह पता नहीं चल पाता कि वसंत कब आया और कब चला गया। और अगर पता चल भी गया तो यह होगा कि थोड़े क्षणों के लिए उनके हृदय में प्रसन्नता का भाव पैदा हो जाएगा। वसंत के आगमन की सूचना पाकर मिश्रजी की तरह चौंकने वाले लोग कम ही होंगे।

'शिवरात्रि है, पच्चीस तारीख को ? यानी कल ही ! मैं ऐसा हतप्रभ हो गया जैसे कोई घटना घट गई हो। फागुन आ गया, बारह दिन गुजर भी गए, कल शिव-रात्रि है और मुझे मालूम तक नहीं हुआ। फागुन का ध्यान आते ही मेरा जी न जाने कैसा हो गया।''

फागुन का ध्यान आते ही हतप्रभ हो जाने या जी का कैसे का कैसा हो जाने की मिश्रजी की प्रकृति में वही बचपने वाला भाव दिखाई देगा। वसंत का अंकन यूं भी हमें अच्छा लगता है, लेकिन जब उसके साथ रचनाकार की प्रकृति भी घुलमिल जाती है, तब उसकी बात कुछ और ही हो जाती है। दृश्य में तब तक वैशिष्ट्य नहीं आता, जब तक उसमें रचनाकार के जीवनव्यापी अनुभवों के सार तत्व घुलमिल नहीं जाते, उसके मानवीय विवेक की दीप्ति से वे आलोकित नहीं हो उठते। वसंत में खिलने वाले पुष्पों का रंग, उनकी सुगंध, पवन की कोमलता और मादकता, कोयल के स्वर की उत्तेजक मिठास या सूरज और चांद की किरणों की छुअन और रोमांच, अपने आपमें उत्तेजनापूर्ण होने पर भी, एक निरपेक्ष सौंदर्य विश्व की रचना करते हैं। जब यह सौंदर्य मानवीय उपस्थिति का अहसास कराने लगता है, जब उसमें जीवन की क्रियाशील चेतना का निखार आ जाता है, तब वह मात्र वस्तुओं का नैसर्गिक कलात्मक संयोजन न रहकर रचनाकार की अपनी खोज और पहचान का रूप ग्रहण कर लेता है। बाह्य प्रकृति के सौंदर्य में रचनाकार की अंत:-प्रकृति का सौंदर्य घुलमिल जाता है, और तब एक स्तर पर सुंदरता अपने रूप के वैशिष्ट्य को ज्यों का त्यों बनाए रखकर भी उसका अतिक्रमण करने लगती है। उसमें अनदेखे अनपहचाने अनुभव संवेदनों की लय गति पैदा हो जाती है। मनुष्यता का इतिहास सिमट आता है। रचनाकार का मानवीय विवेक सारे खंड चित्रों को कुछ इस रूप में नियोजित कर देता है कि वे एक दृष्टि और दिशा का संकेत देने लगते हैं—

'स्वच्छ बुहारी हुई पगडंडियों से जब रंगों से सराबोर बटोही फाग गाते हुए गुजरते हैं तो आसपास के खेत गूंज उठते हैं। और उमड़े हुए खेतों में काम करने वाली मजूरिनें अपने सारे पिछले उपवासों तथा सर्दी के दुख-दर्दों को भूलकर अन्न

की गंध से ऊष्मित वातावरण से गीतमय हो उठती हैं। फागुन ने बार-बार आकर हमारे अभावों को भाव, हमारी जड़ता को नृत्य, हमारी निष्प्रभता को रंग और हमारे गांवों को पके अन्न की गंध दी है।···वह हमारी फसलें बनकर झूमा है, हमारे हंसिए बनकर उन्हें काटा है, हमारे खलिहान बनकर जीवन बटोरा है, और हमारी रोटियां बनकर सूने घरों में महका है।'

यूं तो समग्र साहित्य ही आत्म-चरित्रात्मक होता है लेकिन निबंध का आत्म-चरित्रात्मक होना उसकी एक रचनात्मक शर्त है। निबंधकार सीधे-सीधे अपने बारे में—और खास तौर से अपनी अंत:प्रकृति और जीवन-संघर्ष के बारे में बात-चीत करता है। 'हीरो का पूत हीरो' में मिश्रजी हीरो की वंश-परंपरा की दो पीढ़ियों का परिचय देते-देते चंदन पर आकर अटक जाते हैं। 'वह नौजवान पेंट और छींट की बुशर्ट पहने था, सिर पर फेल्ट हैट तथा गले में रंगीन रूमाल था। सीटी बजाने के साथ हाथ में एक छोटी-सी छड़ी भांजता हुआ फिल्मी अंदाज से चला आ रहा था।' मिश्रजी चंदन की इस आत्मघाती मानसिकता का विश्लेषण करते-करते अपनी खुद की मानसिकता का भी लेखा-जोखा प्रस्तुत करने लगते हैं।

'वैसे मैं देहात का हूं। देहात को उसकी पूरी तिक्तता और मृदुता के साथ जिया है। लेकिन तब देहात और था, लोग और थे। देहात से तब भी लड़के शहर जाते थे, पढ़ने के लिए लेकिन···।'

चंदन के साथ मिश्रजी अपने बारे में जो कुछ सूचना देते हैं, उससे चंदन का व्यक्तित्व एक नयी प्रकार की सजीवता ग्रहण कर लेता है। जैसे वह कल्पनाप्रसूत पात्र न होकर लेखक के अपने गांव का ही उसका अन्तरंग परिचित व्यक्ति हो।

'कितने बजे हैं' के निबंध मिश्रजी के सामाजिक सरोकारों को भी बखूबी प्रकट करते हैं। वे जिस व्यक्ति मन की पीड़ा या उल्लास का चित्रण करते हैं, वह अपने परिवेश के साथ गहरे रूप में जुड़ा होने के कारण अपने साथ अपने आस-पास के जीवन को भी समेट लेता है। वह भीड़ के बीच अकेला आदमी नहीं है, बल्कि वह मानव समूह को भीड़ के रूप में देखना ही गलत मानता है। मिश्रजी अपने-आपको समूह मानव का एक हिस्सा मानते हैं। एक सामान्य तबके का आदमी आज जिन अभावों के बीच जीने के लिए अभिशप्त है, मिश्रजी अपने जीवन में लगभग उन्हीं परिस्थितियों के बीच से गुजरकर आये हैं। यही कारण है कि वे बड़ी आसानी से अपने-आपको आज के जनसामान्य की नियति से जोड़ लेते हैं। नयी कविता के जमाने में रचनाकारों का एक वर्ग ऐसा भी था जो इस प्रकार के अनुभव को आत्म-विस्तार के रूप में न देखकर लेखक की आत्मस्फीति के रूप में देखता था। कहा यह गया था कि तुम सबमें नहीं व्याप सकते, इसलिए तुममें जो व्यापा

है, उसे ही कहो। यानी जो अनुभव आपका नहीं है उसके संबंध में कुछ भी लिखना एक प्रकार की आत्मछलना है। लेकिन इस चिंतन का विरोधाभास यह था कि मरे या आत्महत्या किये बिना इन विषयों पर लिखना गलत नहीं समझा गया, केवल सामान्यजन की पक्षधरता को ही गलत माना गया। लेकिन अपने में रहकर अपने से बाहर निकलने या कल्पनापूर्ण आत्मविस्तार की स्थिति लेखक के लिए न तो नई बात है और न अस्वाभाविक ही। केवल पीड़ा की बात कहना लेकिन उसके मूल स्रोतों की ओर निर्देश न करना यथार्थ का एकांगी निरूपण ही कहा जायेगा। और यदि मानवीय पीड़ा की जड़ें व्यवस्था की असंगतियों और अंतर्विरोध में हैं यानी यदि वे मानव सर्जित हैं तो उनका विरोध करना रचनाकार का अनिवार्य कर्तव्य बन जाता है। यह आग्रह जितना नैतिक है उतना ही सौंदर्यशास्त्रीय भी है। जैसा कि प्रेमचंद ने कहा था साहित्यकार सौंदर्य का उपासक होता है, सौंदर्य को परखना, उसको अपनी रचना में रूपायित करना उसका स्वभाव होता है। लेकिन वह जिस ललक के साथ सुंदरता की ओर आकर्षित होता है, उसी आवेश और शक्ति के साथ वह असुंदरता या विद्रूपता का विरोध भी करता है। असुंदरता प्रायः संतुलन के अभाव से जन्म लेती है, सामंजस्य और संगति का ही दूसरा नाम सुंदरता है। जीवन और जगत की वस्तुस्थितियों में मनुष्य का विवेकपूर्ण हस्तक्षेप ही सौंदर्य को जन्म देता है। इस प्रकार सौंदर्य का सृजन और कुछ न होकर वस्तुतः जीवन के संतुलन और सामंजस्य की खोज ही है। मिश्रजी ने जहां इसके दर्शन किये वहां उन्होंने उसके साथ गहरे तादात्म्य का अनुभव किया और जहां इसका अभाव देखा वहां वे अपनी पूरी भावात्मक उत्तेजना एवं बौद्धिक सजगता के साथ उसके विरोध में खड़े हो गये। लेकिन मिश्रजी का विरोध उस असुंदरता तक ही मर्यादित नहीं वे इस असुंदरता को जन्म देने वाली स्थितियों का भी विरोध करते हैं। 'कितने बजे हैं' में वे लिखते हैं—

"इतनी आलीशान इमारतें, आलीशान पार्टियां और आलीशान लोग···और तभी मेरा मन अपने गांव चला जाता है। चित्र उभरते चले जाते हैं—पूस-माघ की रात में सूती चादर ओढ़ थरथराते चित्र, नंगे पांव भेड़ का कंबल ओढ़े रात की शीत से लथपथ खेतों का चक्कर लगाते चित्र, आंखों में दो दिन के उपवास की उदासी भरे, जगह-जगह पैबंद लगे, फटे कपड़े पहने, थरथराती रात के अंतिम पहर में, बर्तन मांजते, गोबर पाथते, खेतों में पानी चलाते चित्र, टाटियों की खुली दरारों से दहाड़कर आती हुई पछुआ हवा में अहककर सो गये भूखे बच्चों की सारी व्यथा लेकर रात को जागते चित्र···।"

'कितने बजे हैं?'

कहा गया है कि समय का बोध और कुछ न होकर संकट का—मानव अस्तित्व के संकट का—बोध है। यानी इतिहास की अंधी गति ने मानव जाति को संकट के

ऐसे बिंदु पर लाकर छोड़ दिया है जहां उसका अब तक का अर्जित ज्ञान और विवेक, उसके संकल्प और कर्म अपना अर्थ खो चुके हैं। मानव अस्तित्व उस अपरिहार्य वेदना का अन्तहीन प्रलंघन है। वगैरह-वगैरह। कहना न होगा कि मिश्रजी का समय-बोध इस स्तर का नहीं है। वे आदमी के रोज-ब-रोज की जिंदगी के बीच से गुजरकर उसके अस्तित्व के उस संकट को लेकर बेचैन दिखायी देते हैं जिसके रहते मनुष्य अपने-आपको मनुष्य से एक दर्जा नीचे की स्थिति में जीने को मजबूर पाता है, छोटे-छोटे से अभावों की पूर्ति के लिए लड़ते-लड़ते अपनी चेतना को क्षत-विक्षत करता रहता है। इस श्रेणी के लोगों का समय-बोध समय के प्रवाह की दिशा को बदलने का बोध होता है। उनके लिए समय और कुछ नहीं, बस जीवन के परिवर्तन की प्रतीक्षा है। और यह परिवर्तन आकर रहेगा—'खास तौर से तब जब लोग समय के प्रति सजग होकर राह चलते आदमी से पूछने लगे हैं— कितने बजे है ?'

'कितने बजे हैं ? जन समूह पूछ रहा है। एक बड़ी आवाज आंधी की तरह उठी है और पूछ रही है कितने बजे हैं ?'

मिश्रजी के निबंधों पर उनके सर्जक व्यक्तित्व की गहरी छाप है। यह सच है कि जीवन के विविध अंतर्विरोधी तत्वों को उनके सही स्वरूप में, अधिक बौद्धिक और तार्किक स्तर पर समझने की क्षमता हमें गद्य ने दी है। और आज की कविता अपने दायित्व का अधिक सावधानीपूर्वक निर्वाह करने के आशय से गद्य के समीप आयी है। लेकिन इसके बावजूद कविता का और खास तौर से उन गुणों का—जिनके रहते किसी शब्द-विधान को कविता की संज्ञा दी जाती है—महत्त्व कम नहीं हो जाता। यूं भी कविता मनुष्य की कुछ बहुत ही गहरी आंतरिक जरूरतों को पूरा करती है, इतना ही नहीं वह मानव-चेतना को अपेक्षाकृत अधिक गहरे स्तर पर प्रभावित करती है, उसका प्रभाव अधिक स्थायी भी होता। यह प्रभाव केवल सूक्ष्म सौंदर्य-बोध तक ही मर्यादित न होकर स्थूल सामाजिक सरोकारों तक व्याप्त दिखायी देता है। यदि ऐसा न होता तो निरंकुश राजकर्ताओं द्वारा कविता पर तरह-तरह की पाबंदियां लगाने की घटनाएं नहीं बनतीं। उसमें कुछ खतरनाक किस्म की बातें कहने का अवकाश अवश्य रहता होगा तभी न उसको लेकर एक विशेष प्रकार की सावधानी बरती जाती है। फिर भी लोगों की आम धारणा यही है कि कविता का यथार्थ के साथ वैसा गहरा रिश्ता नहीं होता जैसा कि कल्पना या स्वप्न-लोक के साथ होता है। लेकिन मिश्रजी ने अपने निबंधों में यदि कविता के तत्वों का उपयोग किया है तो इस सावधानी के साथ कि वे उनके सहारे यथार्थ की सच्चाइयों को मूर्त चाक्षुष बिंब के रूप में प्रस्तुत कर सके। साहित्य में कभी-कभी भावना की तरलता यथार्थ की अत्यधिक कठोर भूमि पर ले जाकर खड़ा कर देती है। मिश्रजी ने भी अपने निबंधों में काव्यात्मकता का कुछ-कुछ इसी ढंग से

उपयोग किया है। एक उदाहरण से यह बात अधिक स्पष्ट हो जाएगी। सघन वृक्षावलियों से आच्छादित गिरिपथ पर एक नारी को जाते देख लेखक सोचता है '…नाले के दोनों ओर सघन वनस्पतियां और वृक्ष, और उस पार वनस्पतियों से नीचे की ओर जाता हुआ एक रास्ता। कहां जाता होगा यह रास्ता? उस पुल पर से एक औरत उस पार जा रही है। उस पार जाकर वनस्पतियों से उलझे रास्ते में कहीं खो जाएगी। क्या उसे डर नहीं लगता है?'

वन्य परिवेश की सघन वृक्षावलि से आच्छादित पर्वतीय मार्ग और उस उलझन भरे रास्ते पर जाने वाली एक युवती। एकदम भावना-निर्मित स्वप्निल सौंदर्य चित्र, जैसे अभी भावनाएं तरल बनकर उस पर्वतीय नाले के प्रवाह में घुल-मिल जाएंगी अथवा अभी-अभी यह रास्ता अनंत की ओर मुड़ जाएगा। लेकिन नहीं, अनंत की ओर जाते-जाते रास्ता जैसे अचानक खेतों की ओर मुड़ जाता है।

"शायद ये ही वे रास्ते हैं जहां से लोग इन खेतों की ओर जाते हैं—और खेतों की ओर जाने वाले रास्ते पर डर कैसा?"

मिश्रजी चाहे जिस मनःस्थिति में हों, जीवन या प्रकृति के चाहे जिस सौंदर्य लोक में विचरण कर रहे हों, सामान्य आदमी के संघर्षपूर्ण जीवन के यथार्थ को वे कभी नहीं भूल पाते।

'दूर सामने देखा—पेड़ों के सघन झुरमुट से निकलते रास्ते पर बहंगी पर लकड़ियां लादे एक आदमी चला आ रहा था।'

मिश्रजी के निबंधों का शब्द-संयोजन उनकी रचनात्मक दक्षता को प्रकट करता है। शब्द वे ही हैं जो रोज-ब-रोज की व्यवहार भाषा में काम में लाए जाते हैं, लेकिन एक सधे हुए कलाकार द्वारा प्रयुक्त किये जाने पर उनमें एक नयी दीप्ति आ जाती है। जिस प्रकार एक कुशल शिल्पकार मामूली तराश के द्वारा पत्थर में एक नयी भंगिमा पैदा कर देता है उसी प्रकार मिश्रजी शब्दों के विशिष्ट रख-रखाव के द्वारा उनमें अर्थ के अनेक नये और अनिर्दिष्ट आवर्त पैदा कर देते हैं। अपनी बात को स्पष्ट करने के लिए एक-दो उदाहरण पर्याप्त होंगे—

'…कुछ पत्रकार, कुछ साहित्यकार, कुछ चाटुकार…।' या 'देहात के ये गरीब बच्चे कहां से पाएं वह सभ्य चेतना जो हमारे देश के बच्चों को आदमी नहीं अफसर बनाती है।'

पहले वाक्य-खंड में ध्वनि साम्य के आधार पर जिस सहजता से 'चाटुकार' ने पत्रकार और साहित्यकार की बिरादरी में शामिल होने का औचित्य खोज लिया है, वह हमारे समाज जीवन के बहुत बड़े औचित्यभंग का एक कारगर निर्देश है। अफसर और आदमी के बीच का विरोध हमारी नौकरशाही व्यवस्था की उपज है। व्यवस्था की इस असंगति की ओर लेखक का यह मार्मिक निर्देश हमारे यथार्थ पर एक टिप्पणी बन जाता है।

फूल का खिलना, चांद का डूबना, बच्चे की किलकारी, दूर तक जाती रेल की पटरियां या सूखता तालाब जैसी किसी भी सामान्य घटना से प्रेरित होकर कविता, कहानी, संस्मरण, उपन्यास या अन्य किसी प्रकार के शब्द-विधान द्वारा स्थायी महत्त्व की कलाकृति का निर्माण कर देता है। लेकिन सृजन को प्रेरित करने वाली तात्कालिक उत्तेजना में रचनाकार का अपना समग्र जीवन-विवेक, उसके अपने जीवन के संवेदनात्मक इतिहास का मर्म, विविध अनुभवों से प्राप्त जीवन की प्रतिनिधि सच्चाइयों के सार-सत्त्व समाहित रहते हैं। यानी सृजन-व्यापार अनेक तत्त्वों का कल्पनापूर्ण संयोजन है।

इसमें रचनाकार का अनुभव संभवतः सर्वाधिक महत्त्वपूर्ण तत्त्व है। यही वह जमीन है जहां खड़े होकर वह जीवन की प्रतिनिधि सच्चाइयों का साक्षात्कार करता है। इसीलिए नयी कविता वालों ने 'अनुभव की प्रामाणिकता' की बात विशेष रूप से उठायी थी। लेकिन नये कवियों और रचनाकारों में सबके लिए अनुभव की प्रामाणिकता का एक ही अर्थ नहीं था। कहना न होगा कि डॉ० रामदरश मिश्र भी प्रामाणिक अनुभव को रचना की अनिवार्य शर्त मानते हैं, लेकिन उनके लिए सर्जनात्मक अनुभव कोई अमूर्त किस्म का रहस्यपूर्ण मानसिक व्यापार न होकर, मानव मुक्ति के लिए चलने वाले संघर्ष में रचनाकार की खुद की हिस्सेदारी से पाया गया जीवन-विवेक है। जाहिर है कि रचनाकार के अनुभव में समान यातनाएं भोगने वाले, एक बेहतर जिंदगी के लिए संघर्षरत समान-धर्मा लोगों का अनुभव भी शामिल रहता है। लेकिन हमें यह ध्यान रखना चाहिए कि लोक-जीवन के साथ जुड़ पाने की प्रक्रिया उतनी आसान नहीं होती जितनी ऊपरी तौर से वह हमें दिखायी देती है। रचनाकार अपनी यात्रा एक छोटे से दायरे से शुरू करता है, लेकिन उस दायरे को बढ़ाते रहना, उसे विस्तार प्रदान करते रहना रचना की अनुभवात्मक सघनता के लिए निहायत जरूरी होता है। 'जहां मैं खड़ा हूं' में इस समस्या को उठाते हुए मिश्रजी लिखते हैं—

"अंतरंग अनुभव के स्तर पर एक छोटा-सा संसार ही हमारा अपना हो पाता है और उसी संसार के सुख-दुःख की गहन प्रतीति बड़ी होकर के देश के और संसार के सुख-दुख की प्रतिनिधि बन जाती है। लेकिन यह भी सही है कि हम छोटे-से अंतरंग संसार की सृष्टि बाहरी जगत् के साथ अपने लगाव से ही करते हैं, इसलिए वह निरंतर बड़ा होता रहता है और बदलता भी रहता है। अनुभव के आधार पर बना हुआ हमारा अपना संसार ज्यों-ज्यों बड़ा होता रहता है, त्यों-त्यों हमारा अपना जीवन और हमारी रचनात्मकता समृद्ध होती रहती है और बड़े संसार की प्रतिनिधिकता की शक्ति प्राप्त करती रहती है।"

अपनी आत्मकथा 'जहां मैं खड़ा हूं' में मिश्रजी अपने उस ठोस और मूर्त अनुभव संसार की बात करते हैं जो परिवार और परिवेश के साथ रचनाकार के

बहुस्तरीय संबंधों की नींव पर खड़ा है। अपने बचपन में लेखक ने इन संबंधों को भावना के स्तर पर पहचाना था। इसी स्तर पर उसने जीवन-मूल्यों का बोध प्राप्त किया था—अच्छे-बुरे का विवेक अर्जित किया था। इन संबंधों के निर्धारण में वर्तमान व्यवस्था की प्रमुख भूमिका है, यह बात उस समय लेखक के दिमाग में भले न आयी हो लेकिन उसने अपने 'हृदय में स्थित मानव-न्याय संवेदन' के आधार पर इस सच्चाई को पहचान लिया था कि जीवन में ऐसा कुछ भी है जो सहज मानवीय संबंधों में जहर घोल देता है; उनमें विकृतियां पैदा कर देता है। लेखक की आत्मकथा का यह ग्रंथ (अभी दो ग्रंथ आने शेष हैं) और उसका समग्र सर्जनात्मक साहित्य जैसे 'कुछ' की खोज का प्रयत्न है।

पुस्तक के शीर्षक के शब्दों—'जहां मैं खड़ा हूं' में एक दृढ़ताभरी चुनौती का स्वर है, एक प्रकार की पक्षधरता का लेखन है और इसकी प्रेरणा अपने परिवेश से मिली है। वे जहां जन्मे, जहां उनका बचपन बीता, जहां के जीवनानुभवों से उन्होंने रचनात्मक प्रेरणा ग्रहण की, वह जगह अनेक प्रकार के अभावों से ग्रस्त है। कछार का एक छोटा-सा गांव 'डुमरी बीहड़' उसके एक ओर राप्ती और दूसरी ओर गोर्रा नदी। दोनों नदियां उस गांव को और उस समग्र अंचल को जैसे अपनी कुंडली में लपेटे हैं। नदियों में "हर साल बाढ़ आती, हरे-भरे खेत बह जाते, बाढ़ के लौटने पर बचता था रेत का विस्तार, असीम सूनापन और लोगों की आंखों में भयावह स्तब्धता। 'अब क्या होगा?' 'अब जीवन कैसे बीतेगा?' का एक मौन प्रश्न। फिर चलता कर्ज का दौर, पैसेवालों के यहां खेतों के, गहनों के बंधक चढ़ाने का क्रम। उपवास पर उपवास की शृंखला और अभावजन्य सारी यातनाओं का दौर।"

यह एक सामूहिक यातना का दृश्य है। गांव में इसके भी अलग-अलग स्तर हैं। ऐसे लोग भी हैं जो अधिक भूमि के मालिक होने के कारण दूसरों का शोषण कर सकने की अपनी क्षमता के कारण संपन्न हैं। वे इस सामूहिक विनाश से भी लाभ उठाते हैं। ब्याज पर पैसा देकर लोगों का जीना दूभर कर देते हैं। लेकिन लेखक की नियति गांव के अभावग्रस्त बहुसंख्यक लोगों से जुड़ी है। उस समय की याद करते हुए मिश्रजी लिखते हैं कि "जब मैंने होश संभाला तो घर अभावों की सख्त गिरफ्त में आ चुका था।" पुस्तक में मिश्रजी ने अपने अभाव-ग्रस्त जीवन के अनेक करुण चित्र उकेरे हैं। उनमें से एक प्रसंग निम्न प्रकार से है—

"एक बार एक पैसे फीस की अदायगी नहीं हो पायी थी। शिक्षक ने घर भेज दिया। पिताजी के पास पैसा नहीं था। मैं जिद पर आ गया और उन्होंने खरहर लेकर खदेड़ दिया। मैं भाग चला। जब कभी यह घटना याद करता हूं तो पिता जी की मजबूरी पर जी भर आता है।"

एक बार आठ-दस दिन तक सतत वर्षा होती रही। पुराना घर था, अधिक

वर्षा में उसकी एक दीवार गिर गयी। मिश्रजी ने अभी हाल में ही एक उपन्यास लिखा है 'बिना दरवाजे का मकान'। उसमें महानगर के एक अभावग्रस्त श्रमजीवी दम्पती के असुरक्षित जीवन की यातनाओं का बड़ा मर्मस्पर्शी चित्रण हुआ है। बिना दरवाजे के मकान की पीड़ा सामाजिक है। कौन जाने इसमें कितने अंशों में लेखक का अपना निजी दर्द भी शामिल हो गया है जो उसके अपने खुद के घर की दीवार गिर जाने की स्वानुभूतिजन्य पीड़ा से जन्मा था और जो आज भी उसकी स्मृतियों में ज्यों-का-त्यों सुरक्षित है।

"पिताजी कहीं जाते-जाते रुक गये हैं, खामोश हैं, उनकी आंखों में गिरी हुई दीवार का सारा मलबा प्रतिबिंबित हो रहा है। मां क्रोध में है, बड़बड़ाती है, 'घर छपा दिया होता तो दीवार नहीं न भीगती, दस दिन से पानी चू-चूकर दीवार में समा रहा है। अपने तो जफर पड़ोस के दरवाजे पर सो जायेंगे और सबका क्या होगा?' और मैं और मंझले भाई (रामबल मिश्र) भयभीत-से यह कांड देख रहे हैं। मां की मुखर बेचैनी और पिता की मौन निरुपायता दोनों का दर्द हमारी आंखों में उतर आया है।"

'पानी के प्राचीर' के अभावों की वास्तविक भूमि 'डुमरी-बीहड़' है। गरीबी का यह हाल है कि बाढ़ में फसलों के बह जाने के बाद फागुन तक घर-घर में उपवास का सिलसिला चालू बना रहता है। लोग एक-एक दाने के लिए मुहताज हो जाते हैं। अपनी भूख मिटाने के लिए उन्हें क्या-क्या उपाय नहीं करने पड़ते। सरदार नगर की शंकर मिल से गंधक मिला चोटा लाया जाता है। "मनुष्य के लिए अखाद्य चोटा, लेकिन मनुष्य खा रहे हैं। उन्हें जीना तो है ही, जीना बड़ी बात है।" इस अभावग्रस्त स्थिति को जन्म देने वाले कारण भी किसी से छिपे नहीं हैं। जमींदार, पुलिस, पटवारी, कुर्क अमीन, सामाजिक रीति-रस्म, यहां तक कि दान-दक्षिणा और धरम-करम भी खून चूसने के बड़े निर्दय और बेशर्म तरीके हैं। "हर जोंक अपने हिस्से का खून चूसती है, इस बात का ख्याल किये बिना कि उसके शरीर में खून बनता भी है कि नहीं।" "भय, आतंक और असमर्थता की भावनाएं, इन लोगों के जीवन में बहुत गहरे उतर गयी हैं। ये भावनाएं उनकी जिंदगी का हिस्सा बन गयी हैं। इन विषम स्थितियों के बीच एक अजीब अपमान, झिड़की, आत्महीनता से पीड़ित लोग दिन ढोते थे। आंखों में एक सीलनभरा सन्नाटा अंटा होता था।" आर्थिक विषमताएं मनुष्य के व्यक्तित्व को कुंठित कर देती हैं। "पिताजी अकेले और अभावग्रस्त होने के कारण दब्बू बन गये थे।" इन्हीं परिस्थितियों ने बड़े भाई साहब को असमय वृद्ध बनाकर छोड़ दिया था। उन पर शायद "अभाव और उससे जूझने की चेतना का दबाव था।"

तरह-तरह के अभावों की मार से जीवन खंड-खंड होकर टूट रहा है। लेखक के बचपन के अनेक साथियों में से "दीनानाथ गरीबी से मर गये। काशीनाथ

रंगून से भगदड़ पड़ने के समय रास्ते में पैदल चलते-चलते बीमारी से मर गये। ये दोनों मित्र बहुत याद आते हैं. अक्सर सपनों में आते हैं, बातें करते हैं और सपने में लगता है ये मरे नहीं थे, खो गये थे। लौट आये हैं, सपना टूटकर मन अवसाद से भर जाता है।" छेदी, ब्रजनाथ और रामलाल में सर्जनात्मक प्रतिभा थी लेकिन रोजी-रोटी के चक्कर में प्रतिभा का अंकुर विकास पाने के पूर्व ही सूख गया।

इन स्थितियों में नारी का जीवन और भी अधिक विडंबनापूर्ण बन जाता है। अच्छे कहे जाने वाले घरों की हालत यह है कि वहां बात-बात पर नव-वधुओं को अपमानित किया जाता है। उन्हें तरह-तरह की यातनाएं दी जाती हैं। लेखक की बड़ी बहन की राजदेई, अफाट गरीबी में भी पिताजी ने बड़ी धूमधाम के साथ उसका विवाह किया। "बहन अपनी ससुराल गयी तो पीड़ा के सागर में डूब गयी। पेट भर खाने-पीने को नहीं, भयानक बीमारी। उस बीमारी में घर का सारा काम ! सास, ननद और पति द्वारा पिटाई। बीमारी में भी नहाने-धोने की बाध्यता। उसने छिपकर संदेश भेजा 'पिताजी, मेरा मुंह देखना चाहते हो तो संदेश पाते ही आ जाइए, पिताजी आ गये। लड़-झगड़कर विदा करा लाये। उसे देखकर भय लगता था। 'क्या हो गयी मेरी बहन !' बहन ने कहा था 'मां, मेरे मरने के बाद, उन सबों के यहां खबर मत देना। वे सब मिट्टी तो छूने ही न पायें, मेरी मौत की खबर भी न छू पायें'।" पिताजी और मां अपने सारे लाड़-प्यार और दवा-इलाज के बावजूद बहन को बचा नहीं सके।

बहन की मृत्यु का आघात बहुत गहरा और बहुत व्यापक था। अपनी मानसिकता का विश्लेषण करते हुए मिश्रजी लिखते हैं कि "बेटी की विदाई का गीत सुनते-सुनते मैं रोने लगता था। अपने पास-पड़ोस में जब शादी के गीत उठते थे तो मैं चुपचाप कहीं पड़ा-पड़ा सुनता रहता था और जब 'सातवीं भंवरिया ए बाबा, हम नहीं रहलीं तुम्हार' जैसी पंक्ति आती थी, मेरे आंसू झरने लगते थे। 'रात का सफर' की ऋतु के जीवन में कहीं-न-कहीं राजदेई की यातनाओं की छाया देखी जा सकती है। यह बात अलग है कि ऋतु न केवल मरती नहीं बल्कि ससुराल में हुए अपने अपमान का बदला चुकाकर ही सबके सामने अपने व्यभिचारी पति के मुंह पर एक चांटा मारकर अपने पिता के घर वापस लौट आती है।"

'पानी के प्राचीर', 'जल टूटता हुआ', 'सूखता हुआ तालाब', 'अपने लोग' और 'आकाश की छत' के अनेक पात्रों के प्रतिरूप 'जहां मैं खड़ा हूं' के व्यक्तिचरित्रों में मिल जायेंगे। लेकिन इन उपन्यासों के पात्र न इतने असमर्थ हैं और न अपनी वर्तमान दुर्दशा के प्रति इतने उदासीन ही। वे एक बेहतर जीवन के लिए संघर्ष करते हैं और उस संघर्ष को निर्णायक परिणतियों तक ले जाते हैं। मिश्रजी के सर्जनात्मक साहित्य का यह आस्थावादी स्वर जीवन-संघर्ष के सीधे साक्षात्कार

और मानव-प्रगति के ऐतिहासिक विकास की उनकी समझदारी से उद्भूत है। यह सच है कि 'जहां मैं खड़ा हूं' का कोई व्यक्ति चरित्र अपनी विषम-स्थिति के सामाजिक आर्थिक कारणों को नहीं जानता, इसीलिए इस स्तर पर यहां किसी संघर्ष का सूत्रपात भी नहीं होता। लेकिन अपने अस्तित्व की रक्षा के लिए कछार के लोग जो संघर्ष करते हैं वह अत्यधिक मर्मस्पर्शी और प्रेरक है। मिश्रजी ने समष्टिगत जीवन-चेतना के इस गतिशील स्वरूप को पहचाना है, अनुभव और विचार के स्तर पर उसे शब्द-बद्ध किया है।

अभाव के कीड़े-मकोड़े के दंश से तड़पते कछार के जीवन में कहीं बहुत बड़ी जीवनी शक्ति थी, रस का कोई भीतरी अक्षय स्रोत था जिससे यह जीवन टूटकर भी नहीं टूटता था, रिसकर भी नहीं रीतता था। बाढ़ हर साल आती थी, हर साल लोग उसी उत्साह से खेत बोते थे—कर्ज लेकर। उसी उत्साह से राप्ती से निकलने वाला भगड़ा नाला उफनकर बांध तोड़ देता था और हा हा हा हा करता हुआ गांव के पास फैलता हुआ उसे चारों ओर से घेर लेता था। उधर गोर्रा नदी से आने वाले नाले गांव के दूर वाले खेतों को निगल लेते थे। एक समुद्र फैल जाता था। जवानी में ठाठें मारती हुई फसलें देखते-देखते डूब जाती थीं, लेकिन लोग पानी को चीर-चीरकर नाले पर से फसलें काट-काटकर लाते थे, पशुओं के लिए। दो-एक लोग डूबते थे, लेकिन उससे यह यात्रा बंद नहीं होती थी। "अपने सर्जनात्मक साहित्य में और खासकर उपन्यास में मिश्रजी का ध्यान अविश्रान्त गति से चलती मनुष्य की इसी विजय-यात्रा पर है। यही कारण है कि आत्मकथा में आये जमींदार बच्चा बाबू का खवास मोहन अपने मालिक के जूते खाकर चुप हो जाता है, लेकिन, 'जल टूटता हुआ' का जगपतिया जोकि मोहन का ही प्रतिरूप है—जमींदार महीपसिंह की मार खाकर चुप नहीं बैठा रहता। वह उनकी नौकरी छोड़कर चला जाता है, इतना ही नहीं वर्षों बाद वह शहर से लौटकर गांव आता है, एक नयी चेतना और नये आत्मविश्वास के साथ। अब वह महीपसिंह से लोहा लेता है—उनके दांत खट्टे करता है। आत्मकथा के बड़े भैया बच्चा बाबू की नौकरी करते हुए उनके अमानवीय अत्याचारों के मूक साक्षी बनकर रह जाते हैं, लेकिन 'पानी के प्राचीर' के नीरू और 'जल टूटता हुआ' के सतीश अपने-अपने ढंग से गजेन्द्रसिंह और महीपसिंह का बड़ा कारगर विरोध करते हैं। वे नयी सामाजिक चेतना के प्रसार के लिए बड़ी दृढ़ता और मजबूती के साथ संघर्षरत दिखाये गये हैं।"

लेखक का अपने बड़े भाई के प्रति बड़ा गहरा लगाव है। बड़े भाई के त्याग-पूर्ण जीवन से उसने बहुत कुछ ग्रहण किया, संघर्ष और सृजन की प्रेरणा प्राप्त की है। "मैं नहीं कह सकता कि मेरे व्यक्तित्व ने उनके व्यक्तित्व से कुछ ग्रहण किया या नहीं, किंतु इतना निश्चित कह सकता हूं कि मेरे व्यक्तित्व के विकसित

होने में उनकी भूमिका बहुत महत्त्वपूर्ण है। उनके सामने पढ़ने से जरूरी था परिवार को अभाव रूपी सुरसा के मुंह से निकालना, उसे गौरव देना, हम लोगों की पढ़ाई के लिए मार्ग प्रशस्त करना। वे नौकरी के लिए कहां-कहां नहीं घूमे, कलकत्ता गये, रांची गये, मरणासन्न होकर लौटे। बीमारी और अभाव दोनों से महीनों जूझते रहे, सरदार नगर मिल में काम किया, गांव के एक ठेकेदार के साथ काम किया।" बड़े भाई की यह छवि नीरू में है, सतीश में है, लेकिन उसका चरम विकास 'आकाश की छत' के बदरी भैया में दिखायी देता है क्योंकि यहां उनकी यह छवि अधिक निर्वैयक्तिक स्तर पर संघर्ष के नये तेवर के साथ आकार ग्रहण करती है।

'जहां मैं खड़ा हूं' में लेखक ने अपने गांव की अनेकविध यातनाओं का वर्णन किया। हालांकि अधिकांश यातनाओं का स्वरूप सर्वव्यापी और सर्वग्रासी है। लेकिन गांव के सभी लोगों को वे समान रूप से पीड़ित नहीं करतीं। इस सच्चाई से लेखक बचपन में ही अवगत हो गया था कि इसका कारण समाज में संपत्ति का विषम बटवारा है। गांव में ताऊन फैलता है। "चूहे गिर रहे हैं। चमौटी का बेलास मर गया। मेरे बाल-मन में एक जिज्ञासा उठती थी कि चाहे ताऊन हो, चाहे हैजा हो, चाहे लू हो, चाहे मलेरिया हो, मौत की शुरूआत चमौटी से ही क्यों होती है? और सबसे ज्यादा मौतें वहीं क्यों होती हैं? और वहां मौत होने पर बमनौटी में कोई हलचल क्यों नहीं होती?" गांव के प्रायः सभी लोग अपने-अपने घरों में ताला डालकर निकल गये हैं, खेतों में झोंपड़े डाल रहने लगे हैं। लेकिन "चमौटी उसी तरह आबाद थी। वे कहां जायें? बेचारों का अपना कोई खेत तो था नहीं, वे कहां जायें?" गांव में हरिजनों की स्थिति सर्वाधिक विडंबनापूर्ण है। वे प्रायः किसी-न-किसी की जमीन में बसे हैं। इसलिए जरा-जरा-सी बातों पर "उन्हें उजाड़ने की धमकी दी जाती थी, उनकी मारपीट की जाती थी। उनकी स्त्रियों को अपमानित किया जाता था।" मिश्रजी लिखते हैं कि "मेरा किशोर मन तब ऐसे दृश्यों का समाजशास्त्रीय विश्लेषण तो नहीं कर पाता था, किंतु आहत जरूर होता था। ऐसे दृश्य मुझे बहुत सालते थे।" समाज के एक विशिष्ट वर्ग की पीड़ा का यह अनुभूत अंश मिश्रजी के लेखन की प्रगतिशील चेतना का अंतरंग हिस्सा है। इस वर्ग के अनेक संघर्षशील पात्र और खास तौर से नारी पात्र मिश्रजी की प्रायः सभी संघर्ष कथाकृतियों के ताने-बाने में अपनी पूरी समझदारी और सक्रियता के साथ मौजूद हैं।

मिश्रजी की स्मृतियों में एक भिरखू चाचा हैं, बड़े लड़ाकू, झगड़ालू, दबंग और निडर। वे लेखक के परिवार के हैं और अक्सर उनके पिताजी के साथ लड़ते-झगड़ते रहते हैं। लेकिन फिर भी उनको लेकर लेखक के मन में कटुता का भाव नहीं है? "...उन्होंने लोगों को गालियां दीं, तोड़ा-फोड़ा, नंगई की, लेकिन किसी

के साथ घातक सिद्ध नहीं हुए।" बेंचू भाई की वाक्पटुता और मस्ती अपने ढंग की थी। "ठीक है कि उन्होंने कमाया-धमाया नहीं लेकिन खुद हंसते और दूसरों को हंसाते हुए जिये।" अपढ़ सुखराम की मूल्य-चेतना अपने आपमें एक मिसाल है। त्यक्ता और बंध्या सुखदेई फूआ जीवन का घोर हलाहल पचाकर लोगों के लिए अपने स्नेह और अपनी सेवा का अमृत घट रीता करती रहीं। मिश्रजी ने इन्हीं लोगों से जीवन-निष्ठा का पाठ सीखा था।

अपनी आत्मकथा में मिश्रजी ने जिस परिवेश के साथ अपने आत्मीय संबंधों का निरूपण किया है वह किसी जड़ और निर्जीव वस्तुओं का संयोजन न होकर एक जीवंत और गतिशील इकाई है। उसमें प्रकृति और मनुष्य एक दूसरे से गहरे रूप में जुड़े हैं। वहां की प्रकृति मनुष्य का रक्षण भी करती है और विनाश भी। उस विशिष्ट अंचल में जीने वाला मनुष्य अपने अस्तित्व की रक्षा के लिए आज भी उससे जूझता है और साथ ही उसकी अक्षय रूप-माधुरी से जुड़कर अपनी सौंदर्य चेतना का विकास भी करता है। प्रकृति की प्रतिकूलता उसकी संघर्ष चेतना को जगाती है और अनुकूलता उसकी सौंदर्य-चेतना को। इस प्रकार प्रकृति का लेखक के जीवन पर ही नहीं, अंचल के समग्र जीवन पर प्रभाव है। लेकिन प्रकृति के साथ के संबंधों में जो सरलता और स्वाभाविकता है, वैसी सरलता और स्वाभाविकता मनुष्य और मनुष्य के बीच के आपसी संबंधों में नहीं है क्योंकि ये संबंध समाज की जटिल सांस्कृतिक राजनीतिक और आर्थिक संरचना पर आधारित है। लेखक अपने बचपन में ही अपने सहज मानवीय विवेक के सहारे उस सच्चाई से अवगत हो जाता था कि आर्थिक स्वतंत्रता का अभाव दूसरी सारी स्वतंत्रताओं को मर्यादित कर देता है। इस संबंध में मिश्रजी अपनी आत्मकथा और अपने सर्जनात्मक लेखन में नारी और दलित-समाज की पीड़ा को खास तौर से रेखांकित करते हैं।

अपनी आत्मकथा में मिश्रजी बड़े अंतरंग अनुभव के स्तर पर तथ्य का उद्घाटन करते हैं कि व्यक्ति के निर्माण में उसके परिवेश का महत्वपूर्ण योगदान रहता है। और यह भी कि वह अपनी संकल्प-शक्ति और संघर्षशील चेतना के रहते अपने परिवेश को बदलता भी है, उसमें आवश्यक संशोधन और परिवर्तन भी करता है। इस स्तर पर 'जहां मैं खड़ा हूं' व्यक्ति और उसके परिवेश के द्वंद्वात्मक संबंधों की कथा है। अपने लेखन में सामाजिक न्याय और समता के लिए संघर्ष करने वाले एक महत्वपूर्ण रचनाकार के जीवन-विवेक और कला-विवेक के समाज-शास्त्र और मनोविज्ञान को समझने की दृष्टि से भी यह एक महत्वपूर्ण रचना है।

मिश्रजी की आत्मकथा में अनेक पात्रों और अनेक वस्तुस्थितियों का चित्रण है। लेकिन इन सबके बीच एक आंतरिक संबंध सूत्रता है। रचनाकार की संवेदना और दृष्टि इन्हें एक नयी सार्थकता प्रदान कर देती है। सामान्य-सी दीखने वाली घटनाओं, व्यक्ति-चरित्रों और उनके कार्यों में जीवन के आंतरिक रहस्यों, मूल्यों और आदर्शों

के संकेत प्राप्त होने लगते हैं। अनेक औपन्यासिक संवेदनाओं को जन्म देने वाली छोटी-बड़ी हकीकतें जो जीवन में एक-दूसरे से अलग और असंबद्ध दिखायी देती हैं यहां एक कलात्मक अन्विति प्राप्त कर लेती हैं। आत्मकथा का यह खंड जैसे एक लंबी कविता है। जब मैं इसे कविता कहता हूं तो मेरा आशय उस कविता से नहीं जो विरह-मिलन के सीधे-सरल भावोद्गारों से जन्म लेती है, बल्कि उस कविता से है जो व्यक्ति और उसके परिवेश के द्वंद्वात्मक संबंधों को पहचानते हुए जीवन के चरम प्रश्नों से उलझती है जो वर्तमान की व्याख्या करते हुए भविष्य की संभावनाओं की ओर स्पष्ट निर्देश करती है।

रोशनी की पगडंडियां : मनुष्यता की खोज का रचनात्मक दस्तावेज

डॉ० रामदरश मिश्र ने अपने जिंदगीनामा के दूसरे भाग 'रोशनी की पगडंडियां' में अपने किशोर जीवन के संघर्षपूर्ण वर्षों का, अपनी सर्जक चेतना के अंकुरण और विकास के विस्मययुक्त अनुभव का, शब्द के साथ अपने प्रथम मौलिक आचरण से जन्म लेने वाली तन्मयता और मस्ती का लेखा-जोखा कुछ इस रूप में प्रस्तुत किया है कि उसमें उस युग की सामाजिक, आर्थिक, राजनीतिक और सांस्कृतिक गति-विधियों का ऐतिहासिक संदर्भ भी अपनी पूरी जीवंतता और मार्मिकता के साथ समाहित हो गया है। लेखक यदि अपने सर्जक व्यक्तित्व के निर्माण की कथा के साथ अपने परिवेश की एक-एक लय गति के उतार-चढ़ाव, उसके अनेक परस्पर विरोधी तत्वों के संघर्ष और संघात को अपेक्षाकृत अधिक विस्तार के साथ व्यक्त करता है तो केवल इसलिए नहीं कि वह अपने-आपको परिवेश का एक हिस्सा मानता है, बल्कि इसलिए कि उसका परिवेश या तो उसके लिए प्रेरणा बन कर आता है, या उसके सामने कोई नई चुनौती खड़ी कर देता है। ये दोनों ही स्थितियां किशोर रचनाकार के व्यक्तित्व-निर्माण में सहायक होती हैं। वस्तुतः मिश्रजी की आत्मकथा उनके सर्जक-व्यक्तित्व के निर्माण की प्रक्रिया को तो उजागर करती ही है, साथ ही वह हमें उस ढेर सारी सामग्री के रू-ब-रू लाकर खड़ा कर देती है जिसे छांट-तराश कर या जिसके अनेक कल्पनापूर्ण संयोजन रचकर वे अपने विपुल साहित्य का सृजन करते हैं। किसी रचनाकार की विविध भावभूमि वाली रचनाओं की सौंदर्यानुभूति से गुजरना एक बात है, लेकिन उसके अनुभव के मूल उत्स तक पहुंचना एक दूसरी बात है। यहां हम सीधे-सीधे—नंगे पांवों उस ऊबड़-खाबड़, कंकरीली-पथरीली जमीन से होकर गुजरने का सुख पाते हैं जहां से लेखक ने अपनी कलाकृतियों के निर्माण के लिए जीवन-रस ग्रहण किया था, खंड-खंड अनुभूतियों की पूंजी बटोरकर, अपनी सर्जना को पुष्ट और समृद्ध बनाया था, मानवीय यथार्थ की अपेक्षाकृत बहुस्तरीय जटिलता को पहचानकर जीवन और कला को परिचालित करने वाले तत्वों के साथ रचनात्मक सम्पृक्ति स्थापित की

थी, और जहां उसके रचनाकार मन ने अभावग्रस्त और शोषित मनुष्य की पीड़ा झेलते हुए उसे समाप्त करने का स्वप्न देखा था, लेकिन इसका अर्थ यह नहीं कि 'रोशनी की पगडंडियां' का केवल इतना ही मूल्य है कि वह लेखक की विविध रचनाओं को आधार प्रदान करने वाली सामग्री की ओर निर्देश भर करती है बल्कि यह रचना मिश्रजी की सर्जना के सतत अन्वेषणशील और विकासशील रूप को भी उजागर करती है।

'रोशनी की पगडंडियां' में सबसे अधिक आकर्षित करने वाली चीज, उसकी संवेदना की ताजगी है। जैसे हम एक पीछे छूट गई दुनिया के साथ फिर से रिश्ता जोड़ते हैं, हर चीज को जैसे हम फिर से देखते हैं, फिर से उसकी वस्तु से अवगत होते हैं। जो वस्तुएं अपना आकर्षण खो चुकी हैं, जो शब्द केवल यांत्रिक प्रतिक्रिया पैदा करते हैं, वे अपने प्रथम परिचय में कितने उत्तेजनापूर्ण थे, अपने अंदर कैसा विस्मय छिपाए हुए थे, यह अनुभव 'रोशनी की पगडंडियां' को एक अतिरिक्त दीप्ति प्रदान कर देता है। मिश्रजी कवि हैं। आज वे इस रूप में पूरे साहित्य जगत में जाने-पहचाने जाते हैं। अब यह शब्द शायद ही उनके हृदय में कोई उत्तेजना पैदा करता हो। लेकिन पांचवीं-छठी के अध्यापक ने जब पहली बार कवि-रूप में उनका परिचय कराया था और उस समय इस शब्द ने लेखक के हृदय में जो पुलक और उल्लास पैदा किया था, वह उनके जीवन की एक अविस्मरणीय घटना थी।

छात्र कवि के रूप में एक स्तरीय कवि-सम्मेलन में उपस्थित होने का आमंत्रण मिलने पर उनके हृदय में एक अजीब उल्लास पैदा हुआ था। यह उनके जीवन का पहला कवि-सम्मेलन था जिसमें उन्हें कविता सुनानी थी। "मेरा मन उत्साह और डर से भर गया। उत्साह था कवि सम्मेलन में जिला स्तर के (उस समय तो जिला स्तर के लोगों को ही बहुत बड़ा कवि माना जाता था।) कवियों को देखने-सुनने का, और डर था उनके बीच कविता पढ़ने का। पहली बार किसी मंच से कविता सुनाने का संयोग प्राप्त हो रहा था। मैं अभी तक मंच-भीरु हूं, आसानी से कल्पना कर सकता हूं कि उस समय कितना डर लगा होगा, मंच पर उपस्थित होने की संभावना से।" और वह दिन भी आया जब कवि सम्मेलन में कविता पढ़ने का मौका मिला। "मुझे बुलाया गया। मेरा तो पहले से ही जी धक्क-धक्क कर रहा था। नाम सुनते ही मैं घबड़ा गया। मंच पर गया, क्या पढ़ा, कैसे पढ़ा, कुछ याद नहीं। हां, इतना भर याद है कि मैं किसी तरह अपनी कविता वहां फेंक-फांक कर भाग आया था।"

यूं देखा जाय तो यह कोई असाधारण या अविस्मरणीय घटना नहीं कही जा सकती। असाधारण इसे तब कहते जब कवि-सम्मेलन के श्रोतागण प्रशंसा में तालियां बजाते, फिर से कविता सुनाने का आग्रह करते या फिर दूसरी और कविताएं सुनाने की मांग प्रस्तुत करते। लेकिन यह तो हमारा अपना मूल्यांकन है।

मिश्रजी के लिए तो यह जीवन की असाधारण घटना थी। इस संबंध में उन्होंने लिखा है, "बाद में मैंने बहुत से कवि सम्मेलनों को देखा, बहुत अच्छे-अच्छे और बड़े कवियों वाले सम्मेलनों को भी। लेकिन प्रथम प्रीति की सुगंधि की तरह इस कवि सम्मेलन की अनुभूति मेरे लिए कुछ और ही थी।"

हालांकि मिश्रजी ने अपनी प्रथम प्रीति की घटना से हमें अवगत नहीं कराया, लेकिन प्रेमिका के अभाव से जन्म लेने वाली बेचैनी और निराशा के साथ ही उसे पाने की आंतरिक विकलता का जो शब्दचित्र प्रस्तुत किया गया है वह मार्मिक होने के साथ ही मनोरंजक भी है।

"एक इच्छा मन में बार-बार उठती कि काश कोई प्रेयसी होती। कवियों की कविताएं पढ़-पढ़कर, विशेषतया छायावादी कविताएं पढ़-पढ़ कर ऐसा लगने लगता था कि कवियों की प्रेयसियां जरूर होती हैं। अधिक नहीं तो कम-से-कम एक जरूर। प्रेयसी की प्रेरणा होती है। इतने सारे आंसू, इतनी सारी मस्ती, इतने सारे उलाहने, इतनी सारी बेचैनियां, मिलन के इतने सारे सपने आखिर किसके लिए हैं और कहां से आते हैं? सबके मूल में प्रेयसी ही है न? और यह सोचकर अपने प्रति कितना खालीपन अनुभव होता था कि पंत, प्रसाद, निराला, बच्चन आदि शहरी कवि प्रेयसियों से कितने भरे-पूरे रहे होंगे?"

रचनाकार बनने के लिए प्रयत्नशील एक किशोर का प्रेयसी के अभाव को लेकर बेचैनी महसूस करना, अपने आपमें कैसी अद्भुत मन:स्थिति है। कवि की यह वेदना एक ही साथ कितनी वायवी है और साथ ही कितनी यथार्थ भी? हृदय में एक रूमानी उद्रेक और बाहर एकदम एक गैररूमानी और कुछ अंशों में भदेस-सा वातावरण—

देहात में प्रेयसी कहां से मिल सकती है? एक तो ये गांव की लड़कियां—संबंध में बहनें या बुआ, या बेटियां, दूसरे अपढ़? ये कविता क्या समझेंगी? किसे 'सुनाऊं अपनी कविता की व्यथा?'

अपनी साहित्यिक अभिरुचि के बावजूद मिश्रजी में अपने अन्य सहपाठियों की तुलना में बिहारी के दोहों के शृंगार के मर्म को समझने जैसी मानसिक परिपक्वता का अभाव है। उनका एक मित्र विंध्याचल बिहारी के एक दोहे के अर्थ का स्पष्टीकरण चाहता है—

"पंडितजी, यह दोहा पूरी तरह समझ में नहीं आया।"

"क्या नहीं समझ में आया?"

"यही कि कटीली भौंह कांटे-सी कैसे कसकती है?"

पंडितजी अपनी मूंछों में मुस्कराए।

"खड़े हो जाओ!"

विंध्याचल खड़े हो गए।

"हाथ फैलाओ।"

"क्यों पंडितजी ?" विंध्याचल ने हंसते हुए कहा।

"फैलाओ तो।"

विंध्याचल ने हाथ फैला दिया। पंडितजी ने उस पर हल्के-हल्के दो बेंत रख दिए, 'किन्तु मुझे पता नहीं चला कि यह सब क्या हो रहा है ?'

मिश्रजी के इस या उस प्रकार के 'अज्ञान' में उनके व्यक्तित्व की जो सरलता उभरती है वह अपने आपमें बड़ी आकर्षक है।

'रोशनी की पगडंडियां' में मिश्रजी जिस रोशनी की खोज करते हैं, या जो उन्हें सहज रूप से अनायास ही प्राप्त हो जाती है, हम सबकी थोड़ी बहुत जानी-पहचानी चीज है। पंडित रामगोपाल शुक्ल का असाधारण स्नेह और आत्मीय-भाक, बटुक त्रिपाठी की सौम्य मुद्रा और प्रशंसाभरी दृष्टि, कवि सम्मेलनों में मिलने वाली वाहवाही, सत्यव्रत जी द्वारा कवि-प्रतिभा की स्वीकृति, श्यामनारायण पांडे और त्रिलोचन द्वारा मिलने वाली प्रेरक अनुशंसा, विपिन की मैत्री, राजेन्द्र नारायण शर्मा का सहयोग और प्रोत्साहन, बी-एच० यू० के अंग्रेजी के प्रोफेसर डॉ० रामअवध द्विवेदी का सौहार्द्र और गांव-परिवार के न जाने कितने लोगों की सद्भावनाएं मिश्रजी को जो प्रकाश प्रदान करती हैं, वह हमें जीवन के विविध संदर्भों में--खंड खंड रूप में देखने को मिलता रहा है, लेकिन मिश्रजी जिस अंधकार का सामना करते हैं, वह नितांत उनका अपना है, वह सामान्य न होकर विशिष्ट है। आत्मकथा का लेखक जैसे किसी लोक-कथा का निष्कासित राजकुमार है जिसके मार्ग में कदम-कदम पर तमाम प्रकार के अवरोध खड़े किए गये हैं। लेकिन राजकुमार है कि सारी कठिनाइयों को रौंदता हुआ जीवन के कंटकाकीर्ण मार्ग पर आगे बढ़ता रहता है।

विशेष योग्यता की परीक्षा पास करने के लिए कवि ढरसी राष्ट्रभाषा विद्यालय में दाखिल होता है। गांव से दस मील की दूरी पर स्थित इस विद्यालय तक पहुंचने के लिए "सवेरे-सवेरे हम 15-20 दिनों के लिए सीधा पिसान अपने-अपने सिरों पर लाए हुए स्कूल की ओर चल पड़ते।"

विशेष योग्यता की परीक्षा पास कर लेने के बाद हिंदी विशारद और साहित्य-रत्न करने के लिए बरहज जाना तय हुआ। "सो हम लोग बरसात में सिर पर अरतन-बरतन लाए बरहज की ओर रवाना हो गए। चालीस मील की दूरी तै करके वहां पहुंचे तोशाम गहरा रही थी।···शाम को पहुंचकर मंदिर के चबूतरे पर हम दोनों बैठ गए—थके-थके, भूखे-प्यासे, उदास-उदास। देह में थकान की गहरी पीड़ा उभर आईथी। हम वहीं पसर गए।"

राष्ट्रभाषा विद्यालय बाबा राघवदास के आश्रम में चलता है। यह अपने ढंग की एक अलग दुनिया है—एकदम विलक्षण और अभूतपूर्व, बिलकुल किसी

रोमांचकारी परिकथा के रहस्यों से आवृत्त, जो हमारे अंदर एक ही साथ जिज्ञासा भी पैदा करती है और आतंक भी जगाती है।

'आश्रम के चारों ओर खाली सुनसान जगह थी, इसलिए लगता था कि आश्रम के चारों ओर एक आतंक चिल्ला रहा था। रातों को हम चैन की नींद नहीं सो पा रहे थे।···हम सोए ही थे कि किसी ओर से आवाज आई—चोर चोर चोर—और कुछ पांवों के भागने तथा पत्थर चलने की आहट उभरने लगी। पूरा छात्रावास जाग गया था। किसी स्टाफ क्वार्टर से लोग चिल्ला रहे थे कि चोर चोरी करके भाग गए। रात फटकर बिखर गई। अब नींद किसे आए, आतंक और आशंका में रात बीती।'

बरहज रहते हुए एक महीना हो गया तो घर की याद आई। जन्माष्टमी की छुट्टी पर कपिलदेव को साथ लेकर घर की ओर चल दिए। बरहज से रुद्रपुर तक की चौदह मील की दूरी तय की। छः मील चलने के बाद गोर्रा नदी मिली। "···मगर नदी है कहां? यहां तो समुद्र है। नदी के कगार तो कहीं लक्षित नहीं हो रहे हैं।···फेनिल उत्तंग जल-प्रवाह में तेजी से न जाने कितनी चीजें बहती चली जा रही थीं। पेड़, झोंपड़े, जानवर, कभी-कभी आदमी!···आज शहरी दुनिया में रहते इस दृश्य के बारे में सोचकर डर लगने लगता है, लेकिन तब ऐसा नहीं था। किसी प्रकार नदी पार की, लेकिन तब तक संध्या उतर आई थी। चारों ओर बाढ़ का पानी-ही-पानी। घुटने भर, छाती भर पानी में हलते हुए हम चलते गए। कुछ आसपास के सहयात्री मिले तो उन्होंने आगे का मार्ग-निर्देश कर दिया। लेकिन अब तो रात गहरा गई थी। नौ से ऊपर हो रहे होंगे।···हम लोग छाती भर पानी में थे। अब अगर इससे गहरा पानी हुआ तो डूब ही जाएंगे।" विशेषता यह है कि प्राणों को संकट में डालने जैसा खतरा किसी महान उद्देश्य की पूर्ति के लिए नहीं उठाया जा रहा है। अपने प्राणों की बाजी लगाकर लेखक यदि अपने अभियान में सफल हो गया तो यह होगा कि वह अपने स्कूल से अपने घर पहुंच जाएगा।

लेखक के बाल जीवन की एक घटना उल्लेखनीय है। जब बगीचे में आम बीन रहा था तो ऐसी भयानक आंधी आई कि वह छोटी बहन कमली का हाथ थामे उड़ने लगा था। जिस पेड़ का सहारा लिये वह खड़ा था उसी की एक डाल टूटकर उसके हाथ पर पड़ी और उसे एक हलका-सा आघात दे गई। "पानी कुछ इतनी जोर का बरसा कि कमली थर-थर कांपने लगी। ज्यों ही आंधी-पानी का जोर खत्म हुआ—दोनों भाई-बहन घर की ओर भागे।" घर आया तो मां ने कहा—"बेटे, आंधी-पानी में तो तुम बगीचे में रहे, जब आंधी-पानी थम गया और गिरे हुए आम बीनने की बारी आई तो घर भाग आए।" यह नहीं कि मां में वात्सल्य भाव का अभाव है, बल्कि यह कि गांव की जिंदगी के अभावों ने उस भाव पर धूल

की पर्तें चढ़ा दी हैं।

'रोशनी की पगडंडियां' में लेखक ने बनारस के साहित्यिक वातावरण का बड़ा मार्मिक शब्दचित्र खड़ा किया है। बनारस ने अनेक प्रतिभासंपन्न साहित्यकारों को जन्म दिया है। अनेक ने यहां रहकर अपनी अनवरत साधना के द्वारा साहित्य को समृद्ध बनाने में अपना असाधारण सहयोग प्रदान किया है। यह सोचकर कि विश्वविद्यालय के विभाग में कुछ समय पूर्व ही डॉ० श्यामसुंदर दास, आचार्य रामचंद्र शुक्ल, हरिऔध और डॉ० बड़थ्वाल जैसे विद्वान थे, मिश्रजी का हृदय पुलकित हो उठता है। प्रसाद और प्रेमचंद ने बनारस में रहकर ही अपनी रचनाशीलता से हिंदी साहित्य को समृद्ध किया था। यह सोचकर कि ये दोनों रचनाकार इन्हीं सड़कों पर घूमते हुए एक-दूसरे से मिल जाते होंगे, साहित्य की महत्वपूर्ण समस्याओं पर अनौपचारिक ढंग से बातचीत करते होंगे, मिश्रजी के रचनाकार मन में उत्तेजना पैदा कर देता है। बनारस के वातावरण में—विश्वविद्यालय के विभाग और उससे बाहर भी—जैसे नई रचनाशीलता की सरगरमी व्याप्त है। यह कोई मामूली बात नहीं कि उस समय के नवोदित रचनाकार आज हिंदी के जानेमाने सर्जक और समीक्षक हैं। जैसा कि होना चाहिए था, मिश्रजी ने अपने संपर्क में आने वाले उस समय के तमाम सर्जकों को याद किया है। उनकी दृष्टि समीक्षात्मक न होकर संस्मरणात्मक ही रही है। इसीलिए 'रोशनी की पगडंडियां' का यह हिस्सा बड़ा रुचिकर बन पड़ा है। सिर्फ त्रिलोचन की कविता—विशेषकर 'चंपा' और 'नगई महरा' में रचनात्मक सौंदर्य के अभाव को लेकर मिश्रजी ने थोड़ी आलोचकीय मुद्रा अख्तियार की है, अन्यथा वे रचनाकारों के व्यक्तित्व के वैशिष्ट्य या उनकी रुचि-अरुचि के बारे में अंतरंग किस्म की बातचीत करके पाठक को उस अल्पज्ञात दुनिया में घुमाते-फिराते रहते हैं।

अपने नवोदित रचनाकार मित्रों के बारे में बातचीत करते हुए मिश्रजी कहीं भी अपने-आपको प्रोजेक्ट करने का प्रयत्न नहीं करते। वे घटनाओं और स्थितियों का पूरी तटस्थता के साथ वर्णन करते हैं। इसका एक अच्छा उदाहरण मिश्रजी द्वारा दिए गए नामवरसिंह के परिचय में मिलता है। नामवरसिंह को लेकर मिश्रजी में एक प्रकार का आत्मसंघर्ष दिखाई देता है। वे न तो नामवरसिंह को पूरी तरह स्वीकार कर पाते हैं और न अस्वीकार कर पाते हैं। उनका मानना है कि "नामवरजी बहुत विनोदी और खुशमिजाज व्यक्ति हैं, तब भी थे। उनके साथ रहिए तो समय हलका हो जाता है। वे आपकी समस्याओं में रुचि भी लेंगे। किंतु मुझे हमेशा महसूस हुआ कि वह खुलापन, वह खुशमिजाजी, जितनी बाहरी है उतनी भीतरी नहीं। भीतर से वे काफी गरिष्ठ और बंद हैं।" मिश्रजी की नामवरसिंह से एक शिकायत यह भी थी कि वे आदमी की साहित्यिक और सामाजिक महत्ता के अनुरूप मैत्री संबंध विकसित करते, वे अपनी साहित्यिक

प्रतिभा के प्रति भी अपेक्षाकृत अधिक सावधान रहते। हालांकि स्वयं मिश्रजी नामवरसिंह की प्रतिभा के प्रशंसक थे। और उस हद तक प्रशंसक थे कि अपने आपको नामवरसिंह की तुलना में उन्नीस कहने में उन्हें किसी प्रकार का संकोच नहीं होता। उन दिनों की एक घटना को याद करते हुए मिश्रजी लिखते हैं—"उसी वर्ष लखनऊ में एक अंतर्महाविद्यालय कविता प्रतियोगिता हुई। बी० एच० यू० से हिंदी विभाग ने नामवरजी को और मुझे भेजा। यह देखकर प्रभावित हुआ कि नामवरजी रास्ते भर 'तारसप्तक' पढ़ते रहे। उस समय तक तो हमें न प्रयोगवाद का कोई ज्ञान था, न ठीक-ठीक परिचय ही। और 'तारसप्तक' की कविताएं पढ़ना-समझना तब तक अपनी रुचि में नहीं उतर सका था किंतु नामवरजी उसमें रमे रहे और मैं मानता हूं कि उसे समझते भी रहे होंगे।"

तथ्यों के आकलन में संतुलन और घटनाओं तथा स्थितियों को आत्मालोचन के स्तर पर प्रस्तुत करने का रचनात्मक प्रयत्न 'रोशनी की पगडंडियां को एक नई दीप्ति प्रदान कर देता है। सन् 1942 के आंदोलन ने समग्र देश में एक नये किस्म की जन-जागृति पैदा कर दी थी। शैक्षणिक संस्थाएँ बंद हो गई थीं। रेल की पटरियां उखाड़ी जा रही थीं, बिजली के तार काटे जा रहे थे, सरकारी इमारतें ढहाई जा रहीं थीं। गिरफ्तारियां हो रही थीं, पुलिस की पशुता खुलकर खेल रही थी। मिश्रजी का स्कूल बंद हो गया। कुछ दिन भाई के साथ गुजारे। भाई जमींदार के यहां नौकरी करते हुए भी छिपे तौर से आंदोलन में हिस्सा ले रहे थे। विद्रोहियों की मदद कर रहे थे। लेकिन मिश्रजी के मन में पुलिस के अत्याचारों का आतंक कुछ इस तरह घर कर गया था कि घर से बाहर निकलने में भी डर लगता। अपनी इस असाधारण मनःस्थिति को याद करते हुए मिश्रजी लिखते हैं—

"दस-बारह दिन रहकर मैं घर लौटने लगा। वही डर। गोरखपुर आया। कचहरी की ओर निकल गया। देखा वहां की हवालात में अनेक लोग बंद थे। मैं आगे बढ़ रहा था कि खिड़की के भीतर से एक आवाज आई। लगा कि कोई मुझे पुकार रहा है। देखा कि श्री रामलखन शुक्ल मुझे आवाज दे रहे थे। मैं लौटकर खिड़की के पास गया।''''ऐ लड़के भाग यहां से।' भीतर से एक सिपाही गरजा।

'चोप।' रामलखनजी ने सिपाही को जोर से डांटा --'गद्दार कहीं का !"

मिश्रजी सोचते हैं—

"कैसे बहादुर लोग हैं। सिंह की तरह पिंजड़े में कैद होकर भी दहाड़ रहे हैं। आंखों में कितनी निर्भीकता भरी हुई है और मैं अकारण डरता घूम रहा हूं। मुझे अपने पर धिक्कार छूटा और निडर बनने का स्वांग करता हुआ कचहरी में घूमने लगा।"

मिश्रजी के कुछ ऐसे भी मित्र थे जो न रचनाकार थे और न ठीक से रचना

के महत्व को ही समझते थे लेकिन फिर भी वे अपने इस रचनाकार मित्र का सम्मान करते थे। विपिन उनका इसी प्रकार का साथी है। लेकिन मिश्रजी देख रहे थे कि उसकी संगति बिगड़ रही है। रोकने पर वह हर बार कहता कि उसे स्वयं शिवकुमार का साथ पसंद नहीं है लेकिन वह मेरे पीछे पड़ता है और मुझे मजबूर होकर उसके पास जाना पड़ता है। मिश्रजी ने उसे इस मजबूरी से मुक्ति पाने की सलाह दी। वह उठा तो शिवकुमार से ही मिश्रजी की शिकायत कर आया। एक अप्रिय घटना की आशंका खड़ी हो गई। शिवकुमार स्वभाव से ही उद्दंड था। आकर कहीं खरीखोटी न सुनाने लगे। हुआ भी यही। वह लड़ने के इरादे से मिश्रजी के कमरे में आ गया। लेकिन जब उसे मालूम हुआ कि स्वयं विपिन ही मिश्रजी से उसकी बुराई करता था तो यह एकदम शांत हो गया। अपनी गलती के लिए मिश्रजी से क्षमायाचना करने लगा। विपिन भी अपने इस व्यवहार को लेकर कम दुःखी नहीं था। वह भी अपने किए पर पछताया और क्षमायाचना की। शिवकुमार के पश्चात्ताप और विपिन की आत्मग्लानि में मामूली-सा नारकीय तत्व अवश्य है, लेकिन इन दोनों का आचरण उनकी प्रकृति के वैशिष्ट्य को भी उजागर करता है।

अपनी असाधारण सरलता, बेफिक्री, मस्ती और मानवीय पीड़ा के साथ गहरी एकात्मकता अनुभव करने की अपनी विशिष्ट क्षमता के कारण मिश्रजी के एक सहपाठी भगतसिंह का व्यक्तित्व बड़ा आकर्षक बन पड़ा है। इस प्रकार के अंतर्विरोधों से युक्त और ऐसा 'निरालापन' लिये हुए पात्र जीवन में कम, कथा-कहानियों में अधिक होते हैं। लेकिन भगतसिंह अपनी असामान्यताओं में इतना सामान्य है कि उसकी विश्वसनीयता पर हमारे हृदय में कोई आशंका पैदा नहीं होती। कहना न होगा कि उसके चरित्र का सूक्ष्म अंकन मिश्रजी की रचनात्मक क्षमता का परिचायक बन जाता है। वस्तुतः मानव प्रकृति के वैविध्य और मानवीय सरोकारों को पहचानने में मिश्रजी को यहां विशेष सफलता मिली है। 'रोशनी की पगडंडियां' की दुनिया मानव-संकुल दुनिया है। यहां अनेक लोग हैं, सबकी अपनी-अपनी समस्याएं हैं, अपने-अपने संघर्ष हैं। उनके सामाजिक, आर्थिक स्तरों में भी काफी अंतर है, उनकी बौद्धिक क्षमताओं और अभिरुचियों में भी काफी फर्क है। लेकिन इन सबमें एक बात समान रूप से दिखाई देती है, सबमें मानवीय ऊष्मा और सौहार्द का भाव जिंदा है। चूंकि आज की सभ्यता हमारी जिंदगी को ऐसे छोर पर ले आई है—जहां मानवीय भाव विरल होते जा रहे हैं। 'रोशनी की पगडंडियां' का अनुभव हमें मनुष्यता के कुछ अधिक करीब ले आता है। वस्तुतः यह मनुष्यता की खोज और पहचान का एक मार्मिक दस्तावेज है।

●●●